JN111252

サステナビリティ変革への加速

国際基督教大学社会科学研究所
上智大学グローバル・コンサーン研究所　編

東信堂

まえがき

　「サステナビリティ変革への加速」をいくつかの時間軸から位置付けたい。1年の視点で見ると、2022年はストックホルム会議から50年、リオデジャネイロでの地球サミットから30年だった。2023年は国連持続可能な開発目標（SDGs）の目標年までの中間点に当たる。しかし、世界は長引くパンデミック、ロシアによるウクライナ侵攻、エネルギーや食糧価格の高騰、気候変動による極端な気象現象など長期にわたる不安定な「パーマクライシス」に直面している。世界各国で数々のセーフティネットの提供が試みられている一方で、それらが不十分であることからグローバル目標を達成できるかが危ぶまれている。

　この10年はSDGsの文脈では「行動の10年」、パリ協定交渉では「決定的な10年」と言われているが、過去10年の地球とグローバル社会は非常事態にあると認識しなければならない。この非常事態の発生を100年の視点で見ると、18世紀から19世紀にかけての第1次産業革命（蒸気機関）や第2次産業革命（内燃機関）に起源がある。さらに、産業革命以前の農業革命があり、産業革命は市民革命や金融革命にも関連している。20世紀半ばからの第3次産業革命（原子力・情報）を経て、第4次産業革命（AI・ビッグデータ）に入っているとも言われる現在、人間自体のあり方の可能性と危険性とが示唆されている。

　SDGsの前身であった国連ミレニアム開発目標（MDGs）は、21世紀に入った2001年に採択されたが、「至福の千年紀」とは程遠いテロリズムの時代が始まった。これらの現状を1万年の視点から見ると、人類が地球の生態系や気候に大きな影響を及ぼすに至った新たな地質時代「人新世（アントロポセン）」の危機として捉えられる。人類の活動によって人口・生産・エネルギー消費などの社会経済や二酸化炭素濃度・森林喪失・海洋酸性化などの地球環境の変動が、とりわけ1950年頃から「大加速（グレート・アクセラレーション）」

が生じている。本書では、この「大加速」に対抗するサステナビリティ変革
への加速の妥当性や可能性について学際的に検証する。

　本書は、国際基督教大学社会科学研究所と上智大学グローバル・コンサー
ン研究所（前身は社会正義研究所）が 2022 年に共催した第 42 回国際シンポジウ
ムの成果である。キリスト教精神を根幹に持つ両大学は創立当初より日本の
大学の国際化を牽引してきたが、一層の教育研究の質の向上とグローバル化
推進の加速を目指して、2018 年に連携協力包括協定を締結した。その基盤
となった研究交流の 1 つが 40 年以上にわたって毎年 12 月に開催されるこの
国際シンポジウムである。

　このイベントは、プロテスタント大学とカトリック大学との協力の象徴で
もある。当初のテーマ案は「持続可能な開発への加速」だったが、企画を深
める過程で、持続可能性と開発は本質的に矛盾するのではないかという指
摘が出た。地球環境問題が切迫する中、カトリック教会では 2015 年 5 月に
教皇フランシスコが「回勅（ラウダート・シ）」を示して回心を促し、同年 9 月
には国連総会が SDGs を含む「2030 アジェンダ」を採択した。この回勅はキ
リスト教を超えた宗教的倫理における人間的理解や環境観にも大きな影響を
与えたが、位相が異なる SDGs とほぼ同一視されている問題点も指摘された。
プロテスタントの研究者たちも持続可能な開発概念を無批判で受け入れてき
たわけではない。「持続可能な開発」概念を世界に広めたブルントラント委
員会報告書が出版される以前から世界教会協議会では「公正で参加型の持続
可能な社会」を議論してきたとの指摘もされた。いずれにしても地球環境は
待ったなしの状態であり、サステナビリティへの社会変革（公正な移行）の加
速は宗教や文化を超えて疑いもなく重要であるという形で一致した。

　貧困や格差、環境破壊の諸問題はなぜ生じたのか。SDGs は、それらを生
み出す根本原因としての構造自体に触れないまま、その構造を前提とした取
り組みでしかないのではないか。本当の「変革」は目指されているのか。す
なわち、消費主義、技術至上主義、効率主義から離れて違う生活スタイルを
目指すことを通して、人々そのものが変革主体となり、政治経済社会におい
て権力を持つ人々に健全な圧力をかけることが可能となる。そしてそうした

社会の選択こそが企業の態度を変え、環境への影響や生産モデルを変革することになる。

　また、SDGs の取り組みの現実において、企業や大学などの団体や個人が SDGs の一部の目標を掲げて貢献を表明することで社会的評価が得られる類いのものになっている問題点も指摘された。そうすることで社会は SDGs の全体像を見ることなく、個別に考えることに慣れてゆく。より重要なものは何かという優先順位や統合性を考えなくなる傾向も指摘された。そもそも SDGs は途上国の社会開発を中心とした MDGs の取り組みから始まり、それに地球環境の持続可能性が加えられて先進国を含む全世界を対象に打ち出された。貧困問題の解消と地球環境の持続可能性の変革が最重要なはずであるが、個別に考えると企業や組織、そして個人の既存の取り組みを前提にして考えることになり、見栄えだけを良くすることに終始しかねない。各目標のもとの 169 のターゲットや 232 の指標を細かく見ると、それらの中には電気を利用できる人々の割合の増加、エネルギー関連インフラへの投資の促進、ブロードバンドの普及、海外直接投資の増加など構造変革なしにそれらが本当に達成されると、地球がいくつあっても足りない環境負荷をかけることになりかねない懸念もある。つまり、その全体像が見えにくくなっている。

　資本主義のグローバル化をめぐる「加速主義」論争については、さまざまな立場がある。右派からも左派からも、これを肯定する立場がある一方で、加速主義から距離を置く立場、加速主義自体を批判する立場、既に減速している資本主義を重視する立場などがある。本書では「持続可能な開発」概念を積極的に推進する立場だけでなく、相対的に捉えて建設的な批判を含めた視点から真のサステナビリティの方向に社会を変革するための議論が展開される。

　総論では、社会科学と人文科学の総合的視点を提示する。「地球交渉速報 (*Earth Negotiations Bulletin*)」や多くの著書を通じて国際環境交渉や SDGs 交渉を市民に知らせてこられたパメラ・チャセク教授（マンハッタン大学）と、「ラウダート・シ」と SDGs の共通点と相違点についてキリスト教ヒューマニズムの視点から吉川まみ教授（上智大学）に担当いただいた。その後の各論では、SDGs

の 4 つの側面と言われる社会的側面、経済的側面、環境的側面、平和とガバナンスの 4 分野について、両大学内外の専門家の協力を得て、主要な論点を深めた。本書が、一人ひとりがサステナビリティ変革への加速のために何ができるのかを考える契機となり、それがひいては実践的行動を通して、日本社会や地球全体の持続可能性への変革へと繋がってゆくものになることを願う。

　本書の企画・執筆にご協力いただいた執筆者と本書の刊行をご快諾いただいた東信堂の下田勝司社長と編集部の皆さんに心からの感謝を申し上げる。刊行に当たっては、サステナビリティを重点分野の 1 つとする日本国際基督教大学財団 (Japan ICU Foundation) の助成を受けた。記して謝意を表する。なお、1 章・8 章・9 章・13 章については、Crimson Interactive Pvt. Ltd. (Ulatus) による英日翻訳原稿を毛利勝彦が監訳した。

毛利勝彦 (国際基督教大学社会科学研究所長)

下川雅嗣 (上智大学グローバル・コンサーン研究所長)

目次／サステナビリティ変革への加速

経済的側面 ‥‥‥‥‥‥‥‥‥‥‥‥‥‥‥‥‥‥‥‥‥‥ 95

環境的側面 …………………………………………… 153

9章 再生可能エネルギーにとっての好機
………………………… トーマス・コーベリエル 154

平和とガバナンス ････････････････････････ 217

12章　平和とガバナンスにおける国際機構の役割の再検討
　　･････････････････････････････････ 望月康恵　218

サステナビリティ変革への加速

1章

環境と持続可能な開発ガバナンスを変革する

パメラ・チャセク

1. 地球の危機

2022 年、国連事務総長アントニオ・グテーレスは、地球は悪い方向へ向かっていると警告した。「世界は厳しい状況にある」、そして持続可能な開発目標 (SDGs) も同様である。「時間は差し迫っている。しかしまだ望みはある。なぜなら我々は何をすべきか知っているからだ。無意味で破壊的な戦争を止めることだ。今すぐに。再生可能エネルギー革命を解き放つのだ、今すぐに。人々に投資して新たな社会契約を築くのだ、今すぐに。権力と財源をリバランスし、すべての途上国が SDGs に投資できるようにする国際的な取り決めを実行しなければならない。さあ、皆で団結して今日始めよう。高い志と決意と解決と結束を携えて SDGs を救おう。手遅れになる前に」(Guterres 2022)。

(1) 3 つの C の危機

しかし、私たちは 3 重の地球的危機とも言われる状況の中にいる。いったいどの地球的危機について語っているのかが問題である。ある人は、気候変動 (climate change)、紛争 (conflict)、新型コロナウイルス感染症 (COVID-19) のまん延という 3 つの C の頭文字を持つ危機の複合であると言う。また、国連環境計画 (UNEP) 事務局長らは、気候変動、生物多様性の損失、汚染問題という 3 つの環境的危機を問題視している。多くの人々は現在の国際体制はこれらの危機に対応する「目的に合致している」のかと疑問に思っている。私たちは SDGs を達成し、多国間環境協定 (MEAs) を履行できるのだろうか。

4

もしできるとしたら、どのように達成すべきか。もしそうでないなら、これからどうすればいいのか。

(2) ストックホルム＋50：過去50年間に何を達成したか

人間環境について議論された1972年のストックホルム会議に立ち戻る必要がある[1]。50年前のストックホルム会議以降の最大の成功は、それまで見過ごされていた環境問題が、広く議論されるようになったことである。1972年当時、環境は独立した問題であると認識されていた。今では、それは開発のすべての側面に影響を及ぼす問題として認識されている。2021年、国連人権理事会と国連総会は、クリーンで健康で持続可能な環境への人権を認める画期的な決議を採択した[2]。

また、ストックホルム会議では国連システム全体の行動を加速するよう促した。国連機関、プログラムや資金は、環境調査、技術開発、計画と目標を彼らの活動全体でまとめている。そして、環境の脅威へどのように対応するか、課題は開発の一部でなければならない、という理解が深まっている。またストックホルム会議によってUNEPが発足し、それに伴う多国間協力の新しい時代が始まった。

2. SDGs と MEAs の実践における課題

(1) SDGs

まず、SDGsとMEAsの実践におけるいくつかの課題に注目したい。グテーレス国連事務総長の他、多くの人が言うように、COVID-19をはじめとして、気候変動、紛争、特にウクライナの戦争といった次々に起こる多岐にわたる危機のせいで、SDGs達成は危うくなっている。脆弱層が最も大きな打撃を受けている。

脆弱層とは、パンデミックによって最も被害を受けた人々である。COVID-19はSDGsに破壊的な影響を及ぼし、すべての目標に対してCOVID-19の悪影響が明らかになってきた。さらに、世界は非常に脆弱な回

復に立ち向かっており、COVID-19 の収束にはまだ遠い。パンデミックは、貧困の撲滅への進展を 4 年間以上消し去り、2020 年には 9,300 万人以上の人々をさらなる貧困へと追いやった。パンデミックは基礎的医療サービスを崩壊させ、そのため 10 年ぶりに予防接種率が低下し、結核とマラリアの死亡が増加した。2,400 万人以上の大学レベルの入学前学生が学校に戻れない危険にさらされている。

　紛争により多くの人の生活が破壊され、世界は不安定になっている。1946 年以来最大の暴力的紛争を目の当たりにしている。世界人口の 4 分の 1 が紛争の影響を受ける地域に住んでいるのである。世界中で強制的に移転させられた人口は、史上最多の 1 億人である。ウクライナの戦争では現代で最も多い避難民を生み出している。さらに、食料、燃料および肥料の価格が高騰し、世界の食料危機を加速している。

　過酷な気候災害にも見舞われており、それを回避する見込みは急速に減少している。熱波、洪水、壊滅的な山火事が増加し、すでに世界中の何千万人もの人々に影響を及ぼし、地球のエコシステムに取り返しのつかない損傷を与える可能性がある。同時に、途上国では記録的インフレ、利上げ、迫りくる債務負担と戦っている。そして多くの人がパンデミックから回復できずに苦しんでいる。女性や子供、その他の脆弱層もまた、これらの危機の影響を直接的に受けている。女性は雇用喪失と生計の制限に苦しみ、教育を妨げられ、家庭での無給の介護労働の負担増加に苦しんでいる。子どもの就労と児童婚は増加している。

(2) MEAs

　多国間環境協定では、SDGs の道半ばであることだけでなく、世界的な温室効果ガス排出を 2025 年までに減少させ、2030 年までに 43％削減、2050 年までには実質ゼロにまで減らさなければならないことを確認している。しかし、世界は間違った方向に向かっている。パリ協定の、国が決める貢献（NDCs）はその要求を満たしていないと多くの人が指摘している。そして、温室効果ガスの排出は、2030 年までに 43％減少するのではなく、むしろ 14％増える

だろうと指摘している。パリ協定で定められた 1.5 度目標は達成できない可能性が非常に高い。

2022 年末には、モントリオールで、ポスト 2020 年の生物多様性枠組を採択することを目的として昆明・モントリオール生物多様性世界枠組が合意された。しかし、必要な資金は調達されていない。

プラスチック汚染に関する新たな交渉は、2022 年 12 月にウルグアイのプンタ・デル・エステで始まった。しっかりと、新しい国連プラスチック汚染に関する条約ができるかどうかを見極めてゆく必要がある。また、国連の 4 つの合意により提唱されている水銀やその他の有害化学物質を廃止していく継続的な取組みも監視しなければならない。

3. 問題は何か

何が問題なのだろうか。本章の後半では、問題点を検討し、有効な解決策を検証する。まず第 1 に、国連が問題なのだろうか。第 2 に、SDGs があるにもかかわらず、まだ政策が縦割りの壁（サイロ化）で分断されているからなのだろうか。第 3 に、問題は金融なのだろうか。第 4 に、取り組みを実施するために必要な各国の能力不足なのだろうか。第 5 に、経済的な現実が問題なのだろうか。第 6 に、科学と政策のインターフェイスが効果的でないのだろうか。そして最後に、政治的意思の欠如が問題なのだろうか。

(1) 国連の交渉

まず国連から検討したい。国連交渉について知るために大事なことは、国連は加盟国から構成されていることである。各国政府は自国の支配権を守り、非国家主体に譲歩することはめったにしない。国連が持続可能な開発を促進するためには、民間部門、金融機関、市民社会、女性、学界、先住民族、子どもと若者、農家、地方自治体など社会全体の取り組みを強化する必要がある。課題の規模は非常に大きいが、あまりにも長い間、環境は専門家の問題であった。科学も政策も市民には容易に理解できないと見なされてきた。し

かし、状況は変わった。非政府組織やその他の利害関係者とのつながりに関して、国連も変わらねばならない。利害関係者には果たすべき異なる役割があり、それぞれが関与してゆく必要がある。

　民間部門は特に重要であり、論争の的でもある。国連システムの多くは、民間部門を引き込み、環境問題を民間部門に統合する必要があることに賛成している。歴史的に、民間部門は自然資源を管理するよりも利用してきた。自然資源を採掘し、それで製造し、そして廃棄してきた。環境はいつも投資とうまく結びついていたわけではない。しかし、産業と民間部門を巻き込む議論は、地球の3重の危機に対応し、SDGs と MEAs の実現を拡大するために重要であるとの見解がある。官民パートナーシップの必要性があるとも言われる。一方、民間部門を参加させることは問題を作るだけで、解決にはならないという意見もある。これら2つの観点にどう対処すれば良いのだろうか。

　また、いくつかの MEAs においては、投票規則に問題がある。これを説明するために「手続のコーナー」と呼ぶものについて掘り下げたい。1992 年以降採択されたすべての MEAs は、投票規則が無かった。なぜか。表面的には、欧州連合（EU）のためである。EU は全ての加盟国を代表して投票できるようにしたい。しかし、もしすべての加盟国が会合に出席していなかったらどうするのか、それでもすべてを代表して投票するのかという議論があり、これが解決していない。しかし、問題はさらに微妙である。投票規則に反対する国は、投票すれば少数派になることを懸念している。そのような国は、全会一致によるコンセンサスで合意されることを好む。例えば、気候変動レジームにおける数ヵ国は、石炭利用の廃止に反対している。投票規則が無ければ、石炭に関する広範囲に及ぶ決定を回避することができる。しかし、投票規則があればこれらの国は負けるだろう。問題は、すべての議題をコンセンサス合意にすると、しばしば最小公倍数合意と言われる内容となり、投票よりもたいてい弱くなる。実際、SDGs はコンセンサス合意により採択された。多くの MEAs もコンセンサス合意により採択された。

　また、加盟国がいつでも環境や持続可能な開発にとっての条約や SDGs の

利益を見ているわけではない点を認識しておかなければならない。加盟国は自国の国益を求め、それは現在の国家中心システムに内在する問題である。多くの点で交渉はゲームであるとも認識しなければならない。政府は交渉のために会合に代表を送り、あらゆる場所と時間を使って出来る限り、時間延長してまで、国益と相反することが決してないようにする。筆者が追ってきた国連気候変動枠組条約締約国会議が時間通りに終わったことを思い出すことができない。

　なぜ各国政府は、このようなゲームをするのだろうか。それは、国益を守りたいからにほかならない。各国代表は、それが持続可能な開発に影響を与えることであっても争っていく。その結果、国連の中での進展は非常に遅いペースとなる。しかし、国連はパズルの中の1つのピースでしかない。SDGs や MEAs が進展していないのは、国連だけのせいであるとは言えないのである。

(2) 分断

　また、しばしば「政策のサイロ化」と言われる分断の問題もある。例えば、国際的レベルでは、国連は分断を減らす努力をしている。3つのリオ条約の中の合同連絡グループは、非公式のフォーラムとして、情報交換をしたり、相乗効果を生む活動の機会を探ったり、調整を進めている[3]。生物多様性連絡グループは、9つの生物多様性に関連する条約を調整した。3つの化学物質と廃棄物の BRS 条約（バーゼル、ロッテルダムおよびストックホルム条約）は、現在共同事務局を共有し、その締約国会議は合同で行われている。水銀に関する水俣条約も、BRS 条約と連携している。国連環境マネジメントグループは、幅広い知識共有のための手段を提供し、国連システム全体で調整を行っている[4]。2021年、国連システム最高責任者調整委員会は、「生物多様性を持続可能な開発の自然を基盤とした解決策を国連の政策プログラム立案とその実施に統合するための共通アプローチ」を承認した（Petrova 2022, 4）。この共通アプローチにより、集団行動と共同実施を調整する枠組みが提供され、生物多様性と自然を基盤とする解決策が国連システム全体で主流化される。

　これらの取り組みは、世界レベルで重複や矛盾を減らす。ガバナンスと実施を強化する一方、必ずしも国家レベルではそうではない。国家レベルでは多くの政府省庁が縦割りで、しばしば環境省庁は除外されている。異なるMEAs に対するそれぞれの関連省庁の多様な論点があるが、省庁間の交流や協力は必ずしも満足のいくものではない。各省庁は国家と同様にそれぞれの省庁にとっての省益を求める。その結果、条約は決まるかもしれないが、国内実施の調整は期待される速さにはならない。例えばインフラや農業、財政とエネルギー関連の省庁や部門からの有意義な約束がなければ目標やターゲットには意味がない。

　環境問題は、MEAs を超えて持続可能な開発、外交、医療、災害リスク低減、人権、経済的発展、教育、平和と安全保障と統合されるべきである。平等、人権および性別による暴力は、気候変動と併せて対処されるべきであり、政府全体での取り組みが必要である。同様に、気候安全保障の観点は、気候変動に影響される政治的および環境的に脆弱な状況における暴力的な過激主義を防止する努力から抜け落ちている。災害リスクの低減、環境保護と気候変動もまた、別々の機関やプログラムを通じてではなく、併せて対処するべきである。

(3) 資金

　もう 1 つの問題は資金である。このようなすべてのことに誰が費用を負担するのか。多くの途上国は、先進諸国が負担するべきだと主張する。先進国はその発展過程で環境問題を作り出したので、その解決のための費用を負担すべきだとする。しかし問題は、先進国政府が資金を十分持っていないことである。それは政治の問題であり、経済的現実の問題でもあるが、いわゆる「途上国」のうちでもいわゆる「先進国」よりも GDP が高い国がいくつか存在するのも事実である。気候変動対策のために途上国に対して拠出すると2009 年に先進国が約束した毎年 1,000 億米ドルの気候資金は達成されていない。30 年間以上にわたって 1992 年地球サミットで提唱された、新たな追加的資金も実際に動員できていない。これらの試みの失敗が先進国と途上国と

の間の信頼損失につながっている。

　途上国で財源が不足しているなら、民間部門や篤志家に期待してはどうだろうかという議論もあった。しかし、そうなると民間部門が持続可能な開発の議題をコントロール出来てしまうので、強い疑問を抱いている人々も多い。もう1つは、裕福な途上国が貢献すべきではないかという意見もある。途上国はその姿勢を崩さず、先進国に対して追加的な資金援助を求め続けるのだろうか。SDGs を達成し MEAs を実行するのであれば、これは解決すべき議題である。

(4) 能力不足

　1972 年のストックホルム会議後、開発の速度と MEAs の採用は急伸し、1992 年のリオ会議後も同様であった。しかし多くの国々では、能力、技術、財源および環境についての国際誓約を効果的に実行する組織をもっていない。各国には条約を実行するための国内法令を制定する能力が必要となるが、すべての国がこれを行うことができるわけではない。この点で進展しているいくつかの MEAs がある一方、各国政府が国内組織と人員を配置できなければ実施が妨げられる。しばしば立法府は、環境を保護し、環境犯罪を抑止し罰するために十分に堅固ではない。

(5) 持続可能な開発の経済的側面とは

　持続可能な開発の経済的側面に目を向けると、後の章でより詳しく解説されるが、汚染と自然資源の喪失と経済との関係に注目すべきである。石炭、化石燃料、セメント製造、その他のいわゆる「汚い」産業は、自社と産業の利益を代表して、国連全体でロビー活動をしている。しかし同時に、これらの産業は世界経済に貢献している。これをどう調和させることができるだろうか。貧困から脱するために汚い産業が必要なのだろうか。あるいは、グリーン産業へと直接飛躍することができるのだろうか。これについては SDGs 交渉の過程で広く議論された。しかし、問題は残っている。グリーン産業は費用がかかり過ぎるだろうか。私たちは、化石燃料、有害化学物質、オゾン層

破壊物質、殺虫剤などにあまりにも依存してはいないのだろうか。このような産業で働く人々はどうか。彼らがお金を稼ぎ、家族を養うことができるよう、他産業で働けるようにするにはどう再教育すればいいのだろうか。特にSDGs 交渉の際には、持続可能な開発によく合致するよう世界経済全体の基礎を再考すべきと訴える人もいた。

(6) 科学と政策の橋渡し

　もう 1 つの問題は、科学と政策の関係である。政策立案者は科学を理解しなければならないが、理解している者は少数で、ほとんどは科学技術やその革新的な情報について理解していない。科学的現実を政策者側が理解し対応できる言葉に変換するにはどうすればいいだろうか。研究結果が政策立案者にも理解できる形で広まれば役に立つが、あいにく多くの学者と科学者は自分自身と周囲の専門家のために執筆しており、「どのように平易な言葉で説明すれば良いのか」という科学コミュニケーションをあまり考えていない。それができれば、政策立案者は適切に理解した上で必要な決定をしうるだろう。開発の政策立案においても、科学技術やイノベーションについて同様の問題がある。そして、科学技術やイノベーション情報を政策に取り込むための窓口機関が不足している。

(7) 政治的意思の欠如

　おそらく最大の問題は政治的意思の不足である。環境問題の原因と影響について、知識と理解は深まっているが、緊急の行動へとつながっていない。1972 年ストックホルム会議以来、国際社会では、地球環境の変化は、開発の将来や人類にとって周辺的なものではないという認識が高まっている。環境の変化は根本的に、地球と人類の生命維持システムに影響する。しかしこの知識と理解はまだ、必要な実施と政治的意思につながっていない。例えば、最近の世界銀行の報告では、受粉、海洋漁業からの食糧供給、自然林からの木材といった、自然が提供する優れた生態系サービスの急減により、世界のGDP が 2030 年までに年間 2.7 兆米ドルの減少につながる可能性があり、低

所得国がもっとも影響を被ると推定している (Johnson et al. 2021)。さらに、国連児童基金 (ユニセフ) によると、世界の子どもの約 3 人に 1 人が、精神遅滞や神経障害といった生涯にわたる影響をもたらすレベルの鉛にさらされている (Rees and Fuller 2020)。世界銀行はまた、大気汚染が原因で約 650 万人が毎年、成人前に死亡すると予測している (World Bank 2022)。そして大気汚染を原因とする健康被害による世界全体の損失は、8.1 兆米ドルもしくは世界の GDP の 6.1% である。今すぐに必要な行動を起こさなければ、回避できる死と環境破壊が続くばかりである。

問題の一部は、国家レベルの官庁の中で環境関連省庁の地位が低いことである。ストックホルム会議後、多くの国々で環境省庁が設置されたが、それらは今日まで官僚制度における最高位と見なされることはほとんどない。たいてい省庁の階層の中で比較的低い位置にあり、環境関連の法律や規制の実行に十分な影響力を持っていない。むしろ財務省などが環境省庁よりも優先されている。

SDGs と同様に、規制の中に環境コミットメントを盛り込むことに対する緊急性の欠如という点では、短期的思考の問題もある。問題の一部は、環境と持続可能な開発の問題が選挙の周期にうまく合っていない。例として、米国を取り挙げると、連邦議会の下院議員は 2 年ごとに、上院議員は 6 年ごとに、大統領は 4 年ごとに選ばれる。これらの政治家たちは 2 年、4 年、6 年の周期で短期的な勝利を求めるため、長期的課題が解決されない。長期間の注力が必要なのだが、政治家たちは次の選挙で当選することをより重視するのである。

4. 解決策は何か、どのように前進するか

(1) 地球環境と持続可能な開発ガバナンスを再考する

まず、地球環境と持続可能な開発ガバナンスについて、地球規模レベルで再考しなければならない。国連と民間部門と他の利害関係者の間で、より良い協働と協力ができるはずである。国連システムは市民社会、先住民族、女性、

若者などの声にもっと耳を傾けるべきである。多国籍企業だけでなく途上国の中小企業を含む民間部門とのより多くの協働が必要である。地域の優先事項や解決策について、意思決定者や民間部門との対話を地域コミュニティにおいて促すべきである。前述したように、SDGs は政府だけが実施するのではなく、大学や地域や都市や企業によっても実行されるべきである。

　また、重複を避け、既存の枠組みを活用すべきである。SDGs のように、それまでのミレニアム開発目標の延長上に構築し、改良すべきである。環境、気候変動、災害リスクの低減のほか、人権、地方開発、都市計画、インフラ、エネルギーなどの部門にわたる省庁を超えた多国間主義の対応を強化しなければならない。おそらく加盟国政府による年次開催の締約国会議は解決にはならない。むしろ、それが問題の一部とさえなる。このことは、2022 年にエジプトで開催された COP27 締約国会議の最終段階で低排出エネルギーが削減対策として認められたことを考えると、締約国会議を単純に非難することはできない。実施は各国政府の現場で行われるのである。

　地球環境機関や世界環境機関といった構想が、国際レベルでの縦割りサイロの壁を取り払うために提唱されたこともある。しかし、これは別の官僚主義を追加するだけで有効な実施につながる助けにはならないだろう。必要なのは異なる 2 つのレベルにおける行動である。1 つは国連の機関間のレベル、もう 1 つは各国政府間のレベルである。まず、国連諸機関は、環境と持続可能開発についての約束を実行するために共に活動している。各国政府と共に活動し、自分たちの組織内で対応を調整しているが、組織を超えて連絡を取ることもしている。SDGs と MEAs の実施を調整するために国連システムが一丸となって働き、機関が互いを補完し合っていくことができるよう努力を続けることが重要である。

　政府間レベルでは、新しい世界的な環境機関あるいはどのような名称であるにせよ、現在、国連環境総会（UNEA）、締約国会議、他の国連機関・プログラム、管理理事会、地球環境ファシリティ、緑の気候基金に参加しているのと同じ担当者で構成されている。そのため、もう 1 つの官僚主義を構築することは問題を解決することにはならない。政府は常に自国益を第一に目指

し、選挙された政治家は常に次の選挙のことを考えなければならない問題を解決することにならないのである。別の政府間組織を作っていては、きっと同じことを繰り返す。UNEP は UNEA と協働しており、条約は UNEP の支援の管理下にある。条約機関との協働は多くなっており、役立っている。別の機関を増やすことは、すでにある政治的意思の欠如を解決しそうにないのである。

(2) 一般市民の認知度

　一般市民の認知度も高める必要がある。これは日本が比較的うまくやっていることであるが、他の国ではそうではない。メディアやソーシャルメディアを活用し、環境の脅威と好機に関する認識を高めなければならない。自分たちの必要性を満たすためにどれだけ自然に依存しているかについての関心を高め、環境悪化と災害による損失と、自然環境の回復力（レジリエンス）と保護対策の価値についてもっと伝えなければならない。不正取引や生息地喪失による種の消失の影響についても、認識を高めなければならない。メディアやソーシャルメディアの役割を正しく理解し、さまざまな関係者に対して環境の脅威と好機の認識を高めるべきである。子どもや若い世代への、グリーンスキルやレジリエンス技術の修得に焦点を当てた、環境教育と気候変動教育に資金を向けるべきである。そうすることによって次世代がグリーン経済を発展させることに参画できるようになる。企業には、若い世代の機会を拡大し、健全な生計を構築する道筋を支援するよう奨励するべきである。自然資源の保護と持続可能な利用において地域コミュニティと実現可能な形で協力するためにパートナーと協働し、健全なエコシステムと食の安全とのつながりについての認識を高めるべきである。

(3) 科学技術とデータ

　科学技術とデータには、アクセスできることと有効活用できることの両方が必要である。科学の役割を全般的に強化することに加えて、適切なデータ、科学、技術イノベーションを促す情報へのアクセスを世界的に向上させるこ

とが、エビデンスベースの包括的な政策決定を可能にし、社会全体が持続可能な開発を達成する駆動力となる。協力して、複数のソースからデータを収集し、蓄積し、解析して、早期警告システムを改善し、主流化し、統合された対策行動をすることが優先事項である。科学政策機関が矛盾の無い発信を行い、国際レベル、国家レベル、地域レベルの政策立案を促すことができるようにするべきである。そして政策立案者と産業界が、貧困の削減、人道目的、気候行動などについて議論するために、データを活用し、共有できるようにするべきである。地域コミュニティと政策立案者に対して、気候リスクと影響に関する科学知識をつなげる必要がある。また、情報コミュニケーション技術を幅広く利用できるようにして、地域経済発展に良い影響を及ぼし、不平等を減らし、気候変動などの地球環境問題に対処する地域レベルでの技術革新を支援すべきである。

　例えば、再生可能なエネルギー源へともっと移行するべきである。世界各地で、輸入エネルギー、石炭、石油や天然ガスへの依存を減らすべきである。そうした移行を十分に迅速に行うことができるだろうか。その可能性は低いように見えるかもしれない。しかし、ウクライナでの戦争は、再生可能エネルギーへの投資や技術革新をさらに促すかもしれない。特に太陽光と風力エネルギーの蓄電池や他の新しい関連技術についてはそうだ。現在のエネルギー危機は、化石燃料への依存の限界を示している。もし化石燃料への依存を低下することができれば、SDGs と MEAs の実施に立ち至った際に、エネルギー危機を煽ってきた、いくつかの化石燃料輸出国の力が低下しうることになるだろう。

　技術供与は重要であるが、途上国が次の段階へ進むためにそれを取り入れるために必要な教育や訓練も同様に大変重要である。低炭素の再生可能エネルギー技術を導入しただけでは十分ではなく、そのままでは機能しない。技術を適切に利用するために地域の人々を教育し、問題があった場合には交換部品を地元で製造できるようする必要もある。こうした技術的知識の向上は、先進国への依存の連鎖を確実に終わらせることができるだろう。グリーン技術の共有、その技術を得るための資金支援、技術を活用した製造をするため

の訓練など、どれもが従来の「汚い」技術を置き換えてゆくために必要である。

(4) 経済と金融

　経済と金融に関しては、国内総生産（GDP）の成長が成否を測る唯一の方法であるという概念を疑うべき時が来ている。21世紀のための経済を再生する時が来ている。「グリーン経済」や「サーキュラー・エコノミー」など名称はいろいろあるが、その方向性は1つである。それは、経済発展と生態系への悪影響を切り離すことで、「実質ゼロ」、「ネイチャー・ポジティブ」、「ネット・レジリエンス・ゲイン」金融の規模を拡大することである。経済的な政策決定には、自然環境が提供する地球公共財を考慮に入れる必要がある。さらに、資源や原材料をより効率的に利用し、経済と金融のモデルを変革することである。そうすれば資本は地球環境と市民生活を支え、同時に利益をもたらすだろう。「エコシステムを基盤としたアプローチ（EbA）」や「自然を基盤とした解決策（NbS）」への投資拡大を妨げている規制の障壁や歪んだ動機を取り払う必要がある。そして化石燃料や漁業乱獲などに利用されている有害な補助金を、貧困層を擁護する環境補助金へと変革する必要がある。

　持続可能な製品と消費行動を動機付け、有効にするために貿易を活用するべきである。そして環境に配慮した持続可能な開発目標を実現するために必要な資金を動員するために、より多くの政治的関与が必要である。政府開発援助（ODA）への依存を越えて、持続可能な開発のための公的資金と民間資金の両方を動員するために、より総体的な手段を求める時だろう。そして、世界の経済秩序が変わり、1992年リオ地球サミット当時のように「先進国」と「途上国」という用語では、それほど明確に分けられない世界であることを反映して、資金の枠組みを見直さなければならない。

　環境持続性は、雇用に対しても深い意味を持つ。1千万人以上の雇用が、健全な環境に依存している。経済活動と人間生活を下支えする自然資産を維持し修復することは、より多くのより良い雇用へとつなげることができる。

　明日のリスクを極小化するために、今日投資すべきである。もっとも脆弱な国、地域、人々がすでに直面している危機を緩和し、さらなる環境悪化や

危険や脆弱さが継続することなく発展するために徹底した包括的支援が必要である。

　持続可能な製品と消費についても、もっと考えなければならない。石油化学製品から出来るプラスチックについては廃棄物の問題だけでなく、その製造過程と石油化学製品の使用が気候変動に影響する。ペットボトルや医療機器などプラスチックから作られる数多くのものにどれだけ依存しているかについて考えなければならない。特に途上国において、使い捨てプラスチックではない別の容器や製品を考案する大きな好機でもある。

　食料生産と食品廃棄の影響についても考えなければならない。食品廃棄はメタンガスを排出する。世界には飢えた人々がたくさんいる。サーキュラー・エコノミー全体の資源から食品廃棄を減らすことができれば、化石燃料の排出削減にも寄与することができる。農業や牧畜のやり方、栽培品目や利用技術を再考すれば、農業からメタンや炭素の排出を減らすことができる。

　そして、ファスト・ファッションである。低価格でワンシーズン以上もたない、たった数回着用するだけにデザインされたアパレルの製造や輸送から、大量の二酸化炭素が排出される。人々の大量消費を促しているのは、それがアパレル業界の望むことだからだ。それほど長く着られない衣類の製造に向けられるエネルギー量に注目すると、それは気候変動に大きく影響するものとなる。

(5) 政治的意思はあるのか

　しかし、政治的意思はあるのか。2012 年の国連持続可能な開発会議や、1992 年のリオ地球サミットのような会議に各国から政府代表が集まる。環境問題に対峙し、食い止めるために協力する必要性を認識していることに彼らは合意する。しかし、崇高な演説やコミットメントはもはや過去のものでる。今は、実行の時である。エジプトでの COP27 も「実施サミット」と言われた。しかし、実行の兆候はあるか。

　持続可能な開発を真剣に捉えるなら、実行は国家レベルで成されなければならない。各国政府は「もちろん SDGs を支持します」と言い、複数の会議

に参加し、それについて議論する。持続可能な開発に関するハイレベル政治フォーラムと自発的国家レビュー（VNR）の政府代表によると、各国の行動を共有できて非常に喜んでいる。それは良いことだが、まだまだ増強する必要がある。各国政府は、環境関連省庁の注目度を高めることも出来る。持続可能な開発省を設置した国もある。政府は「グリーン経済」や「サーキュラー・エコノミー」が自国経済を弱めるものではないことを認識し始めるだろう。事実それらは経済を改善する。例えば、グリーン会計に進展がある。中央政府から地方政府まですべてのレベルの政府が、製造品の環境コストや自然環境と人間の健康の損失を考慮に入れる会計が進展している。

　コロナ対応で見たものは、人間の健康が脅かされると政府は行動を起こした。それが政府の最優先事項となった。そして実際には、大気汚染、水質汚染、土壌汚染、種の絶滅、自然環境の破壊、気候変動などすべてが人間の健康危機の原因となっている。政府は、環境問題がホッキョクグマやトラやゾウの問題だけでないことを認識するだろう。人間もまた1つの種であり、これは健康問題でもある。

　物事を人間の健康と結び付け、他分野との横断的なつながりに気づくと、政治的意志が増す。例えば、COVID-19は動物からヒトへ感染した人獣共通感染症である。人は病気になると働くことができず、勉強ができず、国を存続させてゆく次世代の教育と訓練ができない。これは経済にとって重大な意味を持っている。

　非常に多くのつながりがあり、SDGsはすべてがどのようにつながっているかを示す優れた事例である。しかし、SDGsの1つの問題は、人々がそれを見て、「自分はSDG2を実行する。私はこのSDGやあのSDGを実行する」と言いながら、例えば、清潔な水と衛生に関するSDGを実行したら、教育に関するSDGも実行していることにもなることを認識していないことだ。なぜなら生徒たちに清潔な水と衛生を与えることは教育を支援し、少女たちが学校へ行けるようになることだからだ。このことが人間の健康に役立つことも分かるだろう。SDG3は地球を育むことに役立ち、SDG2は貧困軽減に役立ち、SDG1は生物多様性を守ることができる。これらすべては互いに

連携し、1つのターゲットまたは1つの目標として見るだけでは十分でない。それは政府全体と、社会全体のアプローチでなければならない。

　気候変動と生物多様性の喪失、汚染などの問題の中で、COVID-19のまん延と世界の不十分な対応を繰り返してはならない。グリーンで回復力のある、誰も取り残されない公平な世界は、手の届くところにある。しかし、それには経済と社会の仕組みの大きな変革が求められる。国際組織、国連システム、および政府すべてが課題に取り組んでいくことを望むばかりだ。

謝辞

　著者は本章に協力してくださったUN Environment Management Group（国連環境管理グループ）の支援に感謝する。

注

1　国連人間環境会議は、1972年ストックホルムで開かれた環境に関する最初の世界的な会議と見なされている。

2　48/13決議が2021年10月8日の人権協議会で採択された。2022年7月28日、賛成161票と反対0票（棄権8票）を記録して国連総会は、人権として清潔で健康的な持続可能な開発を認める決議案を可決した。

3　気候変動に関する国連枠組条約（UNFCCC）、生物の多様性に関する条約（CBD）および国連砂漠化対処条約（UNCCD）から成る合同連絡グループは、2021年に設立された。

4　生物多様性に関連する協議会の連絡グループは2003年に設置され、2021年にCBDとワシントン条約（CITES）、ボン条約（CMS）、ラムサール条約、国際植物防疫条約（IPPC）、食料農業植物遺伝資源条約（ITPGR）、国際捕鯨委員会（IWC）および世界遺産条約が参加した。

参考文献

Guterres, António. 2022. Secretary-General's Remarks at the Opening of the 2022 High-Level Segment of ECOSOC, Ministerial Segment of High-Level Political Forum.

Johnson, Justin Andrew, et al. 2021. *The Economic Case for Nature: A Global Earth-Economy Model to Assess Development Policy Pathways.* Washington, DC: World Bank.

Petrova, Simona. 2022. Introduction of the Annual Overview Report of the United Nations

20

System Chief Executives Board for Coordination (CEB) for 2021.

Rees, Nicholas and Richard Fuller. 2020. *The Toxic Truth: Children's Exposure to Lead Pollution Undermines a Generation of Future Potential.* New York: UNICEF.

World Bank. 2022. *The Global Health Cost of PM2.5 Air Pollution: A Case for Action Beyond 2021.* Washington, DC: World Bank.

2 章

SDGsとラウダート・シ
――開発コンセプトに関する共通点と相違点

吉川まみ

1. SDGs と『回勅ラウダート・シ』の共通点

　本章では、一般的には理解する機会が少ない『回勅ラウダート・シ』(教皇フランシスコ 2016) における「総合的な (インテグラル) エコロジー」の概念に注目しつつ、「開発」をめぐる SDGs と『回勅ラウダート・シ』の共通点と相違点について考察する。

　まず、両者が国際社会に登場した 2015 年という年が環境の分野における歴史的な転換点と言われていることを確認しておこう。2015 年、国際社会全体の地球環境問題への取組みの行方に大きな影響を与える文書や枠組みなどが次々に示された。その 1 つとしてあげられるのが、2015 年 5 月 24 日、ローマ教皇フランシスコが発布した環境問題についての公文書『回勅ラウダート・シ』(以下「ラウダート・シ」) である。また、その数ヵ月後の 2015 年 9 月 25 日第 70 回国連総会にて採択された「我々の世界を変革する：持続可能な開発のための 2030 アジェンダ」(以下「2030 アジェンダ」) に示された 17 の SDGs 持続可能な開発目標もまた、2015 年以降の国際社会の動向に大きなインパクトを与えている。教皇フランシスコは国連からの招きに応えて、この国連総会の冒頭で演説を行っている。国連広報センターはこの演説で教皇は「人々の人権と環境を保護し、共通善への奉仕を」と語りかけたと伝えている。[1] さらに、「IPCC 第 5 次評価報告書」をもとに開催された「気候変動枠組条約第 21 回締約国会議」(通称COP21)で、国際社会全体の取組みの行方を左右する「パリ協定」が採択されたのが 2015 年 12 月である。

　地球環境が直面する気候危機という人類共通の課題に共通の目標が可視化された2015年、奇しくも同じ年にもたらされた「ラウダート・シ」とSDGsの共通点を意識化することは、あらゆる問題の相互連関としてのグローバル・イシューにとっても、その取組みの加速化の一助となるであろう。

　SDGsと「ラウダート・シ」、これらの共通点のなかで特徴的なものとして挙げられるのは、社会の中で弱く貧しくされ片隅に置き去りにされた人々へのまなざしである。よく知られているように、「2030アジェンダ」ではその前文で、地球上の「誰も置き去りにしない」(leave no one behind) ことを誓っている。同様に、「ラウダート・シ」では、自然と貧しい人々の脆弱さ、その密接なつながりを文書全体で繰り返し強調しつつ、社会の中で排除され、人間の尊厳を傷つけられている人々に意図的に目を向けている。

　「ラウダート・シ」におけるこうした社会的な弱者へのまなざしは、さまざまな社会回勅の中に共通して見られるもので、「社会的弱者優先」(Preferential Option for the Poor) の思想あるいは理念として、カトリック教会で大切にされてきた考え方である (教皇フランシスコ2020)。

　「ラウダート・シ」という文書は、バチカンの公文書のひとつである「回勅」として発布されている。「回勅」とは、ローマカトリック教会で教皇が重要なテーマについて全世界の信者に向けて発するメッセージだが、回勅のなかでも特に社会に関する教えについて書かれたものを「社会回勅」と呼ぶ。「ラウダート・シ」は、表題に「回勅」と示されてはいるが、教皇自らこの回勅が社会回勅に位置づけられる文書であることを、その本文の第15項で明確に述べている。

2. 「開発」概念におけるSDGsと『ラウダート・シ』の相違点

　前節で、社会的な弱者へのまなざしにSDGsと「ラウダート・シ」に共通する視点を見出せることについて述べたが、その目的、本来わたしたちが向かうべきビジョンに目を向けると、両者の根本的な違いが見えてくる。ここでは、両者の根本的な違いを「開発」概念において確認する。

　SDGsは言うまでもなく、あるべき開発概念として「持続可能な開発」

(Sustainable Development) が中心的なキーワードとなっている。そして、「2030アジェンダ」の前文で、「これらの目標及びターゲットは、統合され不可分のものであり、持続可能な開発の3側面、すなわち経済、社会及び環境の3側面を調和させるものである」と述べている (国連総会採択文書, 2015)。このように、SDGs におけるビジョンとしての「持続可能な開発」のより具体的な表現として示された「社会、経済、環境の3側面の調和」というコンセプトは、SDGs の開発概念および社会的弱者を包摂のあり方を特徴づけている。

　一方、「ラウダート・シ」において本来のあるべき状態として示された開発概念のキーワードは「全人的な発展」(インテグラル・ディベロップメント、Integral Development) である。「全人的な発展」という語は「ラウダート・シ」のみならず、歴代教皇のさまざまな公文書、カトリック教会の諸文書などに共通して示されている開発・発展概念である。「全人的な開発」に「持続可能な」Sustainable という形容詞がつけられていないのは、持続可能性を考慮していないのではなく、そもそも持続可能性は「全人的な発展」の要件として含まれていると考えられているからである。

　「全人的な発展」という概念の理解にとって最も重要な点は、これがキリスト教ヒューマニズムにおける「全人的な人間観」(インテグラル・ヒューマニズム、Integral Humanism) に根ざした発展概念だということである。「全人的な発展」と「全人的な人間観」、これらは、「ラウダート・シ」における中心的なキーワードである「総合的な (インテグラル) エコロジー」(Integral Ecology) の概念と密接にかかわっている。

　そこで、次節ではまず、「ラウダート・シ」がいかなる文書であったかを確認し、「総合的な (インテグラル) エコロジー」概念の理解をすすめながら、「全人的な発展」の意味の理解を深めることとする。

3. 教皇フランシスコと回勅『ラウダート・シ』

(1) 教皇フランシスコと環境保護

　『回勅ラウダート・シ』は、回勅としては初めて環境問題をテーマとする

公文書である。教皇自らこの文書が社会回勅に位置づけているように、この文書では環境問題を気候危機や自然資源のうえにあらわれる問題というだけでなく、広く社会問題としても捉えている。

　2013年3月、第266代ローマ教皇として選出された教皇フランシスコは、初の南米出身の教皇である。教皇名の「フランシスコ」という名は、環境保護聖人と称されているアッシジの聖フランシスコから自ら選ばれた名である。アッシジの聖フランシスコは、中世後期にイタリアに実在した聖人で、とりわけ社会的弱者と自然を大切にしたことで知られている。この聖人の名を教皇名に選ばれたことからも伝わってくるように、教皇フランシスコは、着座以来一貫してさまざまな機会に環境保護を強く訴えかけている。アマゾン熱帯雨林の開発問題に対しては、先住民のもとを訪れて対話したり、国連環境デーには関連のテーマでメッセージを発信したりするなど、国や宗教、文化や価値観を超えて、多くの人々との連帯の必要性をも呼びかけている（教皇フランシスコ 2021）。

　例えば、教皇は着座後間もない2013年6月5日「国連環境デー」の日の一般謁見講話では、環境デーに触れつつ現代社会の「使い捨て文化」について説いている。教皇は、「使い捨て文化」とは、貧しい人々の必要を満たすことに何の価値も置かない文化であり、環境とあらゆるものの命を軽視する文化であると指摘した。[2] 食料廃棄の問題に対しては、浪費するという行為が曝け出しているのは、物事や物を持たない人々への私たちの無関心であり、食べ物を捨てることは人間を捨てることに等しいと述べている。[3] また、国連の気候行動サミットに際してバチカンからビデオメッセージを送ったりするなど、その後も、さまざまな機会に同様のメッセージを出し続けている。

　もともとバチカンでは、パウロ6世ホールの屋根に2,400枚の太陽光パネルが設置されるなど環境への配慮はなされていたが、新たにバチカン市国内での使い捨てプラスチック製品の販売を停止し、ゴミの7割をリサイクルすることをめざし、より一層の具体的なエコ実践が進められている。[4] また2019年11月の教皇訪日の際にはエコカーが利用されるなど、さまざまな言動にエコロジカルな配慮が示され、自ずと教皇フランシスコの環境保護への

強い思いが伝わってくる。

　「ラウダート・シ」という表題は、アシジの聖フランシスコの「太陽の賛歌」の一節"ラウダート・シ、ミ・シニョーレ"(わたしの主よ、あなたは称えられますように)から付けられている。アシジの聖フランシスコはこの賛歌のなかで、太陽や月や美しい自然を私たち人間の"兄弟姉妹"と呼び、自然界の美しさを通してその創造主である神を"ラウダート・シ、ミ・シニョーレ"と繰り返し讃えている。回勅では、その冒頭でアシジの聖フランシスコとこの「太陽の賛歌」について述べており (LS.1)、[5] ここから環境問題に関する信仰者の立場としての基本的な姿勢をうかがうことができる。すなわち、自然の内在的な価値に対する感謝と敬意、さらにその与え主への感謝と敬意を回復することが信仰者にとっての地球環境保護の原点といえるだろう。

(2)『回勅ラウダート・シ』の概要と環境問題の理解の特徴

　「ラウダート・シ」は、序文に当たる部分に続いて、6つの章、巻末に2つの祈りで構成されている。第1章に入るにあたって文書全体の概要が示されている段落 (LS.15) がある。それに従い、回勅全体について簡単に説明しておこう。

　第1章は、まず「今、教会の社会教説に加えられるこの回勅が、直面する課題の重要性、規模の大きさ、緊急性を認識する助けとなることを希望します」と述べる。そして、科学的根拠をふまえて環境問題を概観し、「わたしたちの心を根本から動かすことで、そこから始まる倫理的・霊的道筋の具体的基盤」を築く。

　第2章では、「次に、環境への積極的取り組みにいっそうの一貫性を与えるいくつかの原理を、ユダヤ・キリスト教の伝統から導き出し、考察し」、第3章では「それから、現況をとことん探り、その症状ばかりでなく根深い原因をも考察」と、環境問題の人間的な根源について述べる。

　第4章では、「このように、この世界で人間が占める特別な立場と、自らの周囲との関係を組み込んでいくエコロジーを多様な側面から提案」すると、この文書全体のキーワードでもある「総合的な (インテグラル) エコロジー」の

概念について説く。

　さらに、第 5 章では、「こうした考察に照らされて、個人としてのわたし
たち一人ひとりを巻き込み、また国際的な政策にも影響を及ぼす、対話と行
動に向けた、より幅広い提案」として、対話の重要性と具体的な行動指針に
ついて述べている。

　そして第 6 章では、「最後に、動機づけや教育過程なしに変革は不可能で
あるとの確信に基づき、人間的発展のために刺激となる指針を、キリスト教
の霊的体験の宝庫からいくつか提示」する。巻末には、「わたしたちの地球
のための祈り」と「被造物とともにささげるキリスト者の祈り」いう 2 つの祈
りがかかげられている。

　「ラウダート・シ」はこのような構成と、環境問題へのアプローチに大き
な特徴がある。それは、回勅全体にわたって繰り返しさまざまな角度から言
及される次のようなテーマ (LS.16) にも示されている。

- 貧しい人々と地球の脆弱さとの間にある密接なかかわり
- 世界中のあらゆるものはつながっているという確信
- テクノロジーに由来する勢力の新たなパラダイムと権力形態の批判
- 経済や進歩についての従来とは別の理解の方法を探ろうという呼びかけ
- それぞれの被造物に固有な価値
- エコロジーの人間的意味
- 率直で正直な討議の必要性
- 国際的な政策および地域的な政策が有する重大な責任
- 使い捨て文化
- 新たなライフスタイル

　これらのテーマの中でも、とりわけ「貧しい人々と地球の脆弱さとの間に
ある密接なかかわり」は回勅全体の中心的な視点でもある。それは、以下の
ような文章に明確に示されている。

　　人間環境と自然環境はともに悪化します。人間や社会の悪化の原因に注
　　意を払うことなしに、環境悪化に適切に立ち向かうことはできません。
　　実際、環境と社会の悪化は、地球上のもっとも弱い人々に影響します。
　　(LS.48)

　このように環境問題は社会問題であり人間の問題でもあること、これら諸
問題は同根であることを、教皇はくり返し回勅の中でさまざまな表現で伝え
ている。
　一般的に、環境問題の主要な原因は「大量生産・大量消費・大量廃棄」と
いう一連の構造にあると理解されている。一方、回勅では、この一連の構造
の根本的な問題として「浪費的で消費主義的な『過剰な発展』」(LS.109) に着目
し、過剰な発展を促す支配的な「技術主義パラダイム」(LS.109) について指摘
する。技術の進歩発展や効率を高めることは、それ自体が問題というわけ
ではない。しかし、「大量生産・大量消費・大量廃棄」という構造の中では、
人間の諸活動はできる限り早く、より多く利益を生むことを求められる。ゆ
えに、この構造の中では、人間活動はおのずと均質化、画一化され、生産活
動に貢献できない立場の弱く貧しくされた人々と、浄化能力・再生能力を超
える規模で利用され負荷がかかる自然資源の両方が同時に犠牲になる。

　　こうした問題は使い捨て文化と密接につながっており、そうした文化で
　　は、ちょうど物がすぐゴミにされてしまうのと同様に、排除された人々
　　が悪影響を被るのです。(LS.22)

　結局、「大量生産・大量消費・大量廃棄」という構造のなかでは、自然資
源も人も、存在そのものの内在的価値ではなく、経済的な有用性による道具
的価値で扱われるようになるということだ。

　　つまるところ、消費が肥大する世界は、同時にあらゆる形態のいのちを
　　虐待する世界なのです。(LS.230)

28

このように考えてみると、環境問題という人間の「外的な環境」の問題は、人間が本来どうすべきか、いかに自然や他者とかかわるかが問われる意志や理念の源泉となる人間に「内的な環境」の問題であり、人間の根源的な問題でもある。この内外のつながりを環境問題に見ることが「ラウダート・シ」の特徴の1つであり、この特徴的な視点は次の箇所にも示されている。

> 内的な意味での荒れ野があまりにも広大であるがゆえに、外的な意味での世の荒れ野が広がっています。(LS.217)

4.「インテグラル」な人間観・エコロジー・発展概念

(1)「総合的な（インテグラル）エコロジー」の概念と「全人的な人間観」

さて、社会問題であり、人間の問題でもあり、人間の根源的な問題でもある環境問題に対して教皇フランシスコはどのようにアプローチしようとしているのだろうか。次のような箇所に、教皇が「ラウダート・シ」を著した中心的な目的の1つが示されていると考えられる。

> 人間性の刷新なしに、自然とのかかわりを刷新することは不可能です。適切な人間論なしのエコロジーなどありえません。(LS.118)

> わたしたち自身の尊厳こそが危機にさらされていると理解する必要があります。(LS.160)

> 進路を改めるべき物事がたくさんありますが、とりわけ変わる必要があるのは、わたしたち人間です。(LS.202)

これらの文章は、私たち人間の尊厳を回復する"適切な人間論"とそれに向かって私たちが刷新されていく歩みを求めている。ここで、教皇フランシ

スコが私たちに道標として提示しているのが、「総合的な (インテグラル) エコ
ロジー」という概念だと理解できるだろう。

　「総合的な (インテグラル) エコロジー」は、中心的なコンセプトとして回勅
に位置づけられ、第4章全体を費やして説かれている。第4章では、「あら
ゆるものは密接に関係し合っており、今日の諸問題は、地球規模の危機のあ
らゆる側面を考慮することのできる展望」を求めていること、それゆえ「こ
うした危機の人間的側面と社会的側面を明確に取り上げる総合的なエコロ
ジー」は「環境的、経済的、社会的なエコロジー」、「文化的なエコロジー」、「日
常生活のエコロジー」、「人間のエコロジー」などさまざまな要素を含むもの
であると説かれている。(LS.137)

　ここで重要なことは、本章の第2節で述べたように、「総合的な (インテグ
ラル) エコロジー」は「全人的な発展」(Integral Development) という概念と「全人
的な人間観」と密接にかかわるエコロジー概念であるということである。「全
人的な発展」の概念が「全人的な人間観」に根ざしているように、「総合的な (イ
ンテグラル) エコロジー」概念もまた、キリスト教ヒューマニズムに基づく「全
人的な人間観」に根ざしている。

　「ラウダート・シ」では、「総合的な (インテグラル) エコロジー」について次
のようにも説明されている。「総合的な (インテグラル) エコロジー」とは、「こ
の世界で人間が占める特別な立場と、自らの周囲との関係を組み込んでいく
エコロジー」(LS.15) でもある。回勅の冒頭 (LS.10) では、アシジの聖フランシ
スコを「総合的な (インテグラル) エコロジーを生きた模範」と表現している。

　　聖フランシスコは、傷つきやすいものへの気遣いの最良の手本であり、
　喜びと真心をもって生きた、総合的なエコロジーの最高の模範であると、
　わたしは信じています。(…中略…) 彼は殊のほか、被造物と、貧しい人
　や見捨てられた人を思いやりました。彼は愛に生き、またその喜び、寛
　大な献身、開かれた心のゆえに深く愛されました。飾ることなく、また
　神と、他者と、自然と、自分自身との見事な調和のうちに生きた神秘家
　であり巡礼者でした。自然への思いやり、貧しい人々のための正義、社

会への積極的関与、そして内的な平和、これらの間の結びつきがどれ
ほど分かちがたいものであるかを、彼はわたしたちに示してくれます。
（LS.10）

　キリスト教ヒューマニズムに根ざす「全人的な人間観」an integral understanding
of the human being は、「インテグラル・ヒューマニズム」(Integral Humanism) と
表現することもできる。また「全人的な人間観」とは、しばしば「かかわりの
存在」(Human Being as a Relational Being) とし表現される人間理解である。かかわ
りの存在としての人間観とは、人間存在を構成する4つの基本関係「神との
かかわり」、「他者とのかかわり」、「自然とのかかわり」、「自己とのかかわり」
を同定する人間理解である。
　「ラウダート・シ」では、アシジの聖フランシスコの生きざまをもとに、「総
合的な(インテグラル)エコロジー」を生きることを「神と、他者と、自然と、
自分自身との見事な調和のうちに」生きること (LS.10) であると「全人的な人
間観」を表現する。キリスト教ヒューマニズムにおいて全人的であることの
1つの側面とは、人間が有する諸関係を丸ごと大切にするあり方を言う。ゆ
えに、人間存在を構成する4つの基本関係「神とのかかわり」、「他者とのか
かわり」、「自然とのかかわり」、「自己とのかかわり」を、いずれも欠けるこ
となく全人的な調和を求めるあり方を「総合的な(インテグラル)エコロジー」
と捉えられる。
　このように、「総合的な(インテグラル)エコロジー」の概念は、かかわりの存
在としてのインテグラルな人間理解と不可分の概念であり、かかわりの調和
という視点は、例えば次のような教皇の日常的なコメントにも示されている。

　平和は単に争いのない状態ではなく、人が自分自身と調和し、自然とも
他者とも調和している十全な状態です。[6]

(2)「インテグラル」という語と「全人的である」ということ
　前節では、"かかわり"、"関係"という語をもとに「ラウダート・シ」の中

心的なキーワードである「総合的な（インテグラル）エコロジー」の概念につい
て、「全人的な人間観」と不可分であることを述べた。

　本節では「全人的な人間観」の理解をさらに深めることで、全人的人間観
と「全人的な発展」概念もまた不可分であることを確認する。

　これを通じて、全人的な発展概念のより本質的な理解を試み、国際社会が
言う SDGs における持続可能な開発概念との相違点を明らかにしたい。その
方法として、「総合的な（インテグラル）エコロジー」、「インテグラル・ディベ
ロップメント」「インテグラル・ヒューマニズム」、これら 3 つの語に共通す
る「インテグラル」という語に注目する。

　この「インテグラル」(Integral) という語は、一般的には全体を構成する一部
分として不可欠なことや、全体や総体などを意味する語である。一方、キリ
スト教のコンテクストでは、「インテグラル」とは神の御前での相応しい存
在のあり方を示す語で、「無傷の、無傷・無欠の、全き、十全な」(全く傷のな
い捧げもの) といった意味合いを含む。「インテグラル」は社会回勅はじめカ
トリック教会の諸文書などにおいてきわめて重要な語として用いられている。

　用例として、さまざまな社会回勅の教えを体系的にまとめた『教会の社会
教説綱要』の序文タイトル「連帯的な全人的ヒューマニズム」(INTRODUCTION
AN INTEGRAL AND SOLIDARY HUMANISM) に見ることができる。ここでは、
Integral が「全人的な」と訳されている (教皇庁正義と平和評議会, 2009, 15)。ま
た、さまざまな教会文書の中で、Integral Development は「全人的な発展」の
ほか、「十全な発展」などとも訳されている。ここでいう「全人的である」、「十
全である」というのは、全ての人々を誰ひとりとして排除することなく、かつ、
一人ひとりの人間が有する全ての"かかわりの次元"いずれをも欠けなく肯
定することを示している。

　人間は、自然の一部でありながらも、自然の一部に過ぎない存在ではない。
また、人間は生まれながら社会的本性を刻まれていると考えるキリスト教
ヒューマニズムでは、自然とのかかわりにおいても、他者とのかかわりにお
いても、これらの然るべき関係のあり方についての責任を担うべき主体であ
り、調和―より健やかな基本関係の構築―をめざして、他者の人格的尊厳を

肯定しつつ、殊に弱く貧しくされた人々の傍に身を置いて、共通善の拡充に参画すべき存在であると理解される（瀬本2010）。

　このようなIntegral、全人的なという語の意味をふまえ、全人的な人間理解に根ざす「全人的な発展」Integral Developmentをあらためて確認しておきたい。それは、「インテグラル」という語が示すように、社会・経済・文化という社会的次元の諸側面の総合ではなく、人間が有するかかわりのすべての側面の総合であり、同時に一人ひとりを丸ごと1つの全体として見ることを意味する。

　「全人的な発展」Integral Developmentとは、「誰も置き去りにしない」というだけでなく、一人ひとりの人間がもつかかわりの諸次元を余すところなく全人的に包摂されることが同時に達成されているという、この世界で社会的存在としてともに歩む私たちがめざすべき成長についての表現でもある。一方、「総合的な（インテグラル）エコロジー」Integral Ecologyはこの「全人的な発展」をめざし、そこに向けて歩むうえでの具体的指針、「道程」のようなものであると理解しうる。

　この意味で、「ラウダート・シ」は、本来「極めて良く」、インテグラルに創造されたわたしたち人間を、キリスト教ヒューマニズムが要請する人間と世界の十全な状態、本来のあり方へと導く招きでもあり、「総合的な（インテグラル）エコロジー」を生きるようにとの呼びかけであるとも言えるだろう。

(3) インテグラルな人間観と「共通善」の拡充としての「全人的発展」

　前節まで、キリスト教における「インテグラル」という語が示す意味をふまえて、個人と全体の調和が求められる社会的存在としての人間本来のあり方を示す人間観と、そのような人間が築き、かつ、そのように人々と社会全体の成長を促す発展概念が一体のものであることについて述べてきた。

　本節ではさらに、「総合的な（インテグラル）エコロジー」概念に示された私たち人間の社会的な側面について見ていくことで、全人的な発展概念の理解を深めたい。

「ラウダート・シ」では、「総合的な (インテグラル) エコロジー」が社会倫理を統一する中心原理である「共通善」と不可分であると次のように述べている。

　　総合的なエコロジーは、社会倫理を統一する中心原理である共通善の概念と不可分なものです。共通善とは、「集団と個々の成員とが、より豊かに、より容易に自己完成を達成できるような社会生活の諸条件の総体」のことです。」(LS. 156)

　　「全人的な発展に向けて譲渡不可能な基本的諸権利を賦与された人格として人間を尊重することが、共通善の原理の前提です。(LS. 157)

　このように説明される「共通善」とは、カトリック教会が考える社会の全人的な発展概念の中心的なキーワードである。そもそもインテグラルなものとして創造され、社会的本性を付与されたかかわりの存在としての"全人的な人間"が生きる上で、人権が守られ、人々が互いの尊厳を尊重し合いながら、人格的な成長発展をしていくための助けとなるものすべてを意味する。

　　共通善の原理はすべての人間の尊厳、一性、平等に起因するものであり、そのもっとも十全たる意義が実現するためには、社会生活のあらゆる要因が共通善に関連付けられていなくてはなりません。(…中略…) 共通善は、単に社会の構成員である各主体の固有の善の総計ではありません。それは構成員すべてにも、また個々人にも属するものであり、あくまでも「共通」なのです。なぜなら、共通善は不可分であり、すべてを包括することによってのみ、その実現及び発展、そして将来においてもその有効性を保持できるからです。(教皇庁正義と平和評議会 2009, 141, No.164)

　　共通善のために求められるものは、各時代の社会状況によって移り変わることがありますが、人間及び人間の基本的権利の尊重とその包括的促進に密接に結びついています。それは特に、平和への決意、国家権力の

組織、信頼できる司法制度、環境保護、国民全員に対する必要なサービスを提供することと関係しており、これらのサービスのうちいくつか—食糧、住宅、仕事、教育、文化への参加の可能性、交通、医療、報道と表現の自由、信教の自由など—は同時に人間の権利でもあります。(教皇庁正義と平和評議会 2009, 142-143, No. 166)

　そして、「あらゆる点において人間のために尽くそうとする社会は、共通善—すべての人の善、そして個々人の全人的善—をその第1の目標とする社会」(No.165)であり、この「共通善」を少しでも豊かに充実させていくことこそが、カトリック教会がいう本来の「成長・発展」という言葉が本質的に意味するところであると言えるだろう。

　さらに、回勅では「総合的な(インテグラル)エコロジー」の概念が「社会倫理を統一する中心原理である共通善の概念と不可分なもの」(LS 156)と述べられ、共通善の拡充としての「全人的な発展」(LS.157)において、「共通善の原理はすぐさま、論理的かつ不可避的に、連帯と、もっとも貧しい兄弟姉妹のための優先的選択とを求める」(LS.158)倫理的要請となる。社会的弱者は、自力で共通善を整えていくことができず取り残される存在であるからだ。そして「わたしたちがいただいたこの世界は後続世代にも属するものゆえに、世代間の連帯は、任意の選択ではなく、むしろ正義の根本問題」(LS.159)として、「世代間の連帯」もまた共通善を満たす社会の倫理的要請として提示されている。

　　あらゆる点で人間中心の社会とは、共通善を満たすことを最優先する社会なのです。(LS.159)

　このように、社会の発展概念や、社会が向かう方向、社会に関する取り組み、あらゆるものの基盤にあるのは「全人的な人間観」であり、いかなるコンテクストのいかなる問題であっても、本来の人間のあり方に根ざして考え、共通善を拡充することにつながるか否かが自ずとその取組みの評価基準となる。

5. SDGs・LSGs への取組みの促進にむけて

(1) ラウダート・シ 7 つのゴールと取組みの固有性

　教皇フランシスコは、ラウダート・シ発行 5 周年を記念して、2020 年 5 月 24 日から 2021 年 5 月 24 日までの 1 年間を「ラウダート・シ特別年」とした。さらに、この特別年の終わりに、「ラウダート・シ」で掲げた「地球と貧しい人々の叫びへの関心を喚起」(LS.16) する生き方はこの 1 年間だけに求められるものではないと述べ、具体的実践を促し続けている。

　バチカン「教皇庁総合人間開発省」(Dicastery for Promoting Integral Human Development) は、「総合的な (インテグラル) エコロジー」に向けての 7 年間の歩み (7 year Journey Towards Integral Ecology)」として、7 つの目標「ラウダート・シのゴール (Laudato Si' Goals-LSGs)」を定めた。[7] キリスト教ヒューマニズムを教育の精神とする上智大学はこの枠組みに署名し参加している。

1. RESPONSE TO THE CRY OF THE EARTH　（地球の叫びへの応答）
2. RESPONSE TO THE CRY OF THE POOR　（貧しい人々の叫びへの応答）
3. ECOLOGICAL ECONOMICS　（エコロジカルな経済）
4. ADOPTION OF SUSTAINABLE LIFESTYLES　（持続可能なライフスタイル）
5. ECOLOGICAL EDUCATION（エコロジカルな教育）
6. ECOLOGICAL SPIRITUALITY（エコロジカルな霊性）
7. COMMUNITY RESILIENCE AND EMPOWERMENT（コミュニティのレジリエンスとエンパワーメント）

　これらのゴールの多くは、SDGs と共通するが、Goal No.5「エコロジカルな教育」と No.6「エコロジカルな霊性」には、「ラウダート・シ」に示された固有のゴールである。これらの意味を確認することからも、SDGs と「ラウダート・シ」における相違点はより明確になると思われるが、そもそも SDGs への取組みや、環境問題、環境保護に取り組むことがキリスト教ヒュー

マニズムにおいてはいかなることか、ここで確認しておきたい。

　その1つの手がかりとなる文章が、日本のカトリック司教団による生命倫理の教書『いのちへのまなざし　増補新版』(2017年カトリック中央協議会)(REVERENCE FOR LIFE: A NEW LOOK)の「第3章　生と死をめぐる諸問題」に示されている。この中で「総合的な(インテグラル)エコロジー」が次のように説かれている。

　　　教皇フランシスコは、2015年に発表した回勅『ラウダート・シ』において、繰り返し「総合的なエコロジー」について語っています。それは、生まれてくるいのちを見守る生命倫理と、自然環境を保護する環境倫理の課題を、総合的に理解しようとする姿勢を表しています。この『総合的なエコロジー』はまた、社会倫理の課題、すなわち人と人を1つにし、平和な社会を建設する努力も他の課題と不可分のものであるとする考え方です。本章でとりあげる生と死をめぐる諸問題は多岐にわたりますが、そのすべてはつながっています。そこにおける、いのちを守り開花させるための働きは、神の創造のわざへの協力であり、神との協力であると、わたしたちは信じています。(日本カトリック司教団 2017, 82)

　「ラウダート・シ」では、環境問題は社会問題であり、人間の根源的な問題でもあるという理解にもとづいて、全人的な発展に向けた歩みの道標としての「総合的な(インテグラル)エコロジー」の社会の倫理的な要請が示されている。これらの諸問題は互いにつながり合うものであるがゆえに、いかなる問題であれ、狭い意味での環境問題であれ、広義の環境問題であれ、SDGsへの取組みや、これらの問題へのあらゆる取組みはみな、キリスト教ヒューマニズムにおける「総合的な(インテグラル)エコロジー」への取組みであるとも言える。そして、私たち自身の存在、他者の存在、自然の存在、ありとあらゆる存在を「総合的な(インテグラル)エコロジー」における神とのかかわりを通して見、さらにあらゆるものを存在せしめる神のまなざしから見たとき、さまざまな実践一つひとつが「神の創造のわざへの協力」であり「いのちを守

り開花させるための働き」であり、また「神との協力」なのである。関係性や
かかわりから物事を見るということは、キリスト教ヒューマニズムのコンテ
クストでは、いのちの根拠をもとにした神の被造界、神の被造物が本来の秩
序を取り戻すことでもある。

(2)『回勅ラウダート・シ』における意識啓発と「エコロジカルな教育」

　『回勅ラウダート・シ』では、「総合的な（インテグラル）エコロジー」の概念
で示された私たちの歩みを促すものとして、環境教育における意識啓発の重
要な役割が説かれている。ここでいう環境教育とは、「いのちを守り開花さ
せるための働き」への参加を促すことであり、「総合的な（インテグラル）エコ
ロジー」に根ざした意識啓発とも言える。

　一般的に環境教育実践では、環境問題を知りエコ実践のアプローチを考え
るような座学やワークショップから、実際にエコ実践の参加・体験の機会や
協働プロセスの創出に至るまで、エコ実践の習慣化を促そうとする多様な取
組みとして理解されている。これらは不可欠な環境教育の一環であるとして
も、例えば環境問題を知ることが必ずしも環境行動の促進に結びつかないこ
とはさまざまな研究から明らかにされている。また、あるべき持続可能な社
会のビジョンや理念を描けるようになったからといって、私たち人間は必ず
しもそれを「生きられるようになる」とは限らないのは、誰もが経験から知っ
ている。そのような私たちは、いかにして理念や考えと行動を一致させられ
るのだろうか。

　前節で示したラウダート・シ・ゴールズ固有の2つのゴールに示されたキー
ワード「エコロジカルな教育」、「エコロジカルな霊性」は、教皇が回勅の中
でその説明に多くの紙面を割き、その重要性について説いている。

　「環境教育は、エコロジカルな倫理にそのもっとも深い意味を与えてくれ
る超越者に向かっての跳躍を助けてくれるはず」(LS.210) と、「総合的な（イン
テグラル）エコロジー」に根ざした環境教育のねらいを示している。これらは、
全人的な人間理解における4つの基本関係の中で、一般的には意識されるこ
とが少ない"神との関係"を前提にしたものである。ここから、知識・理解

と実際のエコ実践・行動とのギャップを埋めるための示唆を得られるのではないかと思われる。

　まず教皇は、科学的情報の提供と意識の啓発と環境リスクの回避を促してきた初期の環境教育はその射程を広げ、消費主義など現代社会への批判を含むようになっていること、さらに「それはまた、わたしたち自身の中での調和、他者との調和、自然やいのちある他の被造物たちとの調和、そして神との調和といったさまざまなレベルで、エコロジカルな平衡を回復」(LS.210)させようとするものであると説いている。

　回勅では、環境教育を「環境上の責任についての教育」(LS.211)という表現によってもその固有の視点が示されている。それは、数字で可視化される直接的な影響力から、しばしば軽んじられがちな既存の"ささやかなエコ実践"が、人間としての本来のあり方を実践するという意味においては、「直接的で多大な影響を周囲の世界に及ぼす行動へと促す」ことが可能であると説く。

　「たとえば、プラスチックや紙の使用を避けること、水の使用量を減らすこと、ゴミを分別すること、食べられる量だけを調理すること、他の生き物を大切にすること、公共交通機関を利用したりカー・シェアリングをしたりすること、植林をすること、不要な電気を消すこと」(LS.211)などなど、こうしたささやかな行為は「人間の中にある最善のものを引き出してくれる、寛大で価値ある創造性を反映し」(LS.211)、かつ正しい理由でなされるならばこれらの行為は単なるエコ実践を超えて「わたしたちに固有の尊厳の発露たる愛の行為」(LS.211)となりうるのだと教皇は断言している。

　　こうした努力では世界は変えられないだろう、と考えてはなりません。そうした努力は気づかれないこともしばしばですが、目には見えずとも必ず広がるであろう善を呼び出すがゆえに、社会にとって益となります。さらにまた、そうした行いが、わたしたちに自尊心を取り戻させることもあります。また、より充実した人生を送らせ、地上の生活が労苦に値するものと感じさせることもできるのです。(LS.212)

　このように、自然保護を中心とした視点からではなく、本来の全人的な人間としてのあり方という意味で、ささやかなエコ実践を促す意識啓発を「総合的な（インテグラル）エコロジー」に根ざした環境教育の一つの展開であると言うこともできる。また、教皇はこれを「エコロジカルな教育」という語を使って、それがさまざまな場や機会で実践可能である一方、とりわけ家庭が非常に重要であることを強調する。なぜなら、家庭は、「神の贈り物である生命がふさわしく迎えられ、ふりかかる多くの攻撃から守られる場であり、真の人間的成長をもたらしつつ発展することができる場」(LS.213)だからである。

　　わたしたちはまず家庭の中で、いのちに対する愛と敬意の示し方を学び、また、物を適切に利用すること、整頓することと清潔にすること、地域の生態系を尊重すること、すべての被造物を気遣うことを教わります。家庭の中でわたしたちは、人格的成熟における調和のとれた成長を可能にする全人的な教育を受けるのです。(LS.213)

　最後に、「ラウダート・シ」固有の意識啓発としてのこうした「エコロジカルな教育」の視点を「エコロジカルな霊性」とのかかわりで見てみよう。このことは、全人的な発展概念の基礎である、全人的な人間観の4つの基本的な関係軸における「自然とのかかわり」や「他者とのかかわり」だけでなく、私たちの「内的な環境」を決定づける「自己とのかかわり」「神とのかかわり」に密接に関係している。

　　わたしたちは、多様な宗教的伝統に、また聖書にも見いだせる、古来の教訓を思い起こす必要があります。それは「より少ないことは、より豊かなこと」という確信です。事実、新たな消費財がひっきりなしに氾濫し続けることが、心を惑わし、一つ一つの物事や、一瞬一瞬の時を大切にできなくしてしまいます。他方、たとえそれがどんなにささやかなものであっても、一つ一つの現実に落ち着いて臨むことは、理解や自己実

現というはるかに大きな地平へとわたしたちを開いてくれます。キリスト教の霊性は、節度ある成長とわずかなもので満たされることを提言しています。それは、人生の中で与えられる可能性に感謝するために、自分が所有するものへの執着を捨てるために、ないことを悲しみ挫けることがないように、小さなことに立ち止まってそれを味わえるようにしてくれる、あの素朴さへと立ち帰るということです。(LS.222)

「より少ないことは、より豊かなこと」「節度ある成長とわずかなもので満たされること」というキリスト教の霊性は、いわゆる「ミニマミスト」や「断捨離」のすすめではない。それは、回勅では次のように述べられている。

そうした節欲は、自由にそして意識的に生きられるならば、解放をもたらします。それは、劣った生き方でも、刺激に欠けた生き方でもありません。それどころか、それは生を全うする生き方なのです。実際、一瞬一瞬をより深く味わい、それをよりよく生きる人は、自分がもっていないものにいつも気を取られて所構わず手を出すことを放棄した人です。(…中略…) そうしてそのような人は、満たされることのない要求を減らすことができ、執着や不安を捨てることができるのです。(…中略…) 幸福とは、自分をだめにするような欲求を抑えて、人生が与えてくれる多様な可能性に開かれること、そのすべを知ることです。(LS.223)

私たちの消費欲求や、不要なものを捨てる廃棄行為には、何を大切にしているのかという私たちが生きる上での価値観がそのまま映し出されている。大量消費社会の中で、資源循環や再生可能な素材の活用の推進など、具体的に社会的な次元での実践に力を合わせつつも、「より少ないことは、より豊かなこと」「節度ある成長とわずかなもので満たされること」という霊性の実りは、消費や所有することへの欲求から解放された、本質的な「内的な環境」の豊かさへの誘いでもある。

こうした霊性の実りは、知的な営みによって知識として知ることはできて

も、それを生きることは容易ではない。霊性の実りとは、身体的、精神的な存在というだけではない、霊的な存在でもある人間がその霊性を育むことによってのみ、生きられる実りなのではないだろうか。このような点で、「神とのかかわり」を含む全人的な人間理解の意味は、知っていることと実践できることとのギャップの問題を埋めることにも多くの示唆を与え、また、一般的な意味での発展概念と根本的に異なる意味内容の本質的な理解をも示しているのではないかと思われる。

　ただし、回勅の中で教皇は「神とのかかわり」を、必ずしもイエス・キリストによって示された神だけをさしているわけではない。そもそも人間とは、超越的な次元に開かれた存在（the transcendent dimension of human existence）であること、それゆえ、目に見えないものとのかかわりの調和が「内的な環境」を支えるものである。そのために立ち止まること、沈黙すること、さらに祈ることの重要性について説いている。

　以上のように、「ラウダート・シ」における「全人的な発展」の本質的な意味を、その思想的な基盤としての「全人的人間理解」に確認することで、「ラウダート・シ」は超越的な次元をふまえた本質的な豊かさを思い起こすきっかけを与えている。これが「ラウダート・シ」の特徴的な固有性である。

　「誰も置き去りにしない」世界に向けてともに歩むなかで、SDGsにおける「持続可能な開発」と、「ラウダート・シ」における「全人的な発展」というそれぞれの開発・発展概念は、いずれかがより正しいというものではなく、ともに歩む中でSDGsの推進に力を注ぐ人々と、ラウダート・シの精神に倣おうとする人々との相互の連帯にとって何ら障害になるわけでもない。むしろ、「置き去りにされた人々へのまなざし」によって、それぞれの立場の人々がつながり、より良い平和な世界を希求する私たち皆の思いを束ねうるものとなることが期待される。

注

　1　国際連合広報センター, 2015 Dateline UN, UNCI Tokyo, vol.90、およびハフポスト

日本版 HuffPost, 2015 年 09 月 30 日号より。

2 カトリック新聞社, 2013 年 6 月 16日,「カトリック新聞」4198 号。(カトリック新聞社は、宗教法人カトリック中央協議会事務局の新聞事業部として位置づけられている。)

3 カトリック新聞社, 2016 年 6 月 2日,「カトリック新聞」4484 号。

4 カトリック新聞社, 2019 年 7 月 28日,「カトリック新聞」4492 号。

5 回勅には、段落順に通し番号が付けられており、この段落番号は各国語訳版すべてに共通するものである。そのため、回勅の引用箇所を示す際に、タイトル頭文字と段落番号とによって示される。よって、(LS.1)とは Laudato Si' の 1 番目の段落であることを示す。

6 教皇フランシスコ, 2019.11.4 ツイート, Twitter 邦訳版 https://twitter.com/chuo-kyo_pope, (@chuokyo_pope)

7 ラウダート・シ・アクション・プラットフォーム公式サイト (Laudato Si Action Platform) https://laudatosiactionplatform.org

参考文献

教皇庁正義と平和評議会著, マイケル・シーゲル訳 2009『教会の社会教説綱要』, カトリック中央協議会 (PONTIFICAL COUNCIL FOR JUSTICE AND PEACE, 2004, COMPENDIUM OF THE SOCIAL DOCTRINE OF THE CHURCH, Libreria Editrice Vaticana)

教皇フランシスコ著, 瀬本正之・吉川まみ訳 2016『回勅ラウダート・シ―ともに暮らす家を大切に』, カトリック中央協議会 (FRANCISCI SUMMI PONTIFICIS, 2015, LETTERAE ENCYCLICAE LETTER LAUDATO SI' DE COMMUNI DOMO COLENDA, Libreria Editrice Vaticana)

教皇フランシスコ著, カトリック中央協議会事務局訳 2021『使徒的勧告―愛するアマゾン』, カトリック中央協議会 (FRANCISCI SUMMI PONTIFICIS, 2020, AD-HORTATIO APOSTOLICA POST-SYNODOALIS QUERIDA AMAZONIA, Libreria Editrice Vaticana)

教皇フランシスコ著 2020『すべてのいのちを守るため―教皇フランシスコ訪日講話』, カトリック中央協議会

国連総会採択文書 2015「我々の世界を変革する：持続可能な開発のための 2030 アジェンダ」(外務省日本語仮訳 PDF 版)(United Nations General Assembly, 2015, Transforming our World: The 2030 Agenda for Sustainable Development, Resolution adopted by the General Assembly on 25 September 2015, A/RES/70/1)

瀬本正之 2018「『ラウダート・シ』の意義―環境時代 (Ecozoic Era) の社会回勅」,『日本カトリック神学会誌』No.29, pp.3-39

瀬本正之 2010「キリスト教ヒューマニズムに基づく環境教育―人間の尊厳に適う環境教育を求めて」,『持続可能な社会への挑戦』(上智大学現代 GP 環境リテラシー教育事務局),pp.3-21

日本カトリック司教団 2017『いのちへのまなざし増補新版』,カトリック中央協議会

社会的側面

3章
新型コロナウイルス感染症ワクチンへのアクセス

勝間 靖

新型コロナウイルス感染症 (COVID-19) のパンデミック (pandemic) に対して、世界保健機関 (World Health Organization: WHO) のテドロス・アダノム (Tedros Adhanom Ghebreyesus) 事務局長は、2020 年 1 月 30 日、『国際保健規則 (International Health Regulations: IHR)』に基づき、「国際的に懸念される公衆衛生上の緊急事態 (public health emergency of international concern: PHEIC)」を宣言した。それ以来、WHO は、加盟国間の国際保健協力を進めてきた。

PHEIC については、これまで、H1N1 新型インフルエンザ (2009 年)、野生型ポリオ・ウィルス (2014 年)、エボラ・ウィルス (2014 年)、ジカ・ウィルス (2016 年)、エボラ・ウィルス (2019 年)、COVID-19 (2020 年)、エム・ポックス (旧名はサル痘) (2022 年) に対して宣言されている。

また、COVID-19 は、地理的に広く世界で蔓延しているだけでなく、分野的にも保健・医療を超えて影響を及ぼしている。それを反映し、国際連合 (国連) のアントニオ・グテーレス (António Guterres) 事務総長は、国連加盟国間の協力を促進するだけでなく、複数の分野にまたがる課題に取り組むため、WHO を含めた多くの関連している国際組織間の調整にも努めている。

COVID-19 との闘いにおいては、医薬品を用いない介入と、医薬品による介入がある。当初は、医薬品がない中、感染予防と蔓延防止が進められるため、非医薬品介入が重要である。次第に COVID-19 対策についての研究開発が進み、一部の医薬品が緊急承認されることによって、診断・治療・ワクチンなどによる医薬品介入の重要性が高まっていく (第 1 節)。

　WHO、国連、その他の国際組織によるCOVID-19対応において、必要とされる医薬品へのアクセスをめぐる「国際的な公正さ」の課題が顕在化してきた。COVID-19ワクチンをめぐる国際協力のためにCOVAX（COVID-19 vaccines global access）ファシリティが設けられたにも関わらず、低所得国では接種率が低いままであった（第2節）。

　その原因に、ワクチン需要が供給を上回る中での、高所得国の「ワクチン・ナショナリズム」や、低所得国に住む高所得者の「ワクチン・ツーリズム」がある。自国民優先という短期的な視点と、世界の「すべての人が安全になるまでは、誰も安全ではない」という中長期的な視点とをバランスした公共政策が必要だといえる。また、ワクチン・ツーリズムのほか、新興国による「ワクチン外交」については、国際的な倫理ガイドラインが求められる（第3節）。

　さらに、ワクチン製造技術など、研究・開発から生じた知的財産権について、国際的な共有を求める声が高まっている。HIV/エイズで議論されたことが、COVID-19で再び俎上に載っている。対象や期間を限定せず、医薬品アクセスの国際的な公正さへ向けて、正面から議論を続けるべきであろう（第4節）。

1.　COVID-19との闘いにおける非医薬品介入と医薬品

　COVID-19のような新興感染症（emerging infectious diseases: EIDs）との闘いにおいて、当初は、非医薬品介入の重要性が比較的に高い。医薬品が不在の中、感染予防と蔓延防止が進められる。次第に、EIDs対策のための研究開発が進み、一部の医薬品が緊急承認されることによって、診断・治療・ワクチンなどによる医薬品介入の重要性が高まっていく。

(1) 感染予防と蔓延防止のための非医薬品介入

　個人による感染予防のための行動変容の推奨や、特定の地理的な空間における感染者数を抑制しようとする蔓延防止の措置は、非医薬品介入または公衆衛生的・社会的措置として進められてきた。

　個人レベルでは、手洗い、手指の消毒、マスクの着用、室内での換気といっ

た衛生的な行動をとるよう奨励されてきた。対人関係においては、「不要不急の」外出を控えることに加えて、身体的距離の保持 (physical distancing) や、3密 (密閉空間、密集する場所、密接した会話) の回避が促されてきた。日本では「3密」を中心としたメッセージが繰り返された (Katsuma 2022)。また、学校やビジネスの場では、責任者に対して、保健管理体制を構築するよう指示や努力義務が課されている。

大規模集会については、計画的に実施されるものと、自然発生的なものがある。計画的なイベントには、スポーツ・文化芸術・宗教・その他のものがある。政府や地方自治体による集会の規模の制限や、イベント責任者による保健管理体制が重要である。自然発生的な大規模集会としては、例えば「渋谷でのハロウィーン集会」などがあるが、イベント責任者がいないため対策が困難である。雑踏警備におけるいわゆる「DJポリス」の有効性が話題となった。

移動制限は、国内的な制限と国際的な制限とに区別される。国際的な移動制限とは、国境対策、または島国にとっての水際対策である。ワクチン接種証明書などを入国の条件として課すかどうか、その場合、各国の証明書を相互に承認できるか、証明書そのものを国際的に標準化できるかなど、議論が活発化している。

以上のような非医薬品介入または公衆衛生的・社会的措置は、ワクチン接種を含めた医薬品介入と並行して進められるべきである。

(2) COVID-19 との闘いにおける医薬品

COVID-19 との闘いに必要とされる医薬品は、診断、治療、ワクチンの3分野に分類することができる。

第1に、診断の分野において、当初は、イムノクロマト法による抗体検出法や、ポリメラーゼ連鎖反応 (Polymerase chain reaction: PCR) 法による遺伝子検出法など、体外診断用医薬品 (検査キット) の不足とその実施体制が課題として注目された。

第2に、治療の分野において、重症患者に対して、他の疾病向けに開発さ

れた既存薬を転用することが進められた。その後、早期の軽症な段階での医薬品として、中和抗体薬の投与による抗体カクテル療法が普及されると同時に、新たな経口薬の研究開発とその実用化へ向けた動きが本格化した。

　第3に、ワクチンについては、基礎研究、非臨床試験、臨床試験の3つの段階を経て開発されるが、実用化まで数年かかるのが通常である。しかし、COVID-19という世界規模のパンデミックへの対応において、大学・研究所や企業による研究・開発に対して、多額の公的資金が投入されたことも功を奏して、通常よりも早いペースで実用化が進んだ。2020年末からCOVID-19ワクチンが実用化されたため、医薬品介入の役割への期待が高まった。

　ワクチン接種は、感染を完全に予防できる訳ではない。このことは、変異株の1つであるオミクロン株へのブレークスルー感染 (2回目のワクチン接種を受けてから2週間後に感染) が報告されていることからも明らかであろう。それでも、ワクチン接種によって、感染した場合の重症化リスクを軽減できると見られている。

(3) ACT アクセラレータ

　COVID-19との闘いにおいて「誰も置き去りにしない」ように必須医薬品を届けるため、ACT (access to COVID-19 tools) アクセラレータ (https://www.act-a.org) が、2020年4月に設置された。その目的は、ワクチン、治療、診断、保健システム強化の4分野における国際保健協力の推進である。

　グローバルな官民学連携の仕組みであり、WHO、世界銀行、国連児童基金 (United Nations Children's Fund: UNICEF；ユニセフ) といった国連とその専門機関のほか、ワクチンについてはGaviワクチン・アライアンスと感染症流行対策イノベーション連合 (Coalition for Epidemic Preparedness Innovations: CEPI；セピ) が、治療についてはウェルカム (Wellcome)・トラストと国際医薬品購入ファシリティ (Unitaid；ユニットエイド) が、診断については革新的新規診断薬財団 (Foundation for Innovative New Diagnostics: FIND；ファインド) と世界エイズ・結核・マラリア対策基金 (グローバルファンド) が、開発・製造、そして調達・配布

図 3-1　ACT アクセラレータ

(出典) 外務省 (2021, 9)

において役割を担っている (**図 3-1** を参照)。

2.　COVID-19 ワクチンとその国際的配分

　必須とされる医薬品へのアクセスをめぐり、高所得国と低所得国との間の格差が顕在化してきた。特に、ワクチンへのアクセスにおいて、「国際的な公正さ」が問われている。この事態は、持続可能な開発目標 (Sustainable Development Goals: SDGs) の「誰も置き去りにしない」という原則からも懸念される。

(1) COVID-19 ワクチン

　ワクチンの開発は、基礎研究、非臨床試験、臨床試験の 3 つの段階を経て、実用化まで何年もかかるのが通常である。しかし、研究・開発に対して多額の公的資金が投入された結果、2020 年末から COVID-19 ワクチンが緊急承認された。予防措置として、「3 密の回避」などの非医薬品介入に加えて、医薬品介入への期待が高まった。

　COVID-19 ワクチンの開発では、不活化ワクチン、組換えタンパク・ワク

チン、ペプチド・ワクチン、メッセンジャー RNA（mRNA）ワクチン、DNA
ワクチン、ウイルスベクター・ワクチンなど、多様な種類が見られるのが特
徴である。

　前者の不活化ワクチン、組換えタンパク・ワクチン、ペプチド・ワクチン
は、不活化したウイルスの一部、またはウイルスの一部のタンパクを、人体
に投与するものである。それに対して、後者の mRNA ワクチン、DNA ワク
チン、ウイルスベクター・ワクチンでは、COVID-19 の遺伝情報を、mRNA
または DNA プラスミドとして、あるいは別の無害化したウイルス等に入れ
て、人体に投与したものが、人の細胞に入ってウイルスのタンパク質をつくる。

　2022 年 12 月現在、WHO が緊急使用を認めているワクチンは 11 ある（WHO
2023）。オックスフォード大学とアストラゼネカのグループ（ウイルスベク
ター）、ファイザーとビオンテックのグループ（mRNA）、ヤンセン［ジョンソ
ン・エンド・ジョンソンの医薬品部門］（ウイルスベクター）、モデルナ（mRNA）、
ノババックス（組換えタンパク）といった高所得国における 5 つのワクチン製
造がある。それに加えて、新興国からは、インドのセーラム研究所（ウイル
スベクター、組換えタンパク）とバハラ・バイオテック（不活化）の合計 3 つのワ
クチン、中国のシノファーム（不活化）、シノバック（不活化）、カンシノ（ウイ
ルスベクター）の 3 つのワクチンがある。

　これらのほか、新興国としては、ロシア、キューバ、中国の他の企業が臨
床試験を進め、WHO に緊急使用を認めてもらおうと努めてきた。

　こうしたワクチンの研究・開発は、公的資金を得ながら積極的な研究開発
を進める意欲がある製薬企業をもつ、一部の高所得国と新興国で実施されて
いるのが現状である。中でも、中国における政府主導による COVID-19 ワク
チンの研究・開発の多くの試みは、特筆すべきである。

(2) COVAX ファシリティ

　ワクチンについては、ACT アクセラレータの枠組みの中で、COVAX ファ
シリティ（https://www.gavi.org/covax-facility）が設けられている。すべての国にお
けるワクチン接種率が、2021 年末までに 40%、2022 年半ばまでに 70% へ到

達するように、国際保健協力が進められた。

　高所得国と上位中所得国は、それぞれの人口の 20% 分のワクチンを自己資金で予約購入できる。具体的には、58 ヵ国とチーム欧州 (29 ヵ国) に加えて、国連加盟国でない 8 地域が公式に参加した。しかし、ロシアは未参加であった。

　自己資金で参加が難しい 92 の下位中所得国と低所得国は、途上国支援枠組み (advanced market commitment: AMC) をとおして、それぞれの人口の 30% 分のワクチンを無償で供与してもらえる。AMC は、主に高所得国や国際的な財団などからの拠出によって運用されている。2021 年 4 月に「One World Protected」が立ち上げられ (Gavi 2021)、6 月に日本がワクチン・サミット (AMC 増資首脳会合) を共催した (Joi 2021)。これによって、18 億回分のワクチン (92 の下位中所得国と低所得国の人口 30 ％相当) の購入に必要とされる 83 億ドルを大きく超える資金を確保することができた。

　このワクチンの調達と配送のための多国間協力の枠組みは高く評価されるべきである。実際、2021 年 3 月から多くの国で COVID-19 ワクチン接種が始

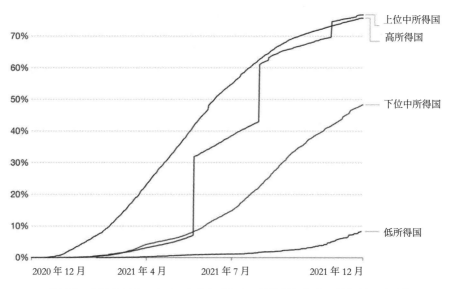

図 3-2　COVID-19 ワクチンを少なくとも 1 回接種した人の割合 (2021年末)

(出典) University of Oxford (2021)

まった。159 ヵ国からの回答によると、ワクチン接種が開始されていた国は、2 月 24 日時点では 78 ヵ国であったが、3 月 31 日時点では 122 ヵ国へと急増した。そして、116 ヵ国では無料で接種されていた (Wakabayashi et al. 2021)。

　しかし、ワクチン接種が開始されていても、低所得国におけるワクチンへの実際のアクセスにはまだ課題が残った。例えば、2021 年 12 月までに、少なくとも 1 回ワクチン接種した比率は、高所得国の平均でも上位中所得国の平均でも 7 割を超え、下位中所得国の平均でも 5 割に近く、目標が達成されていた。しかし、低所得国の平均は、1 割にも満たなかった (図 3-2 を参照)。

3. COVID-19 ワクチンの「争奪戦」

　COVID-19 ワクチンへのアクセスにおいて、実際には国際的に大きな格差が生じている。その要因を、以下で見ていこう。

(1) ワクチン・ナショナリズム

　高所得国は、自国民を優先するあまり、買い占めてしまうことがあり、「ワクチン・ナショナリズム」と批判された。また、どの製薬企業が安全で効果のあるワクチンを提供できるか予測が難しかったことも、それに拍車をかけた。例えば、カナダは必要以上にワクチン購入の契約を多くの製薬企業と結んだことから、国際的に批判された。同様のことは、アメリカ合衆国 (米国) や欧州連合 (EU) についても指摘できる。

　また、2021 年 11 月以降、オミクロン変異株の出現によって、最初の 2 回に加えて、ブースター接種として 3 回目や 4 回目のワクチンへの需要が出てきた。これによって、低所得国はさらに COVID-19 ワクチンへのアクセスが制約されることになった。

　こうした「ワクチン・ナショナリズム」を一因とした供給不足の中、低所得国は、自己資金の不足から、製薬企業と直接的に交渉できず、独自にワクチンを確保するのが困難である。したがって、COVAX ファシリティからの配布を待つことになる。

他方、多くの製薬企業は、支払い能力に優れた高所得国との二者間交渉を優先する傾向にあった。その結果、COVAX ファシリティを経由するワクチン供給が後回しになったと考えられる。高所得国は、製薬企業と二者間で協議する際には、COVAX ファシリティへの波及効果を含めて検討すべきだったと反省される。

皮肉なことに、低所得国においてワクチン接種が進まないことが、オミクロン株のようなウイルスの変異を加速させており、それがいずれ高所得国を含む地球規模での蔓延につながりかねない。まさに、世界の「すべての人が安全になるまでは、誰も安全ではない」のである。

(2) ワクチン・ツーリズム

さらに、低所得国に住む者の間にも格差が生じている。低所得国における高所得者の多くは、米国、アラブ首長国連邦（アブダビなど）、モルジブ、インドネシアのバリ島、ロシア、セルビアなどへ海外旅行して接種するという「ワクチン・ツーリズム」を利用した。これらの国は、空港で COVID-19 ワクチン接種を提供することで、海外からの観光客を集め、経済の回復に努めた。なお、米国は、入国にワクチン接種証明を原則として必須にしてからは、これに該当しなくなった。

このほか、ワクチン接種を済ませた観光客のみをリゾート島で受け入れるという形式の政府による観光プログラムも出てきた。例えば、タイは、2021年7月から、プーケット島や、サムイ島とその周辺のパガン島およびタオ島で、ワクチン接種済みの海外からの観光客の受入れを始めた。もっとも、これによって、COVID-19 ワクチンが高所得者へ優先的に配布されたとはいえない。しかし、タイ国内で観光に従事する特定の人びとが優先された可能性は残る。

このように、高所得国に住む人びとと、低所得国に住む高所得者は、供給が不足するワクチンへのアクセスが優先的に与えられている。低所得国においては、医療従事者を含めて、多くの人びとが、ワクチンへのアクセスにおいて、置き去りにされている現状が懸念される。

(3) ワクチン外交

　低所得国を対象としたワクチン外交が展開されることもある。COVAX ファシリティが多国間協力の枠組みだとすると、ワクチン外交は二国間で進められるものと区別できる。例えば、米国やカナダのように、自国が必要とする以上にワクチンを買い占めてしまった国が、それを低所得国へ無償で供与する場合がある。

　また、ロシアや中国のような新興国が、自国の国立研究所や国有企業が開発したワクチンを、外交交渉の一環として、下位中所得国に対して有償で、低所得国に対して無償で提供することも報告されている。ロシアは、COVAX ファシリティに参加しておらず、自国で製造したワクチンを、自国での接種に用いると同時に、「友好国」へ提供している。なお、ロシア製のワクチンについて、データ不足から、WHO は緊急使用を認めていない。

　中国は、COVAX ファシリティに参加しているが、二国間ワクチン外交に熱心である。「友好国」へのワクチン提供において、コンディショナリティ（条件）を課そうとするような例も報告されている。

　従来から、中国は国際協力の枠組みとして「一帯一路」を推進しているが、その中で、2015 年に「健康のシルクロード」構想を打ち出した。中国は自国製のワクチンを一帯一路パートナー国へ提供することを始めた (Lancaster et al. 2020)。また、一帯一路から離れている国に対してもワクチン外交を展開するようになった。

　供給不足が問題となっている中、WHO が緊急使用を認めている中国製のワクチンが、低所得国におけるワクチン接種率の上昇に貢献している点は高く評価されるべきであろう。さらに、エジプトへ技術移転することで、エジプトで製造したワクチンをアフリカ諸国へ提供する、という中国の動きが注目されている。

　他方、台北当局の指摘によると、北京当局はパラグアイに対して、ワクチン提供の条件として台湾との外交関係の断絶を求めたとのことである (BBC 2021)。これについて、北京当局は否定しており、真偽は不明である。い

ずれにせよ、外交交渉の「カード」としてワクチンが用いられないように、WHO で倫理的なガイドラインを作成し、それに加盟国が合意することが必要かもしれない。

4.　国際的に公正なワクチンへのアクセスへ向けて

　COVID-19 との闘いにおいて、ワクチンを含めた必須医薬品へのアクセスが重要であるが、寡占市場での高価格や供給不足が障壁となっている。特に、ワクチンについては、供給不足が顕著である。他でもすでに議論をしているが（勝間 2022a; 2022b; 2023）、ここで、いくつかの論点を整理したうえで提示しておきたい。

　第 1 に、従来の国際的な感染症対策は、低所得国での蔓延に対して高所得国が支援することが多かった。しかし、COVID-19 は世界規模で同時多発的に感染拡大したため、高所得国は、短期的な視点から、ワクチン・ナショナリズムに陥った。しかし、高所得国が高いワクチン接種率を誇っても、低所得国で感染が広がるプロセスにおいて懸念される変異株が次々に生み出され続けると、いずれワクチンの効果が保たれず、高所得国も困るであろう。つまり、中・長期的には世界の「すべての人が安全になるまでは、誰も安全ではない」ということになる。したがって、短期的な視点と、中・長期的な視点との両方を同時に考慮して国際的な公共政策を策定すべきである。

　第 2 に、PHEIC が宣言されてから 3 ヵ月後には、ACT アクセラレータが設置され、COVAX ファシリティが立ち上げられたことは高く評価される。しかし、AMC による下位中所得国と低所得国のためのワクチン配布では、温度管理が比較的容易なウイルスベクター・ワクチンを製造するインドからの調達に大きく依存した。しかし、実際には、インドにおける感染拡大やそれに伴うロックダウン、米国などの輸出制限による原材料の入手困難などによって、このシナリオが崩れた。他方、その需給ギャップを、中国のワクチンが埋めてくれたとも言える。今後は、低所得国でのコールド・チェーン (cold chain) で冷蔵管理しやすいワクチンを多数の場所から調達して、リスク分散

できるようにすることが重要である。

　第3に、研究・開発によって得られた知的財産権が国際的に保護される中、製薬企業が、世界的なワクチン需要の高まりに応じて供給を増やそうとするとき、1つの方法として、他国にある企業に対して自発的にライセンス供与を実施することが考えられる。しかし、実際には、この自発的ライセンス供与はあまり進んでいない。そうした中、特に HIV/エイズを契機に、強制的ライセンス供与（強制的実施権）も認められた（WTO 2023）。しかし、製薬企業が所在する国の反対などで、実際には実施が困難なことが多い。今後、製薬企業によるライセンス供与を促進し、需要に応じて供給を拡大できるグローバルな体制づくりが求められる。

　第4に、COVID-19 関連の知的財産権の国際的な共有の仕組みとして、技術アクセス・プール（COVID-19 Technology Access Pool: C-TAP）が設置されている（WHO 2020）（図 3-1 参照）。理想的かと思われたが、実際には、製薬企業が参加に積極的でないという事態になっている。大規模な公的資金を投入する際、政府や国際機関は、製薬企業との交渉を予めしておくべきではないだろうか。

　第5に、世界貿易機関（World Trade Organization: WTO）の知的財産権の貿易関連の側面に関する協定（Trade-Related Aspects of Intellectual Property Rights: TRIPS）理事会では、62 ヵ国が COVID-19 関連の知的財産権の保護義務の一時免除を共同提案した。これに賛同する国は 100 ヵ国を超えている。多くの高所得国は反対していたが、米国とフランスが賛成に転じている。2022 年 3 月、インド、南アフリカ、米国、EU の 4 者間で対象を絞った「暫定合意」案がまとめられたが（WTO 2022）、それが限定的であることに対して、根本的な解決にならないという批判が低所得国や国際的な市民社会組織（non-governmental organization: NGO）から出ている。

　知的財産権の保護は、研究・開発を進める組織にとって、その投資を回収するために重要な仕組みである。また、研究・開発の成果を公開するうえで、不可欠な前提である。他方、各国政府や国際機関からの公的資金や、財団などからの研究補助金によって、それぞれの組織の研究・開発が支援され、医薬品の購入が進められているので、研究・開発への投資のリスクは大幅に軽

減されている。知的財産権の国際的共有が望ましいと思われるが、WTO 加盟国のあいだで必要とされる合意に達するのは簡単ではない。

第 6 に、COVID-19 に限定されるものではないが、WHO は、mRNA の技術を中所得国へ移転されるための拠点を設置する構想を進めている（WHO 2021）。製薬企業の協力を得ながら進めることができれば、顧みられない熱帯病などに対しても、診断・治療・ワクチンの保健医療技術を開発していくなど、現実的な方向性として期待される。

5. 今後のグローバルヘルス外交

現在、世界銀行や G20 財務大臣会合などを舞台として「パンデミック基金」の交渉が進むと同時に、WHO を舞台として IHR の改定や「パンデミック条約」の草案（WHO 2022）が議論されている。IHR の内容が対応（response）に焦点が絞られているのに対して、新しく提案されているパンデミック条約の草案は、予防（prevention）、備え（preparedness）、対応を含めた非常に包括的な内容になっている。特に、保健医療技術への公正なアクセスにも踏み込んでおり、低所得国や NGO からは歓迎されている。他方、製薬企業からはすでに強く批判されている。多くの関係者を包摂したマルチ・ステークホルダー（multi-stakeholder）プロセスでの協議が求められている。

日本は、これまで、自国で開催されるサミットにおいて、グローバルヘルス分野の世界的リーダーとしての役割を果たしてきた。G8 九州・沖縄サミット（2000 年）、G7 北海道洞爺湖サミット（2008 年）、G7 伊勢志摩サミット（2016 年）、G20 大阪サミット（2019 年）におけるグローバルヘルス外交をとおして、「人間の安全保障」の視点から、感染症対策、保健システム強化、グローバルヘルス・ガバナンスの課題、ユニバーサル・ヘルス・カバレッジ（universal health coverage: UHC）などについて国際的な議論を主導してきた。

再び、日本は 2023 年に G7 サミットを主催した。5 月 13-14 日に長崎で G7 保健大臣会合が、同月 19-21 日に広島で G7 首脳会議が開催された。COVID-19 ワクチンへのアクセスに関する課題のほか、パンデミック条約の

草案についても議論の俎上に載ることになった。

　グローバルヘルスの課題は、複数の領域にまたがるため、複雑な共同研究による取組みが求められる。多くの研究者が、学問領域の間にある壁を壊し（breaking the silos）、学際的な姿勢からアプローチし、政策提言へ知的貢献することが期待される。

謝辞

　本研究は、三井住友銀行国際協力財団「発展途上国関連調査・研究支援事業」の助成を得た。

参考文献

外務省 2021『外交青書 2021（令和 3 年版）』外務省

勝間靖 2023「COVID-19 ワクチンへのアクセス―国際的な公正さは？」『学術の動向』28（2）：66-70.

勝間靖 2022a「COVID-19 ワクチンをめぐる国際的な格差―多国間協力のためのCOVAX ファシリティ、先進国のワクチン・ナショナリズム、新興国のワクチン外交」『ワセダアジアレビュー』24: 64-71.

勝間靖 2022b「国際的に懸念される公衆衛生上の緊急事態（PHEIC）における必須医薬品―研究・開発への公的支援とその研究成果への国際的に公正なアクセス」『ポリシーブリーフ：ポスト・コロナ時代の国際保健外交―日本の戦略を問う』(14) 日本国際交流センター, https://www.jcie.or.jp/japan/report/activity-report-15204/, 2023 年 3 月 28 日最終アクセス

BBC. 2021. "Taiwan accuses China of 'vaccine diplomacy' in Paraguay," London: BBC News. https://www.bbc.com/news/world-asia-56661303, 2022 年 12 月 9 日最終アクセス

Gavi, Vaccine Alliance. 2021. "Global leaders rally to accelerate access to COVID-19 vaccines for lower-income countries," Geneva: Gavi. https://www.gavi.org/news/media-room/global-leaders-rally-accelerate-access-covid-19-vaccines-lower-income-countries, 2023 年 3 月 31 日最終アクセス

Joi, P. 2021. "World leaders and private sector commit to protecting the vulnerable with COVID-19 vaccines," Geneva: Gavi. https://www.gavi.org/vaccineswork/world-leaders-and-private-sector-commit-protecting-vulnerable-covid-19-vaccines, 2023 年 3 月 31 日最終アクセス

Katsuma, Y. 2022. "Nonpharmaceutical interventions to combat emerging infectious diseases: Japan's approach to COVID-19." In: R. Hass and P. M. Kim（eds.）, *Democracy and Public*

Health in Asia. Washington, DC: The Brookings Institution, 113-118. https://www.brookings.edu/product/democracy-in-asia/, 2023 年 3 月 31 日最終アクセス

Lancaster, K., M. Rubin and M. Rapp-Hooper. 2020. "Mapping China's Health Silk Road," New York: Council on Foreign Relations. https://www.cfr.org/blog/mapping-chinas-health-silk-road, 2023 年 3 月 28 日最終アクセス

University of Oxford. 2021. "Our World in Data," https://ourworldindata.org/, 2021 年 12 月 26 日最終アクセス

Wakabayashi, M., E. Satoshi, M. Yoneda, Y. Katsuma and H. Iso. 2021. "Global landscape of the COVID-19 vaccination policy: Ensuring equitable access to quality-assured vaccines," *GHM Open* 2 (1) : 44-50. [https://doi.org/10.35772/ghmo.2021.01029]

WHO. 2020. "Who COVID-19 Technology Access Pool," Geneva: WHO. https://www.who.int/initiatives/covid-19-technology-access-pool, 2023 年 3 月 31 日最終アクセス

WHO. 2021. "The mRNA vaccine technology transfer hub," Geneva: WHO. https://www.who.int/initiatives/the-mrna-vaccine-technology-transfer-hub, 2023 年 3 月 31 日最終アクセス

WHO. 2022. "Conceptual zero draft for the consideration of the Intergovernmental Negotiating Body at its third meeting," Geneva: WHO. A/INB/3/3, https://apps.who.int/gb/inb/pdf_files/inb3/A_INB3_3-en.pdf, 2023 年 3 月 28 日最終アクセス

WHO. 2023. "COVID-19 Vaccine Tracker," Geneva: WHO. https://covid19.trackvaccines.org/agency/who/, 2023 年 3 月 31 日最終アクセス

WTO. 2022. "Members updated on high-level talks aimed at finding convergence on IP COVID-19 response," Geneva: WTO. https://www.wto.org/english/news_e/news22_e/trip_10mar22_e.htm, 2023 年 3 月 28 日最終アクセス

WTO. 2023. "TRIPS and public health," Geneva: WTO. https://www.wto.org/english/tratop_e/trips_e/pharmpatent_e.htm, 2023 年 3 月 28 日最終アクセス

4章
持続可能な食料システムへ

山口富子

1. 農業と自然環境

　近年、世界各地で毎年のように大型台風や局所的な集中豪雨が発生し、気象災害が頻発する。これにより農林水産業は甚大な被害を受けている。2020年には、熊本県や鹿児島県を中心に発生した豪雨により、農地や果樹園が浸水し、農作物が被害を受けた (農林水産省 2021)。インドでは、2020 年に大規模な洪水が発生し、西ベンガル州やアッサム州などで農地や農作物が水没し、栽培されていた作物が壊滅的な被害を受けた (State Inter Agency Group West Bengal 2020)。また、オーストラリアでは、大規模な山火事が起こり、ワイン、果物、野菜、養蜂業などが被害を受け、多くの農家が被災した (Bishop et al. 2021)。身近な出来事として、2016 年の夏に北海道を襲った台風により、じゃがいもの収穫量が著しく減少し、翌年のスナック菓子の販売が一時的にストップしたという出来事もあった (『日本経済新聞』2021.4.10 デジタル版)。同様の被害が小麦、大豆、米、トウモロコシなどの穀物に及んだ場合、より広範囲かつ深刻な食糧不足が引き起こされる可能性がある。この点について、国連の気候変動に関する政府間パネル (IPCC) が出した 2019 年の特別報告書には、温暖化により穀類の収穫量が減り、2050 年までに穀物価格が最大 23 ％上昇する可能性があるという観測が示されている (IPCC 2019)。日本は、パンや麺の原料である小麦やまた味噌、しょうゆ、豆腐の原料である大豆をアメリカやカナダ、オーストラリアからの輸入に依存しているため、穀物の栽培国で生産上の問題が生じた場合、日本に影響が及ぶことは避けられない。

　このように、近年極端な気象現象による作物や家畜への影響が目に見える
ようになり、この問題が国際的な場で重要なアジェンダとしてとりあげられ
るようになった。例えば、2014 年に国際連合食糧農業機関（FAO）と世界保健
機構（WHO）が行った国際栄養会議において、「現在の食料システムは、持続
不可能な生産と消費のパターンだけでなく、特に資源不足と環境悪化による
制約により、健康的な食事に貢献する十分で安全かつ多様な栄養価の高い食
品をすべての人々に提供することがますます困難になっている」との認識が
示されている（FAO and WHO 2019）。また、FAO の『世界食糧・農業白書』にも、
気象現象による食料生産への影響やそれらが飢餓や栄養不足に与えるリスク
についての分析が示されている（FAO 2019）。

　気象現象による農業への影響とは逆に、農業が自然環境に及ぼす影響も指
摘されている。例えば、1960 年代の「緑の革命」でアジアモンスーン地域に
導入された高収量品種のイネの栽培のために多量の化学肥料や農薬が使われ
たが、その結果、河川や海洋の汚染が起こったという問題は良く知られてい
る（Shiva 2016；Thompson et al. 2007）。日本では、過去に過剰に使われた農薬に
より、今もなお地下水や土壌中に農薬が残留するという問題を抱える（環境
省 2021）。また、農業機械や設備を動かすための燃料の燃焼により温室効果
ガスが排出されているという問題や「牛のゲップ」が温暖化の一因であると
いうことも国際的な政策アジェンダとして取り上げられるようになった（環
境省 2021）。2021 年 8 月に発表された IPCC の第 6 次評価報告書によれば、牛
のゲップによって出されるメタンは、温暖化の主たる原因である二酸化炭素
の 25 倍にも相当する点が指摘されている（農業・食品産業技術総合研究機構
2023 年 4 月 2 日最終アクセス）。

　このようにさまざまな問題が起こることにより、食料の生産や供給システ
ムは、自然と不可分なものであり、極めて領域横断的な社会課題であるとい
うことが、広く認識されるようになった。また、このような社会課題は 1 つ
の領域にある問題に対応するだけでは、解決し得ない複雑な構造を持つとい
う認識も共有されようになった。そのため、これをどう解決するのかが国際
社会にとって喫緊の課題となり、その答えの 1 つとして持続可能な食料シス

テムへの転換というビジョンが議論されるようになった。そこで本章では、その目標に向けて社会がどのように変化しているのかを明らかにするために、「食料システムの変革」をめぐる言説を検討する。

　ここでは、イノベーションの経路（特定のイノベーションが開発されてから社会に普及するまでの過程）という視点を取り入れ、社会が変化するプロセスを考える。また、日本の事例を取り上げて、現実の社会を反映した形で検討を進めることで、持続可能な食料システムへの転換に関連する多様な意味づけを示す。そのために、日本の農業政策に関する主要な論点が示されているテクスト（大臣による発言、食料生産に関わる政策や戦略に関わる文書、政府機関による報告書やプレスリリースなど）や、学協会や利害関係者による提言や意見が表明された資料を検討の対象とする。

2.　分析の視座

　持続可能な食料システムへの転換の進行状況を明らかにするために、ここでは持続可能性移行研究を参照する。英語では、Sustainability Transition Studies であり、これまでは主にエネルギーの転換や電気自動車への移行などの分析が中心であり、農業や食料生産システムの転換についてはあまり取り上げられてこなかった（Smith and Kern 2009; Schot et al. 1994）。持続可能性移行研究の主要な問いは、どのようにして急進的な変化が起きるのかである（Köhler et al. 2019）。この問いを踏まえると、持続可能な食料システムへの転換を図る過程で、どのような意見が表明されることにより社会が変化するのかが核心的な問いとなる。この問いの根底には、人びとが公の場で表明する意見が社会を変化させるという前提がある。

　持続可能性移行研究では、マルチ・レベル・パースペクティブ（MLP）と呼ばれる視座が用いられる。社会は、「社会技術的ランドスケープ（socio-technical landscape）」、「社会技術的レジーム（socio-technical regime）」、「ニッチ（nitch）」という 3 つのレベルに分けてとらえられ、社会の変化は、これらのレベルに関連する要素が相互に作用することにより生じると考えられている（Geels 2002;

Geals and Schot 2010）。社会技術ランドスケープとは、人口動態やマクロ経済，気候風土などの外部要因や背景要因を指す。社会技術的レジームには、産業界の人的ネットワーク、社会経済インフラ、国の政策や規制や、市場や技術のユーザーの実践に加え、物事の意味づけやその背景となる文化や価値観などの要素が含まれる (Smith and Raven 2012)。そしてニッチは新しい技術を試行的に試す場である。

　近年、持続可能な食料システムへの転換が国内外の政策議論で頻繁に取り上げられるようになったが、MLP の視点からとらえると、ランドスケープで生起した気候変動という自然現象に対して、食や農に関わる既存の社会経済システムや食料生産のための知識体系、農業技術などを含む社会技術レジームが不安定化していることを示している。そのため、社会技術レジームが安定するまでの間、環境影響を軽減するための考え方やアプローチが提案されている。結論を先取って述べれば、日本では、農業技術の研究開発を推進するという技術的なアプローチに焦点があてられる傾向にある。一方、アグロエコロジーに代表されるような生態学的なアプローチを踏まえ、食料システムの転換を展望する国もある[1]。例えば、フランスでは、持続可能な食料システムへの移行を目指して、2014 年に施行された農業・食料・森林の将来に関する法律に「公共政策がアグロエコロジー的な生産システムを促進し持続させる」ことが明記されており、技術的なアプローチからの転換を視野に入れている (石井 2022)。この 2 つのアプローチを取り上げたのは、これらが持続可能な食料生産への転換に関わるアプローチのスペクトラムの両端という図式に当てはまるものであり、広い視野に立ち、持続可能な食料生産への転換という問題を検討するために、このような視点を持つことが重要と考えたからである。

3. 国際議論にみられる持続可能な農業

　では、持続可能な食料生産が可能な社会について、どのような議論が進められているのであろうか。初めに、食料と農業に関連する SDGs の考え方を

確認しておこう。SDGs は、変革なきところには持続可能な社会はないという前提に立ち、食料システム変革の象徴として位置づけられている。

　食料と農業に関連する SDGs には 6 つの目標があるが、その中で食料と農業に深く関わるものとして、本節では特に、目標 2「飢餓を終わらせ、食料の安定確保と栄養状態の改善を実現し、持続可能な農業を促進する（飢餓をゼロに）」に焦点を当てる。各目標には、実現に向けた具体的な手段や数値目標が「ターゲット」として示されている（BOX 1）。ここでは本稿のテーマである食料生産という問題に深く関連するターゲット 2.4 についてさらに詳しくみる。

BOX 1. 目標 2 のターゲット

2.1　2030 年までに、飢餓を撲滅し、すべての人々、特に貧困層及び幼児を含む脆弱な立場にある人々が一年中安全かつ栄養のある食料を十分得られるようにする。

2.2　5 歳未満の子どもの発育阻害や消耗性疾患について国際的に合意されたターゲットを2025 年までに達成するなど、2030 年までにあらゆる形態の栄養不良を解消し、若年女子、妊婦・授乳婦及び高齢者の栄養ニーズへの対処を行う。

2.3　2030 年までに、土地、その他の生産資源や、投入財、知識、金融サービス、市場及び高付加価値化や非農業雇用の機会への確実かつ平等なアクセスの確保などを通じて、女性、先住民、家族農家、牧畜民及び漁業者をはじめとする小規模食料生産者の農業生産性及び所得を倍増させる。

2.4　2030 年までに、生産性を向上させ、生産量を増やし、生態系を維持し、気候変動や極端な気象現象、干ばつ、洪水及びその他の災害に対する適応能力を向上させ、漸進的に土地と土壌の質を改善させるような、持続可能な食料生産システムを確保し、強靱（レジリエント）な農業を実践する[2]。

2.5　2020 年までに、国、地域及び国際レベルで適正に管理及び多様化された種子・植物バンクなども通じて、種子、栽培植物、飼育・家畜化された動物及びこれらの近縁野生種の遺伝的多様性を維持し、国際的合意に基づき、遺伝資源及びこれに関連する伝統的な知識へのアクセス及びその利用から生じる利益の公正かつ衡平な配分を促進する。

2.a　開発途上国、特に後発開発途上国における農業生産能力向上のために、国際協力の強化などを通じて、農村インフラ、農業研究・普及サービス、技術開発及び植物・家畜のジーン・バンクへの投資の拡大を図る。

2.b　ドーハ開発ラウンドの決議に従い、すべての形態の農産物輸出補助金及び同等の効果を持つすべての輸出措置の並行的撤廃などを通じて、世界の農産物市場における貿易制限や歪みを是正及び防止する。

2.c　食料価格の極端な変動に歯止めをかけるため、食料市場及びデリバティブ市場の適正な機能を確保するための措置を講じ、食料備蓄などの市場情報への適時のアクセスを容易にする。

（出典）：外務省（2015）

　ターゲット 2.4 は、「レジリエントな農業の実践を通して、持続可能な食料生産のシステムづくりを目指す」という内容である。この内容をさらに詳しく説明するものとして、国際機関や国際行政機構によっていくつかの報告書が出されている。例えば、2021 年の FAO の『世界食糧・農業白書』では、レジリエントな農業システムを「農業・食料システムが、いかなる混乱に直面しても、万人にとって十分で安全かつ栄養のある食料の入手と利用を持続的に確保し、システムの関係者の生計を維持する長期的な能力」と定義する。FAO によれば、農業・食料システムは、(i) 一次生産、(ii) 食料サプライチェーンと輸送網を通じて生産から消費までをつなぐ食料分配、(iii) 家計消費の 3 つの要素から構成される（FAO 2021）。つまり、異常気象などにより、食料の生産や供給が混乱したとしても、食料の入手や生計の維持が可能なシステムを「レジリエント」と呼んでいる。OECD も 2020 年に農業のレジリエンスをテーマとして取り上げる報告書、『Strengthening Agricultural Resilience in the Face of Multiple Risks（多様なリスクに対する農業レジリエンスの強化）』を出しており、農と食の問題の解決方法としてシステム・アプローチを提案し、その強化の必要性を述べている（OECD 2020）。

　これらの指摘を踏まえると、農や食の持続可能性という問題は、さまざまな視点を考慮するという思考やシステムのレベルで問題に対処する視点が重要であるということが分かる。一方で、レジリエントな農業を具体的にどのように実現するのかについては、議論が深まらないという課題を抱える。

　その 1 つの原因として、レジリエントな農業の実践について各国がさまざ

まな解釈をしている点があげられる。さまざまな解釈が見られる中で、各国の食と農に関連する戦略を確認する。例えば、米国が 2021 年に出した「農業イノベーションアジェンダ」では、バイオ燃料のブレンド率を高めることで、2050 年までに農業における環境負荷を半減し、さらに食料の生産量を 4 割増加させる目標が示されている。その実現のために米国農務省は生産者支援の施策の実施するとコミットメントしており、政府主導により目標の実現を目指す。一方、欧州では 2019 年にグリーンディール政策を策定し、事務局長によるプレス発表で「持続可能な社会への移行は欧州の新たな成長戦略であり、単に環境保護を優先させるのではなく、経済成長や世界市場における主導権の確立を目指す」考え方が示されている。その後、欧州グリーンディール政策を実践する枠組みとして 2020 年には「Farm to Fork 戦略」（以下、ファーム to フォーク戦略）が発表され、2030 年までに化学肥料の使用量を 20％以上削減し、2030 年までに有機農業の農地比率を少なくとも 25％まで引き上げ、GHG の排出を 2030 年までに 50 ～ 55％削減し、2050 年には気候中立を目指すという数値目標が示されている（天野 2022）。

　米国では農業イノベーションアジェンダ、欧州ではファーム to フォーク戦略が提案された後に、日本でも 2021 年に『みどりの食料システム戦略』（以下、みどり戦略）が策定された。みどり戦略のねらいは、食料・農林水産業の生産力向上と持続性の両立をイノベーションで実現することにある。戦略には、イノベーションを用いて食料増産につなげるというアプローチが明確に示されている。2050 年までにカーボンニュートラルを目指す、また化学農薬の使用量を 50％低減する、肥料の使用量を 30％削減する、2050 年までに有機農業を全農地の 25％に拡大する（100 万 ha 相当）といった数値目標が掲げられている（原 2021）。

　このように各国がこぞって SDGs 目標 2 を強く意識した戦略を打ち出しているが、戦略の中身の多様性を踏まえれば、レジリエントな農業をどう実現するのかについてさまざまな経路が描かれていることが分かる。

4. 日本における持続可能な農業

　本節では、日本の「みどり戦略」において持続可能な食料システムへの転換がどのように考えられているのかを詳しくみていく。

　2021年9月に国連食料システムサミットが開催され、国連加盟国各国首脳、閣僚、国際機関の長、市民社会及び民間企業関係者らを前に、当時の日本の首相であった菅義偉氏は、『みどりの食料システム』の進め方について、以下のようなビデオステートメントを出している。

　　第一に、『生産性の向上と持続可能性の両立』です。このための鍵となるのは、イノベーションやデジタル化の推進、科学技術の活用です。我が国は、5月に策定した『みどりの食料システム戦略』を通じ、農林水産業の脱炭素化など、環境負荷の少ない持続可能な食料システムの構築を進めてまいります。」

(出典)国連食料システムサミット向けの菅首相のビデオステートメント[3]

　ここから明らかなのは、総理大臣のステートメントで用いられている「イノベーション」という言葉は、技術革新という狭義の意味で用いられている点である。実際に、85ページにわたる「みどりの食料戦略」には「イノベーション」や「技術革新」という言葉が頻出する。首相のスピーチの通り、戦略の中で取り上げられている技術は、IoTやロボットを活用したスマート農業やメタンの発生量が少ない稲品種の開発、牛のゲップや家畜排せつ物由来の温室効果ガスを抑制する飼料の開発などである。

　この考え方は、農林水産省や環境省、内閣府などの政府機関が主導する個別の政策議論にも反映されており、持続的な生産体制の構築を目指し、ドローンによるピンポイント農薬散布やAIを活用した病害虫発生予察の高度化、除草ロボットの普及、土壌や生育診断データに基づく施肥マネージメント技術の活用が検討されている[4]。

　同様の考え方は、国連食料システムサミットに先立って行われたプレサ

ミットの際に日本政府が出した文書でも示される。例えば、EU との共同文書には、「持続可能な農業と農村開発のためのイノベーションを後押しする既存の農業協力や、多国間協力への関与を改めて確認した」と書かれている。また、東南アジア各国との共同文書には「我々は、農業及び関連産業の分野において、特に中小零細農家にとって、イノベーションが持続可能な農業生産及び食料システムへの鍵であり、イノベーションを強化するためには民間部門の投資を促進する必要があることを確信している」と明記されている。

　このように、持続可能な食料生産のための仕組み作りは、技術的な問題として位置づけられ、総理大臣や閣僚らの発言によって、(狭義の)イノベーションを用いることが適切であるという考え方が国内外に広まる。

　さらに、持続可能な食料生産システムの変革には、バイオとデジタルを融合させた技術を活用するという具体的な構想も語られている[5]。特に注目されているのは、フードテックと呼ばれるさまざまな技術からなるテクノロジー領域である。フードテックには明確な定義がないため、フードテック研究会による定義を参考にする。

　　フードテックとは、食料安全保障、環境負荷低減、健康・栄養問題の解決、再生産可能な公正な取引関係等に向けて持続的な資源循環型社会や食を通じた高い QOL の実現のため、食・農林水産分野、そのバリューチェーン全体において活用されるロボティクス、デジタル・AI、バイオ(ゲノム、培養等)などの新興技術や科学的知見、又は当該技術・知見を活用したビジネスモデルである。

(出典)農林水産省 (2020)

　市場の関係者だけでなく、国もフードテックを食料生産の持続性や環境影響、環境負荷の軽減に向けた技術として注目する[6]。現在、フードテックの社会実装が官民挙げて進められている。その中でも、特に注目されているのは、ゲノム編集食品・作物である。現在 SDGs の目標を意識した形質を持つ農作物の研究開発が進められている (Jenkins et al. 2021)。日本では、すでに高GABAトマト、肉厚マダイ、高成長トラフグが商業化されており、今後もさ

まざまな技術が社会に実装される見込みである。

　国際的な産業競争力や日本の科学技術研究力の観点から見ると、日本社会の動きは高く評価できる。しかし、みどり戦略の中での用語の解説に基づくと、イノベーションは単に技術の革新にとどまらず、新たな考え方や仕組みを導入して、新たな価値を創造し、社会的に大きな変化をもたらすことを指すという意味でとらえられている（農林水産省 2021）。したがって、食料の問題に取り組む際には、これまでとは異なる新たな考え方や仕組みを取り入れることを視野に入れた進め方を検討する必要がある。

　従来の食料問題への取り組みは、生産量の増加や効率化を重視した技術革新に主眼を置いてきた。しかし、先述のイノベーションの定義を考慮すると、持続可能な農業や食のシステムを構築するためには、循環型の食品生産・流通システムを導入するなど従来の常識にとらわれないアプローチを議論に加える必要がある。その上で循環型のシステムを具体的にどのように導入するのか、そして実現可能なのかについても検討していく必要がある。

　また、そもそも農業に関連する多くの問題は、断片的な技術問題としてとらえられる傾向があり、農業領域固有の難しさがあるという点も理解しておく必要がある。この点に関連して、日本学術会議は、以下の考え方を示している（日本学術会議 2020）。

　　20 世紀後半まで安定に機能していたと思われる自然・技術・社会・生活の旧来の仕組みが大きく変化し始めた。従来型の個別技術による個別課題の解決ではなく、生産や流通および地域社会の仕組み全体にわたる課題解決が求められる時代になっている。

　　一方、2015 年に国連が定めた新たな持続可能な開発目標 SDGs、情報技術と生命技術の技術革新を背景にした将来社会構想 Society5.0、第 6 期科学技術基本計画に対する日本学術会議の提言、オープンサイエンスに対する提言準備、第 5 次環境基本計画の地域循環共生圏に対応した野生動物管理に関する日本学術会議の回答など、2030 年ないしは 2050 年をめざした社会全体のあり方を念頭に置く解決策の模索気運が高まって

いる。しかし、これらの動きの中で農業分野は断片的な技術問題として
取り上げられる傾向があり、例えば、スマート農業や農業ロボットなど
も個別技術として扱われ、食料生産供給の全体のあり方を展望する議論
は少ない(筆者による傍点)。

(出典)日本学術会議(2020)

　日本学術会議は、この提言を通じて、農業問題を考える際に、食料生産供
給システムという広い視点を持つことの重要性を指摘している。そのため、
政策議論においては、単に断片的な技術問題を解決するだけでなく、より広
い視野から農業問題を考えるマインドセットを持つ必要がある。持続可能性
移行研究では、「社会-認知的ロックイン」という概念を用いて、この問題を
とらえる。ロックインとは、既存の社会技術レジームに関わる組織や集団間
の社会関係資本の存在により、新しいマインドセットに転換することが困難
な状況が生じることを指す(青木2022)。食料生産をめぐる社会の転換におい
ても、社会-認知的ロックインが生じる可能性があることを考慮し、新しい
マインドセットに切り替えることを意識しながら社会の転換を実現していく
必要がある。

5. 有機農業の定義の多義性

　Geelsらの研究によれば、持続可能な社会への経路には5つの段階がある
(**BOX 2**)。現在の日本は、「ディアライメント／リアライメント」と呼ばれる
段階に位置しており、さまざまなイノベーションが共存し競争が起こりうる
状況にある。例えば、みどり戦略の中で示されている、2050年までに耕地
面積に占める有機農業の面積の割合を25％(100万ha)に拡大するという目
標を取り上げ、異なるイノベーションの共存と競争について考える。

BOX 2. 持続可能な社会への移行の段階

> **リプロダクション**：　ランドスケープからの圧力がなく、既存のレジームが安定した状態にある。
> **トランスフォメーション**：　ランドスケープからの中程度の圧力があるが、ニッチのイノベーションが十分に成熟していない。この時レジームのアクターは、今後の展開やイノベーションの方向性について検討を行う。
> **ディアライメント／リアライメント**：　ランドスケープの変化が広範囲、大規模、突然起こる場合、既存のレジームに変化が起こる可能性がある。この時ニッチにさまざまなイノベーションが起こり、社会の関心やリソース獲得のための共存や競争が起こる。その後、社会には新しいレジームが現れる。
> **サブスティチューション**：　ランドスケープからの圧力が大きく、またニッチのイノベーションが十分に成熟している場合、既存のレジームが新しいレジームに変わる。
> **リコンフィギュレーション**：　ニッチのイノベーションがレジームに再編成される。

(出典) Geels and Schot (2007: 54- 76)

　共存の可能性を示唆するものとして次の例が挙げられる。農林水産省はみどり戦略の「中間取りまとめ（案）」に先立ち、有機農業関係者との意見交換を含む22回の意見交換会を、生産者、団体、企業などさまざまな関係者と行った（原 2021）。意見交換会では、有機 JAS 認証が広がらない理由は、費用が全て生産者負担であり、毎年検査を受けなければならず費用がかかる一方で、費用に見合う価格で販売できる補償はないという指摘や、大量生産大量消費をやめ、スマート農業を取り入れた適産適消で需給バランスを調節するべきといった意見が示された[7]。これらは生産や流通の現場から得られた重要な示唆であり、日本で有機農業を広める上での指針となる。また、これらのコメントから、技術革新により持続可能な食料生産のシステムを構築するという国の枠組みに沿った有機農業の考え方が認知されていることが分かる。

　しかし、競争の観点から現状を見ると異なる論点が見える。河本大地 (2014) は、日本の有機農業には (1) 産消提携を中心とした有機農業運動、(2) 地域振興策としての推進、(3) 有機 JAS 検査認証制度のビジネス活用という3つを潮流があるとする。この分類を踏まえると、農林水産省の意見交換会に招かれたのは、主に (2) と (3) に関わる人々であったことが分かる。

　(1) の関係者らは意見を表明する機会がなく、日本有機農業学会を通じて

『「みどりの食料システム戦略」に言及されている有機農業拡大の数値目標実現に対する提言書』(以下、「提言」)を 2021 年 3 月 19 日に発表した。提言書には、以下の 7 項目が含まれている。

1. 「有機農業」という言葉の再定義の必要性
2. 技術革新 (イノベーション) の方向性について
3. 担い手の育成と農地の確保について
4. 畜産のあり方について
5. 農山漁村の地域振興との関係について
6. 消費拡大の方向性について
7. 国民の農業理解の必要性について

　本章の主要な論点である「レジリエントな農業の実践」に関わる項目として、有機農業の再定義を取り上げる。

　国は、有機農業の推進に関する法律(平成 18 年法律第 112 号)で有機農業を「化学的に合成された肥料及び農薬を使用しないこと並びに遺伝子組換え技術を利用しないことを基本として、農業生産に由来する環境への負荷をできる限り低減した農業生産の方法を用いて行われる農業」と定義している。

　一方、国際有機農業運動連盟 (International Federation of Organic Agriculture Movements: IFOAM) は、有機農業を以下のように定義する。

　　土壌・自然生態系・人々の健康を持続させる農業生産システムである。それは、地域の自然生態系の営み、生物多様性と循環に根ざすものであり、これに悪影響を及ぼす投入物の使用を避けて行われる。有機農業は、伝統と革新と科学を結び付け、自然循環と共生してその恵みを分かち合い、そして、関係するすべての生物と人間の間に公正な関係を築くと共に生命 (いのち) と生活 (くらし) の質を高める。

(出典) IFOAM (2020) 日本語訳

　有機農業の定義の違いに注目すると、前者は研究所の試験研究によって得られるイノベーションを想定しているのに対し、後者は圃場の特徴や圃場を取り巻く自然環境を考慮しながら、農家が試行錯誤しながら生み出すイノベーションである。現場で生み出された技術や知識は、有機農業者のネットワークを通じて、農家から農家へと技術移転される (澤登 2019)。日本有機学会の学会長は、みどり戦略の全体的な方向性について、個人の見解としながらも「持続可能性と生産性を両立させる農業をめざすという方向性は高く評価したい」というコメントを出しているが、一方でこの2つの定義の間には大きな隔たりがあるとも指摘している (谷口 2022)。

　また「提言」では、有機農業の持続可能性を考える上で重要な論点として、有機農業の担い手についても提案が行われている。具体的には、提言には、日本の農業人口減少に対応するために、地域全体で有機農業に取り組むという発想の転換や、公共調達を通じて有機農産物の消費を拡大するというアイデアが提案されている。みどり戦略が目指す「これまでとは全く違った新たな考え方や仕組みを取り入れて、新たな価値を生み出す」という目標を達成するためには、「提言」に示されたアプローチやアイデアを取り入れ、戦略を検討していくことこそが必要となる。

　有機農業に関する定義が充分に議論されないまま、2022 年 7 月に「環境と調和のとれた食料システムの確立のための環境負荷低減事業活動の促進等に関する法律 (みどりの食料システム法)」が施行された。また、有機農業振興のために国が都道府県や市町村に交付金を支給するという仕組みも整えられた。さらに、有機農業特定区域の指定など、有機農業の耕地面積拡大のための準備も進められている。技術革新や法制度の整備を通じて、農業・食料システムには近い将来大きな変化が訪れることが予想される。しかし、このような変化を通して、単に一時的な改善や解決策にとどまらず、将来の世代に対しても持続可能な社会を実現することを目指すならば、競争を受け入れ共存する経路を模索する必要がある。異なる意見を持つ利害関係者が協力し、相互に調和しながら、持続可能な農業・食料システムを築いていくことこそが必要となる。

6. おわりに

本章では、食料システムの変革をめぐる言説を通じて、社会の変化のプロセスを検討した。事例から明らかになったのは、日本における「レジリエントな農業の実践」とは、農業技術の導入により、農業の環境影響や負荷を軽減することを意味することである。SDGs のビジョンが国内外で広まる中、社会は急激に変化しているが、経路は一様ではない。真の意味の持続可能な食料システムを実現するためには、生態的健全性や社会的公平性を考慮し、広い視野でレジリエントな農業の実践を探求することが求められる。温暖化による農業への影響や食料不足は、解決が急がれる喫緊の問題であり、イノベーションの活用が鍵となる。しかし、「新たな価値」を生み出すためには、食料システムの変革に関して社会全体で共通理解や包括的な視点を持ちながら持続可能な未来を目指すことが不可欠となる。

注

1　アグロエコロジーの起源は、ロシアの農学者 Basil Bensin (1925) が、農業に生態学を援用するアプローチをアグロエコロジーと呼んだことに遡る。「生態的健全性」、「経済的実行可能性」、そして「社会的公平性」の3つの目標をバランスよく満たすことがそのビジョンとして掲げられ、「自然に対する人間の働きかけ」という営為を理解するために、農学、生態学、社会科学が、伝統的農法に学びつつ、農業の問題を取り扱うアプローチである。代表的な文献として Altieri (1987)、Gliessman (2006) があげられる。

2　ターゲット 2.4 の原文は、次のように書かれている。By 2030, ensure sustainable food production systems and implement resilient agricultural practices that increase productivity and production, that help maintain ecosystems, that strengthen capacity for adaptation to climate change, extreme weather, drought, flooding and other disasters and that progressively improve land and soil quality.

3　ビデオステートメントは、以下のリンクから視聴することができる。https://www.mofa.go.jp/mofaj/ecm/es/page1_001051.html (2023 年 4 月 5 日最終アクセス)

4　農林水産省『各目標に向けた技術の取組』の中で具体的な技術が紹介されてい

る。https://www.maff.go.jp/j/kanbo/kankyo/seisaku/midori/attach/pdf/index-109.pdf
（2023 年 4 月 6 日最終アクセス）

5 『バイオ戦略 2020』に基本的施策が示される。戦略に関連する資料は、次のリ
ンクから取得できる。https://www8.cao.go.jp/cstp/bio/（2023 年 4 月 5 日最終アク
セス）

6 『みどりの食料システム戦略』の中にも、「フードテックへの理解醸成」、「産学
官連携で研究開発を推進する」という論点が含まれ、国が食と技術を融合させた
新しい産業分野を創成を目指していることがわかる。

7 生産者、団体、企業等との意見交換会で出された意見は、以下のリンクから見
ることができる。https://www.maff.go.jp/j/kanbo/kankyo/seisaku/midori/stakehold-
ers.html（2023 年 4 月 5 日最終アクセス）

参考文献

Altieri, M.A. 1987. *Agroecology: The Scientific Basis of Alternative Agriculture*, Boulder: Westview Press.

天野 英二郎 2022「みどりの食料システム戦略の実現に向けて：みどりの食料システム法の成立」『立法と調査』449: 51-63.

青木一益 2022「サステナビリティ・トランジション論に見る分析概念・枠組みの精緻化の試み：重層的視座（MLP）の深化に伴う意義及び含意（その1）」『富大経済論集』68（1）: 47-91.

Bensin, B.A. 1925. *Agroecological Characteristics Description and Classification of the Local Corn Varieties-chorotypes.* Plague. (Publisher unknown).

Bishop, J., T. Bell, C. Huang and M. Ward. 2021. "Fire on the Farm: Assessing the Impacts of the 2019-2020 Bushfires on Food and Agricultures in Australia." Sydney: WWF.

FAO and WHO. 2019. "Sustainable Healthy Diets: Guiding Principles." Geneva: World Health Organization. https://www.who.int/publications/i/item/9789241516648 2023 年 4 月 2 日最終アクセス

FAO. 2019. "The State of Food and Agriculture 2019: Moving Forward on Food Loss and Waste Reduction." Rome: FAO. https://www.fao.org/3/ca6030en/ca6030en.pdf 2023 年 4 月 5 日最終アクセス

FAO. 2021. "The State of Food and Agriculture 2021: Making Agrifood Systems More Resilient to Shocks and Stresses." Rome, FAO. https://www.fao.org/documents/card/en/c/cb4476en 2023 年 4 月 2 日最終アクセス

外務省 2015『我々の世界を変革する：持続可能な開発のための 2030 アジェンダ』外務省仮訳. https://www.mofa.go.jp/mofaj/gaiko/oda/sdgs/pdf/000101402.pdf 2023 年 4 月 5 日最終アクセス

Geels, F. W. 2002. "Technological Transitions as Evolutionary Reconfiguration Processes: A Multi-Level Perspective and a Case-Study." *Research Policy* 31 (8) :1257-1274.

Geels, F. W. and J. Schot. 2007. "Typology of Sociotechnical Transition Pathways." *Research Policy* 36 (3) :399-417.

Geels, F. W. and J. Schot. 2010. "The Dynamics of Transitions: A Socio-Technical Perspective," in Grin, J., J. Rotmans and J. W. Schot. (eds.) *Transitions to Sustainable Development: New Directions in the Study of Long Term Transformative Change*, Lodon: Routledge.

Gliessman, S.R. 2006. *Agroecology: The Ecology of Sustainable Food Systems*, New York: CRC Press.

原　直毅 2021「みどりの食料システム戦略：持続可能な食料システムの実現」『立法と調査』439: 49-64.

IFOAM. 2020. "Principles of Organic Agriculture." https://www.ifoam.bio/sites/default/files/2020-03/poa_english_web.pdf　2023 年 4 月 2 日最終アクセス

IPCC. 2019. "Summary for Policymakers." In: *Climate Change and Land: An IPCC Special Report on Climate Change, Desertification, Land Degradation, Sustainable Land Management, Food Security, and Greenhouse Gas Fluxes in Terrestrial Ecosystems*. https://doi.org/10.1017/9781009157988.001　2023 年 4 月 2 日最終アクセス

石井圭一 2022「アグロエコロジーとイノベーション：環境負荷軽減を目指す農業振興」南石晃明編『デジタル・ゲノム革命時代の農業イノベーション』農林統計出版 .

Jenkins, D., R. Dobert, A. Atanassova and C. Pavely. 2021. "Impacts of the Regulatory Environment for Gene Editing on Delivering Beneficial Products." *Vitro Cellular and Development Biology Plant* 57 (4) : 609-626.

環境省 2021『IPCC AR6 特別報告書』http://www.env.go.jp/earth/ipcc_ar6_sr_pamphlet.pdf　2023 年 4 月 2 日最終アクセス

環境省 2021『土壌農薬分野の最近の状況について』https://www.env.go.jp/council/49wat-doj/y490-01b/900437539.pdf　2023 年 4 月 2 日最終アクセス

Köhler, J., F. W. Geels, F, Kern, et al. 2019. "An Agenda for Sustainability Transitions Research: State of the Art and Future Directions." *Environmental Innovation and Societal Transitions* 31, 1-32.

日本学術会議 2020『人口減少社会に対応した農業情報システム科学の課題と展望』https://www.scj.go.jp/ja/info/kohyo/pdf/kohyo-24-t296-3.pdf　2023 年 4 月 2 日最終アクセス

OECD. 2020. "Strengthening Agricultural Resilience in the Face of Multiple Risks." Paris: OECD Publishing, https://doi.org/10.1787/2250453e-en. 2023 年 4 月 2 日最終アクセス

日本経済新聞 2021「ポテトチップス販売休止相次ぐ：北海道ジャガイモ不足で」2021 年 4 月 10 日デジタル版 . https://www.nikkei.com/article/DGXLASDZ10I1U_

Q7A410C1TI5000/

農業・食品産業技術総合研究機構「第 4 話 牛のげっぷと地球温暖化」『農研機構ガイ
　ドコミック』http://www.naro.affrc.go.jp/org/nilgs/guidecomic/04/index.html　2023
　年 4 月 2 日最終アクセス

農林水産省 2021「農林水産関係の被害状況」https://www.maff.go.jp/j/saigai/ooame/
　r0207/#a05　2023 年 4 月 2 日最終アクセス

農林水産省 2020『農林水産省フードテック研究会中間とりまとめ』https://www.maff.
　go.jp/j/press/kanbo/kihyo01/200731.html　2023 年 4 月 6 日最終アクセス

農林水産省 2021「みどりの食料システム戦略 参考資料」https://www.maff.go.jp/j/kan-
　bo/kankyo/seisaku/midori/attach/pat/team1_153.pdf 2023 年 4 月 2 日最終アクセス

澤登早苗 2019「有機農業とは何か」澤登早苗・小松将一編著『有機農業大全：持続可
　能な農の技術と思想』コモンズ .

Schot, J. R. Hoogma and B. Elzen. 1994. "Strategies for Shifting Technological Systems: The
　Case of the Automobile System." *Futures* 26 (10) :1060-1076.

Shiva, V. 2016. *The Violence of the Green Revolution: Third World Agriculture, Ecology, and Politics.* Lex-
　ington: University Press of Kentucky.

Smith, A. and F. Kern. 2009. "The Transitions Storyline in Dutch Environmental Policy." *Envi-
　ronmental Politics* 18 (1) :78-98.

Smith, A. and R. Raven. 2012. "What is Protective Space? Reconsidering Niches in Transitions
　to Sustainability." *Research Policy* 41 (6) :1025-1036.

State Inter Agency Group West Bengal (2020) "Joint Rapid Need Assessment Report on Cy-
　clone Amphan" https://nidm.gov.in/covid19/PDF/covid19/state/West%20Bengal/223.
　pdf　2023 年 4 月 2 日最終アクセス

谷口吉光 2022「みどりの食料システム戦略」にどう対応するべきか」『農業および園
　芸』97 (1) :39-43.

Thompson, J., E Millstone, I. Scoones, A. Ely, F. Marshall, E. Shah and S. Stagl. 2007. "Agri-
　Food System Dynamics: Pathways to Sustainability in an Era of Uncertainty." *STEPS
　Working Paper* 4, Brighton: STEPS Centre.

5章

持続可能な未来に向けて教育を変容させる[1]

丸山英樹

　予測できない変化が次々と訪れる今日、自然と社会そして私たち自身の持続可能性(サステイナビリティ)を保障することが、とても重要になった。地球史からは人類史は微々たるものだが、「人新世」が自然と人類の対立構造を示唆するとはいえ、地球上の人間の活動によって温室効果ガスが相対的に大きくなったことは事実であり、その排出量削減によって地球の平均気温を下げない限り人類も生存が困難になるとされている。そんな中、自然と社会と人類のサステイナビリティを目指すならば、高度な教育を受けた人々やそれを提供する国々が高い環境負荷を生み出しているという指摘に耳を傾け、これまでとは異なる様式で教育を変容(transform)させるべき時期にあるといえよう。教育は次世代を育てることのみならず、私たち自身を教育することであり、世代間・世代内での公平性を重視する価値の創造へと接続する。その意味で、教育を変えれば、サステイナビリティが担保されるといえるだろう。

　おそらく本書の読者は、既に教育の変容についてご意見をお持ちだと思われる。後述するが、2021年にユネスコが教育の未来に向けて教育をどう変容させるのかを世界に問いかけた。みなさんは、次の3つの質問にどう答えるだろうか。

1) 2050年という未来に向けて、教育の何を続けるべきだろうか。
2) 教育の何を止めるべきだろうか。
3) 教育の何を作り直すべきだろうか。

「教育は万能薬である」といった神話はひとまず置いて、ここで重要になるのが、何でも変えてしまえば良いわけではない点である。人類や他の生物を含めた自然環境を持続可能とするためには、いかなる知恵・知識を取捨選択し、再構成し、どう実装するのかが論点となる。その際、高い能力を持つ者だけがサステイナビリティを作り出すのか、あるいは相互に学習しながらも自身の存在を認めて下支えをグローバル・ローカルにつくっていくのか、そのプロセスにおける学びについて本章は記す。

本章の前半では国際的な教育イニシアチブ、つまり1990年に始まった「万人のための教育」から2015年のSDGsまでの動向に加え、2022年「教育の変容」サミット、『教育の未来』報告書を概観する。後半では、サステイナビリティの概念から持続可能な開発のための教育 (ESD) を整理し、教育を変容させるための3つの目的と機能について議論する。

1. 国際教育開発分野の国際動向

ご存知のように、長年にわたり国連をはじめ国際社会は教育に対する投入・介入を行ってきた。ここでは、まず国際的な教育イニシアチブを振り返ってみよう。

(1)「万人のための教育」から SDGs 第4目標へ

教育分野において国際協調が大きく見られたのは、1990年にタイ・ジョムティエンで開催された国際会合であった。この会合では、「万人のための教育 (Education for All: EFA)」として包括的かつ柔軟な教育が合意され、今日に至るまで国際教育協力の指針を示している。EFA では、主にグローバルサウスにおける子どもから大人まで全ての人々を対象に、基本的人権としての教育機会を保障すべきとした。しかし、何度か調整を繰り返した後、達成予定の年とした2000年でも目標には及ばない状況となり、同年にセネガル・ダカールで開催された「世界教育フォーラム」で改めて2015年を目途として目標が立て直された。同じく2000年に米国・ニューヨークで開催された「国連

ミレニアム・サミット」で普遍的初等教育の達成とジェンダー平等の推進を盛り込んだ「ミレニアム開発目標 (Millennium Development Goals: MDGs)」が 2015 年を目標に採択された。

　特に 2000 年代の議論では教育の機会保障から教育の質保証へと重点が移った。教科書開発や教師教育と教科教育の充実などインプットの質保証に加え、その後は国際学力調査が盛んになり、学習者が獲得した能力を保障するアウトプットの質も問われるようになっった。EFA が最終的に目標としていた 2015 年には開始当初に比して初等教育のアクセスと男女格差については大幅な改善が見られ、次の対象は中等教育段階であるという認識が共有された。また、この年には SDGs が開始され、その第 4 目標に EFA の内容は組み込まれた。

　他方、2002 年に開催された南ア・ヨハネスブルグ・サミットでは、1992 年のブラジル・リオ・サミットにおける開発と自然保全の議論を踏まえた教育の役割が注目され、「持続可能な開発のための教育 (Education for Sustainable Development: ESD)」が国連のイニシアチブとして定められた。国連総会で満場一致の支持を受け、2005 年から 2014 年までの 10 年間を「国連 ESD の 10 年」と設定、世界中で ESD 実践および研究が展開された。

(2) 国連「教育変革サミット」

　このように、教育権保障となる質の高い教育へのアクセスはある程度まで達成されたわけだが、2020 年の感染症パンデミックによって依然として EFA 課題は大きいことが明らかになった。コロナ禍で約 1 億 4,700 万人の子どもが完全な対面式教育を受けられず、2021 年には 2 億人以上が学校に通えなくなった。このような事態の先に世界人口の 3 人に 1 人が文章を理解できなくなる未来が予測されており、2022 年 9 月、アントニオ・グテーレス国連事務総長の主導で「教育変革サミット (Transforming Education Summit)」が開催された。その結果、世界 130 ヵ国以上の教育システムが再起動と学びの危機を終わらせるための行動を加速すると約束した (国際連合広報センター 2022)。サミットではグテーレス事務総長は、教育が成功ではなく分断を促す大きな

要因となっていることを危惧した。富裕層が多くの資源を投入してより良い教育へアクセスでき、その結果、より良い就職をしている一方、貧困層の特に女子は人生を変え得る資質を身につける上で困難に直面しているためである。すなわち、パンデミックによって教育格差が大きくなったのである。

サミット初日では教育への行動を謳う「ユース宣言」が若者たちから共有された。これは世界中の 50 万人ほどの若者たちから寄せられた意見をもとに協議を経て取りまとめられたもので、教育の現状を変革させることを政策立案者に対して求めた。それを含めた 3 日間のサミットでは、SDGs 達成に向けて教育が果たす役割は重要であるとして、気候危機、紛争、貧困などとの関連性を示しつつ、パンデミックの影響を乗り越え、多くの国々が子どもと教員への支援、経済格差への対応、ジェンダーに配慮された政策を重視す

表5-1　グリーン化教育パートナーシップ

グリーン化の対象	ビジョン	目標
学校	幼児期から成人教育を通して、教員養成課程と高等教育機関を含めすべての学校がグリーン・スクール認定を取得できるよう取り組む	すべての国は、少なくとも 50％の小中高校と大学において持続可能に運営されるグリーン・スクール認定制度を採用する
学習	生涯学習アプローチを取り入れる：気候教育をすべての課程のカリキュラム、普通科だけでなく、技術職業教育訓練、職場でのスキル開発、教材、教育学、評価に統合する	就学前・初等・中等教育のカリキュラムに気候教育を含む国の数が、現在の45％から少なくとも倍になる
力量とレディネス	教員および政策立案者を支援する：校長や主な教育関係者の能力を高めながら、教員研修および現職教員研修に気候教育を統合する	すべての学校で校長と少なくとも 1 人の教員が、学校全体を通して教育と学習に気候教育を統合する方法について訓練される
地域社会	特に地域学習センターや学習する街を通して、気候教育を生涯学習に統合することで、地域社会全体を関与させる	気候変動に取り組む地域社会のレジリエンスを促す技能・態度・行動をフォーマル教育制度の外で成人が開発できるような学習機会について、すべての国は、少なくとも 3 つの異なる方法で報告できるようになる

（出典）Greening Education Partnership サイトより著者訳

べきとまとめた。その具体策としては、スウェーデン、英国、オランダの
各国政府のほか、アジア開発銀行とアフリカ開発銀行とのパートナーシッ
プの下で融資制度「国際教育金融ファシリティ（International Financing Facility for
Education: IFFEd）」が立ち上げられた。これは教育プログラム向けの追加低利
融資で、2023年から20億ドルが拠出され、2030年までに追加融資として
100億ドルの拠出を可能とする。また、ユネスコとユニセフは、包摂的なデ
ジタル学習プラットフォームとコンテンツを作成・強化する「公共デジタル
学習ゲートウェイ（Gateways to Public Digital Learning）」を立ち上げた。

　さらに、危機への対処とジェンダー平等の教育の役割に加え、気候危機
に関する教育として「グリーン化教育パートナーシップ（Greening Education
Partnership）」の行動も呼びかけられた（**表5-1**）。これは、学習に対するESDの
ホリスティックな手法によって学習者の行動を引き出し、デジタル社会およ
びグリーン経済での包摂的で持続可能な経済開発に必要な技能を獲得させる
試みとされる。

(3) ユネスコ『教育の未来』レポート

　サミット前年の2021年11月、ユネスコが約2年の議論を経て『私たちの
未来を再想像する――教育の新しい社会契約（Reimagining Our Futures Together: A
New Social Contract of Education）』報告書（以下、『教育の未来』）を公開した（UNESCO
2021）。この『教育の未来』は、1972年の『未来の学習（Learning to Be）』（フォール
報告書）と1996年の『学習：秘められた宝（Learning: the Treasure Within）』（ドロー
ル報告書）に続くものとして、それまでのEFAに対する教育イニシアチブだ
けでなく、ESDおよびSDGs、さらにはヒト以外を含めてサステイナビリティ
を理解する上で示唆深い。特に、フォールとドロール両報告書が教育のある
べき姿を提示したことに対して、『教育の未来』は対話を通して共に教育の
未来をつくることを呼びかけている。

　ドロール報告書が提示した「学習の4本柱（知ること・為すこと・共に生きる
こと・人間として生きることを学ぶ）」は今も重要な概念であるが、『教育の未来』
では、むしろ「学び捨てる・学びほぐし（unlearning）」を学ぶ点が示されている。

そのため、2050年の未来に向けて、教育の何を続けるべきか、何を止めるべきか、何を作り直すべきかという3つを問いかけている。例えば、高度な教育を受けた者が高い環境負荷を発生させるならば、そうした教育は正当性を持ちうるのか？持続可能な開発に経済成長がほぼ自動的に含意され、そのために教育を変容させることで正しいのか？教育によってエンパワーされる特定の集団がより強いパワーを持ち、他集団をコントロールする構図が見られる未来で良いのか？そうした論点へとつながりえるのが『教育の未来』であり、次節で扱うサステイナビリティ概念・思想から教育の変容を考える際に重要となる。

　『教育の未来』は人類の課題・教育の刷新・研究協力の3部構成となっており、内容を簡単に紹介すると、次の通りである。まず生涯学習を含む教育は人権として再確認され、これまで各種要因により見られた排除の歴史と構造を認識し、包摂的な教育によって不平等を克服する必要性を強調する。次に、深刻である気候危機の拡大、デジタル・科学技術の発展、民主主義の後退、より不確実となる職業などの課題に向けた教育を探る。そして、教育学を再構築し、教育における協力と連携の可能性を主張している。教育内の課題としてカリキュラム再編と共通善としての知識コモンズ（knowledge commons）を前提に誰もが必要なリテラシーを蓄積・共有できる未来が描かれている。また、教師に関する変革と学校の変革、同時に多種多様な時空における教育の重要性が記されている。そして最後に、教育そのものを探究と分析のフィールドとすべき研究と革新（innovation）が示され、教職に関する知の中心に位置づけられる教師が描かれている。

2.　サステイナビリティから捉える教育

　前半で振り返ってきた国際的な教育イニシアチブでは、公正な未来を実現するための教育が描かれていた。本節ではSDGsとESDを含め、『教育の未来』で想定された2050年を念頭にサステイナビリティ教育へ焦点化していく。

(1) サステイナビリティ概念

　まず、サステイナビリティ（sustainability）とは何を意味するのかを改めて確認しておこう。サステイナビリティは1990年代に300以上もの分類がなされているものの、日本では「持続可能性」という訳が当てられ、今日ではSDGsと同義とされがちである。だが、本来サステイナビリティはラテン語を語源に「下から上へ支えることを保つ」で（Robertson 2021）、教育・学習との関連から自分だけでなく他者を含めた私たちが下から支えて維持する能力（工藤2022）と表現することができる。

　持続可能な開発に関する議論では、エコロジカルなサステイナビリティ・経済的機会・社会的包摂性が3つの次元として扱われ、それらを環境・経済・社会として基礎とする。「持続可能な開発」という表現には常に経済成長が可能で望ましいものと含意されるが、経済成長が必須とならないサステイナビリティによって、経済は社会活動の一部にすぎないという捉え方も可能である[2]。つまり、経済の代わりに人間を組み込むことができ、環境・社会・人間の3つを基礎とする社会的エコロジー・モデルが成立する[3]。同様に、国連ではサステイナビリティの3本の柱として3つのP、つまり地球・人・反映（planet, people, and prosperity）と表現されている（United Nations 2015）。人間を3つのうちの1つにすることで、サステイナビリティが専門家だけのものではなく、より教育的となりうる。つまり、絶望的な気持ちになりがちな世界的な課題に対して個人的なスケールに引き戻すことで希望を持つことが可能となる（Mulligan 2017）。

　また、環境経済学ではサステイナビリティにも「弱い」と「強い」があるとされる。「弱い」サステイナビリティでは教育の結果を指す「人的資本」が「自然資本」に取って代わる、つまり自然資本の減少を他の資本の増加によって相殺できるとする。そのため、例えば技術革新によって地球規模の苦境を脱することができると考えることになる。他方で「強い」サステイナビリティでは各資本の形態には限界があり、しかし補完的であるとする。また、資本は交換できないため自然の喪失は不可逆的な福祉の減少となり、自然システムを維持するためには影響を抑制し全く異なる生活様式に移行しなければな

らないと考える。必要以上の消費をリサイクルやエコバックの利用によって免罪される気になるのは否定できないとしても、グローバルノースが圧倒的に環境負荷の高い生活様式を続ける正当性は担保できないという解釈になる。

　ディープ・エコロジーからも同様のことが言える。「浅い」エコロジーは経済成長と環境保全を科学技術の進歩によって両立させるという根拠によって、産業界に支持されやすく、政府の環境政策や関連する国際会議でも使われる。電気自動車に乗るなど今日の社会や文化そのものを問題視せず、生活様式の転換や社会制度の全面的な変容を求めない。他方、ディープ・エコロジー運動では、環境問題を技術的対応を超えたものと認識し、問題の根源に目を向け、私たちの価値観とそれにもとづく社会課題を深く問いかける（ドレングソン・井上 2001）。ディープ・エコロジーを提唱したノルウェーの哲学者 Næss (1995, 71-74) は、教育についても記している。「浅い」エコロジーでは環境の悪化や資源の枯渇に伴い、健全な環境を維持しながら経済成長を続けるための技術や政策について助言できる専門家の育成が求められる。他方で「深い」エコロジーでは、自然界に対する人間の意識と感受性を高め、消費的物質主義の拡大に対抗することに教育は集中すべきとする。

　ただし、これらの議論は二元論で語るリスクを伴う。つまり、強いサステイナビリティやディープ・エコロジーにもとづいた試みがなされない限りサステイナビリティは担保されないと固執するよりも、とにかく目の前の課題を解決するために「弱いものでも浅いものでも、無いよりはましである」と捉えることも可能である。1987 年のブルントラント報告書『我ら共有の未来』は世代間および世代内での公平性を「持続可能な開発」の定義に含め、教皇フランシスコ (2016) も今までの科学技術の発達による一次元的パラダイムについて捉え直すことを提起し、エコロジカルな市民を育てる重要性と新しい生活様式を目指す他、ヒト以外の自然にも私たちは責務を持つことを記し、人間は自然環境の一部として自然に含まれることを前提としている。超人的な人間のみがサステイナビリティを保障するという論理展開は、包摂性を重視するサステイナビリティから乖離しかねない点に留意すべきであろう。

(2) ESD の 3 つの手法 (in/about/for)

　持続可能な開発のための教育 (ESD) 実践および研究は「国連 ESD の 10 年 (2005-2014)」によって世界各国でさらに増加した。特に日本では今は SDGs と関連させ、学校の他、社会教育施設あるいは森林保護や街づくりとしても実践が展開されている。学校に特化すると、「10 年」の後半には実践の中心的役割を担うことが期待されたユネスコスクール・ネットワーク (ASPnet) が急増し、例えば教育委員会の主導でその市の学校すべてを ASPnet 校として申請するなど量的拡大が見られた。だが、国際報告書においては「10 年」を牽引した日本ではさほど進歩的な実践は見られないとの指摘もあり、深い次元の変容に至らなかったといえる (望月・永田 2019)。

　そこで、持続可能な社会の創り手を育む教育とされる ESD 実践と研究を、『教育の未来』報告書の内容と前項でみたサステイナビリティ概念に依拠しつつ、これまでの研究蓄積から学習者の深い学びと共に整理していこう[4]。先に一言でまとめておくと、技能などの獲得も重要ではあるが、ESD では主体となること・あることがさらに重要となる。なお、ここに含まれる「持続可能な開発 (Sustainable Development)」は前節の「サステイナビリティ」と同義とする。

　ESD 実践には多様な手法があるが、どれもが正しいと単純化するのではなく、その単純さは欺瞞的か深遠なのかに注意する必要がある (Washington 2015, p.192)。これは長年議論されているにもかかわらずサステイナビリティ・持続可能な開発が形式的平等主義 (tokenism) に陥っており、個別具体な枠組みで議論する必要がある (Robertson 2021, pp.192-193) ためで、インフォーマル学習、社会実践、文化風土 (cultural mores)、日常の経験を重視すべきとなる (Blewitt 2006)。ESD 研究は知識の共創を奨励し (中略) 持続可能な開発と ESD の概念そのものに関する複数の視点と批判的対話を奨励する、多元的、解放的、あるいは取引的な教育形態を求める声が大勢を占める (Gough & Scott 2007) ため、国際的イニシアチブである ESD においてもローカルな妥当性を常に射程に入れながらも「何を続ける・止める・再構築すべきか」が問われる。

　現在生じている地球環境の問題は無知な人々が原因なのではなく、非常

に評判の良い「資格」を持った高学歴層の人々の影響であるため、世界の先進国でみられる教育制度に何か問題があると論理的に推論される (Orr 1994)。既存システムに適応する教育または現状に ESD を加えて改革するのではなく、教育コミュニティを通して「変化としての学習」に関わる変容的な再デザインを行う教育が求められるのである (Sterling 2013)。

　つまり、ESD の手法でよくいわれる学習者中心のアプローチ、システム思考、多様な価値観、協働の能力などに加えて、生命愛・バイオフィリア (biophilia)、場所基盤の学習 (place-based learning)、なすことによって学ぶ (learning by doing) が重要な概念となる (Robertson 2021)。教育が社会問題解決の万能薬ではないように、特定の ESD 実践事例がすべての課題を解決することはない。ただし、2050 年に向けた ESD 実践のデザインには深さが求められると言えよう。例えば、自然科学と社会科学を超えた学際的で、批判的教育学にもとづき、ローカル知を重視する持続可能な未来へとつなげる教育の形態 (Huckle 2004) や、制度面では既存システムに適応する教育または ESD を加えて改革する教育ではなく、知識が伝達され学校内で完結する従来型の教育ではなく、教育コミュニティを通して変化としての学習を目指した教育の再設計 (Sterling 2013) を意味する。

　もう少し具体的な手法を追いかけると、環境教育の枠組み (Lucas 1979) にもとづきサステイナビリティの中で・ついて・向けて (in/about/for) ESD を展開することが挙げられる (Springett 2015)。Education「in」Sustainable Development（サステイナビリティの中における経験学習）、E「about」SD（についての学習）、E「for」SD（に向けた学習）と分類すると、順に経験教育、情報提供の教育、そしてサステイナビリティ課題の起源を検証し、変革の担い手として積極的な役割を果たす学習者を育成する批判的・政治的教育でもあるサステイナビリティに向けた教育となる。座学でも「about」は可能であるが、「in」はフィールドに出る必要があり、「for」は行動変容を伴う。また、それら 3 つは相互に連携しており (**図 5-1**)、例えば経験する前に調べることと調べたものを経験することは、相互に強化する。このように経験学習では「in」と「about」の関係①がより顕著で、パンデミック下では国を越えて人類共通の課題としてのコロ

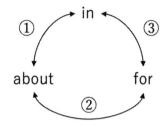

図 5-1　in/about/for の相互関係

(出典) 著者作成

ナ禍を学習者同士が捉えてオンライン教育で課題意識が活性化されたため
「about」と「for」の関係②が強く見られる。今後の ESD はハイブリッドでの
相互作用がより一般的になるため、「in」と「for」の関係③を意識した展開が
期待される。そして、③を意識するとは、サステイナビリティの議論に沿う
と、「これまで通り (business as usual)」の社会や「これまで通りの教育 (education
as usual)」をより問い直すことになり、学習を通して学習者は解放されていく
(Maruyama 2022)。

(3) 持続可能な未来の主体となる

　学習者が変容し「これまで通り」から解放され、社会を持続可能にするた
めに行動へ移すようになる。これが ESD の最大の教育成果であり、主体形
成のプロセスには必ず社会的学習 (social learning) が伴う。それをより理解す
るために、ESD 実践と研究を続ける Jickling と Wals (2008) の四象限が有益で
ある (図 5-2)。縦軸に伝達型・変容型、横軸に権威型・参加型を設定すると、
学校における教科教育は左上に位置づくことが多く、本章で扱う ESD は右
下の象限に属する。ここで前項の「in/about/for」をこの四象限で整理すると、
図 5-3 のようになる。知識が伝達される講義は「about」として左上に位置づき、
社会構成主義で参加型となる「for」は右下に位置づく。そして「in」は参加型
であることから右半分のはずだが、参加者の参加度合いが低い、つまり受け
身の学習状態ならば実質的には左側のままとなる。これは、ESD が展開さ
れている場に居たとしても関与 (コミット) が弱い参加者には自身にとって重

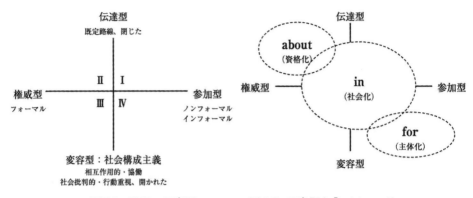

図 5-2　ESD の四象限

（出典）Jickling & Wals 2008 を一部加工して
　　　著者作成

図 5-3　四象限と「in/about/for」

（出典）Jickling & Wals 2008; Springet 2017; ビースタ 2021 から著
　　　者作成

要な学習が発生しにくいことを指す。

　また、図 5-3 には加える点がある。それは「主体化」である。ビースタ（2021, 35-39）は、教育の目的として「資格化（qualification）」、「社会化（socialisation）」、「主体化（subjectification）」という機能性を指摘している。資格化は必要な知識や技能を獲得させ、社会化は特定の社会集団の一部になる方法と関係する。そして主体化は、むしろ社会化の反意語、つまり既存の秩序にはめ込むことを表すのではなく、そうした秩序からの独立を暗示する個人のあり方や、個人がより包括的な秩序のひとつの単なる標本（specimen）ではないあり方を表す。それらを ESD の「in/about/for」に当てはめると、社会化・資格化・主体化とも捉えられる。また彼が 3 つの機能は複合問題として交差し相互作用がみられると記す通り、「in/about/for」も相互関係（図 5-1）を持つ。

　それでは、社会・教育を変革する「for（主体化）」を強く意識した ESD は、いかなる場面で想定できるのか。それは、他者・他の生命体との関係性から自己省察することで生じる主体化となる。ESD はホーリズムをはじめ、しなやかさ（レジリエンス）・公平な分配・地球市民の意識・深い民主主義などのコアを元来から持ち、グローバルな教育として展開されているが、ESD 実践が既存の教育制度内に取り組まれると断片化や矮小化が生じて、浅い実践へと変わってしまい、組織全体が生き生きと変わっていくような動態が失

われがちである (望月・永田 2019)。偶発的に発生する学習や新たな価値を認め、自身との関係性を踏まえ、持続可能にさせるに値する知識や知恵そして理性と感性を高めて行動に移す場面が想定される。

このような高度に文脈に依存した形で展開される教育は、その多様性および多元的な捉え方により近代学校教育と同等に重要であることが再確認できる。想定外のことが生じた時、それを無駄と考えるか、自己や他者との対話の機会と捉えるかで、社会化と主体化としての学習成果は変わるだろう。大量の情報を次々に処理する道具的な能力を高める資格化ではなく、自分は何者か？何をしたいのか？他者とどう関係するのか？といった社会化と主体化という矛盾しながらも学習者の世界を広げる学習が自分らしさを生む。自分なりの発見をふまえて自身が変容することで自信を高め、自分のため・他者のためにさらなる変容へと学習は生涯に渡り継続していく。こうした「下から支えて継続する力」がサステイナビリティとなる。

おわりに

SDGs 第 4 目標で明記されている教育は、他の目標群を達成する主体の形成に向けた学習と深く関係する。SDGs には多くの課題が含まれるのは事実であるが、地球史から見ると人間同士で差異化することに労力を注ぐより、システムとしてより大きく捉える方が良いだろう。そのシステムの中にある副次システムとしての教育も、フォーマル・ノンフォーマル・インフォーマルな側面および「ゆりかごから墓場まで」という生涯にわたる学習の側面も含めて包括的な教育として捉えることができる。特に人工知能によって私たちの主体化が意識される時代には、テクノロジーによる支配に気づけないことがあるかもしれない。そうであれば、批判的教育学が示すような気づきが求められる。その気づきは、異なる他者・存在との対話・社会化と自己対話を含めた主体化によって、より深い変容へと私たちを導くと考えられる。

SDGs をきっかけに社会変革と私たちの変容を加速させることは可能である。教育の成果が確認されるまでに時間が必要であるものの、持続可能な未

来を想像して相応しい選択肢を選ぶ・つくることで人類のサステイナビリ
ティは高まるだろう。遠い未来は想像が及ばないかもしれないが、2050年
というわずかに手が届きそうな未来に向けて、最後に再び同じ質問をしたい：
教育の何を続けるべきだろうか。教育の何を止めるべきだろうか。何を作り
直すべきだろうか。

注

1　本章は、次の論考の一部を基に再構成している。丸山英樹 2023「エストニアへ
のスタディツアーからみる深い ESD の実践と理論」杉浦未希子・水谷裕佳編『グ
ローバル教育を実践する』(pp.155-185) 上智大学出版、丸山英樹 2023「ESD の深い
次元：公教育の『これまで通り』から構成される学習へ」『教育学年報14号』(印刷中)
世織書房。

2　他に、一番外に環境を位置づけ、その中に社会が位置し、さらに社会の中に経
済が位置づく入れ子構図からも同様のことが言える。この構図はSDGsのウェディ
ングケーキ・モデルを上から見た状態となる。

3　環境にはローカル・グローバルな環境が、社会には経済・文化・政治が、人間
には心理・エージェンシーが含まれ、3つが重複するところをエコロジカル・サ
ステイナビリティとする。

4　なお、本章では個人の学習により焦点化しており、ESD 実践で重要なホールス
クールアプローチを全く扱えていない。

参考文献

教皇フランシスコ 2016『回勅 ラウダート・シ：ともに暮らす家を大切に』(瀬本正之・
吉川まみ訳) カトリック中央協議会

工藤尚悟 2022『私たちのサステイナビリティ：まもり、つくり、次世代につなげ』
岩波ジュニア新書

国際連合広報センター 2022「教育システムの再起動に向けた呼びかけに 130 ヵ国超
が応じ、世界の子どもたちにより良い未来への新たな希望をもたらす」(https://
www.unic.or.jp/news_press/info/45133/) (2022 年 11 月 30 日閲覧)

ドレングソン, A.・井上有一編 2001『ディープ・エコロジー：生き方から考える環
境の思想』昭和堂

ビースタ, G. J. J. 2021『教育の美しい危うさ』(田中智志・小玉重夫監訳) 東京大学出
版会

望月要子・永田佳之 2019「持続可能な開発のための教育 (ESD)」北村友人他編『SDGs

時代の教育』(pp.26-50) 学文社

Blewitt, J. 2006. *The Ecology of Learning: Sustainability, Lifelong Learning and Everyday Life*, London: Routledge.

Gough, S. & Scott, W. 2007. *Higher Education and Sustainable Development: Paradox and Possibility*, London: Routledge.

Huckle, J. 2004. Critical Realism: A Philosophical Framework for Higher Education for Sustainability, In Corcoran, P. B. & Wals, A. E. J. eds. *Higher Education and the Challenge of Sustainability*, (pp.33-47), Dordrecht: Springer.

Jickling, B. & Wals, A.E.J. 2008. Globalization and Environmental Education: Looking beyond Sustainable Development, *Journal of Curriculum Studies*, 40 (1) : 1-21.

Lucas, A.M. 1979. *Environment and Environmental Education: Conceptual Issues and Curriculum Implications*, Melbourne: Australia International Press and Publications.

Maruyama, H. 2022. A Deep Transformative Dimension of ESD in Japanese University: From Experiential to Emancipatory Learning in Online and Offline Environments, *Sustainability*, 14 (17), 1-14.

Mulligan, M. 2017. *An Introduction to Sustainability:Environmental, Social and Personal Perspectives*, London: Routledge.

Næss, A. 1995. The Deep Ecology Movement: Some Philosophical Aspects, In Sessions, G. ed. *Deep Ecology for the Twenty-First Century: Readings on the Philosophy and Practice of the New Environmentalism*, (pp.64-84), Boulder: Shambhala.

Orr, D. W. 1994. *Earth in Mind:On Education, Environment, and the Human Prospect*, Washington, DC: Island Press.

Robertson, M. 2021. *Sustainability Principles and Practice*, New York: Routledge.

Springett, D. 2015. Education for Sustainable Development: Challenges of a Critical Pedagogy, In Redclift, M. & Springett, D. eds. *Routledge International Handbook of Sustainable Development*, (pp.104-118), London: Routledge.

Sterling, S. 2013. The Sustainable University: Challenge and Response, In Sterling, S., Maxey, L., and Luna, H. eds. *The Sustainable University: Progress and Prospects*, (pp.17-50), London: Routledge.

UNESCO 2021. *Reimagining Our Futures Together: A New Social Contract for Education*, Paris: UNESCO.

UNESCO 2022. *Greening Education Partnership* (https://www.unesco.org/en/education/sustainable-development/greening-future) (2022 年 11 月 30 日閲覧)

United Nations 2015. *Transforming Our World: The 2030 Agenda for Sustainable Development*, New York: Uinted Nations.

Washington, H. 2015. *Demystifying Sustainability: Towards Real Solutions*, London: Routledge.

経済的側面

6章

インベストメント・チェーンにおける
サステナビリティ・インパクトの追求

引間雅史

　「ESG 投資」という用語が一般的に使われ始めたのはそれほど昔のことではない。2000 年代に入るまでは「SRI（社会的責任投資）」という名のもとに社会的・倫理的に好ましくない事業分野を投資対象から除外するネガティブ・スクリーニングを主体とする投資アプローチが欧米を中心に行われていた。2000 年代に入って**図 6-1** に記載したような、国連責任投資原則（PRI）発足後に発生した国際社会に多大なる影響をもたらした重要イベントによって ESG 投資に関わる投資家および企業の取組みや重点課題も変化しつつ発展してきた。本章では変化の根底に流れていると思われるサステナビリティ・インパクトへの志向性の高まりに焦点を当ててみたい。まずは現在に至るまで引き続き国際社会を揺るがしているパンデミックとロシア・ウクライナ戦争がどのように ESG 投資の取組みに影響を与えてきたかを概観する。

1．コロナ禍と ESG 投資

(1) コロナ禍と社会課題

　コロナ禍の発生によって社会課題や ESG 投資はどう変化したのだろうか。コロナ禍と社会課題の関係には 2 つの側面があると考えられる。1 つは、社会課題がコロナ禍の収束を困難にした側面がある。世界には貧困や劣悪な住環境によりそもそも適切なソーシャル・ディスタンスを保つ暮らしができない人々や衛生的な水へのアクセスに困難を抱えている人々が多く存在することが感染の蔓延を助長した要因の 1 つと考えられる。もう 1 つは、コロナ禍

図 6-1　近年の重要なイベントと ESG を取り巻く世界的潮流
(出典) 筆者作成

が社会課題を増幅させてしまったという逆方向の因果関係もある。各国は企業や家計への給付金支給等の財政出動で経済を支える施策を打ってきたものの、現在に至るまで労働人口はコロナ前レベルに戻っていない国が多い。特に非正規労働者、高齢者、障がい者、外国人 (移民労働者)、女性といった脆弱な立場に置かれている人々がより深刻な影響を受けてしまった現実がある。貧困や格差の拡大に加え、感染への不安や根拠なきデマが新たな差別や対立を生み出し、医療・衛生面、教育面といった SDGs 関連の社会課題解決目標の多くがパンデミックにより後退を余儀なくされた[1]。

(2) ESG 投資における社会面への注目

　このようなパンデミックの発生に直面して世界の機関投資家においてもグローバルな社会課題への意識の高まりが見られた。それまでは ESG 投資家の投資アプローチにおいても環境・気候変動対応 (E の要素) やガバナンス (G の要素) に比較して社会面 (S の要素) への注目度合いは相対的に大きくなかったといえるが、コロナ禍を契機に人権・労働・人的資本マネジメントといっ

た社会面の重要性がより意識され、このような社会面の課題に対する企業の取組みをテーマとしたエンゲージメントや株主提案が増えてきている (As You Sow et al. 2022, 10)。2020年にコロナの世界的蔓延が本格化した時に世界の335の機関投資家は共同で声明を発表している (Stinger 2020)。それまでは企業に対して増配等の株主還元強化を要求することが多かった機関投資家であるが、コロナ発生を受けて企業経営に対して「従業員の健康と安全重視」「雇用確保優先」を要請し、配当金等社外流出に関わる要求は当面控える姿勢を明確に打ち出した。また同時期に PRI も投資家がとるべき対応を公表し、「危機管理に失敗している企業へのエンゲージメント強化」や「経済全体への対応支援」などの方針とともに、投資判断における長期的視点を維持することの重要性を改めて強調している (PRI 2020)。コロナという世界的災禍の発生を機に投資家と企業を軸にしたインベストメント・チェーン全体の協働の機運が醸成・強化されたポジティブな側面があったことを指摘しておきたい。

(3) S課題に対するマテリアリティ認識の変化

　従来、ESG 投資において E や G と比較して S への注目が低かったのは幾つかの要因があると考えられる。まず社会面には環境・気候変動問題のように確立された評価指標（定量情報）が存在しない。したがって評価会社によって評価指標にばらつきがあり、評価結果の相関も低い (GPIF 2022, 46)。評価においては「重要性の高い要因」よりも「把握しやすい要因」を取り上げる傾向や、「結果」や「インパクト」（効果測定）よりも「取組み」（方針策定や研修実施など）を重視する傾向が観察されてきた。

　一方ではコロナ以降に S 課題に対する投資家のマテリアリティ認識に変化が見られる。S 課題は企業の社会的責任として取組みが必要なだけでなく、事業の持続可能性やそのリスクに直接影響するもの、なかんずく危機に直面した時のレジリエンスが強い企業は S 課題への取組みに優れた企業である、との認識が広まってきた中で ESG 投資における S 課題の位置づけの再評価が進行している。コロナを受けたテレワークや多様な働き方の拡大、従業員エンゲージメントや健康経営、well-being 経営といった人的資本マネジ

メントの巧拙も企業の生産性や中長期の企業価値に影響するマテリアル要因として投資家の注目度の顕著な高まりが見られる (Fidelity International 2020, 15)。

2.　ロシアによるウクライナ侵攻と ESG 投資

　ロシアによるウクライナ侵攻を受けて世界の投資家はダイベストメント（投資撤退）に関わる 3 つの重大な意思決定に直面することになった。その 3 つとは「ロシア関連企業からのダイベストメント」「軍需・防衛産業からのダイベストメント」「化石燃料セクターからのダイベストメント」である。

(1) ロシアからのダイベストメント

　まずウクライナへの軍事侵攻を続けるロシアに対する経済制裁の一環として、世界の投資家に最も広範に使用されている世界株価指数を算出している MSCI と FTSE Russell は 2022 年 3 月、両社の指数からロシア銘柄を除外することを決定した。さらに世界の年金基金等アセット・オーナーや資産運用会社でロシアからのダイベストメントや投資縮小方針の表明を行うところが続出すると同時に、事業会社によるロシアとの事業や取引の見直し・停止も相次ぐ展開となった。米国エール大学経営大学院による調査でロシア事業の縮小・撤退を表明した企業やロシア事業を継続している企業のリストが公表されたことも評判リスクを意識した企業側のロシア事業見直しの機運を加速させたと考えられる。

　国際社会の平和や秩序にとって見逃すことのできない国家の蛮行に対して世界の機関投資家がこれほど大規模に協働してダイベストメントを行った事例は 1980 年代の南アフリカのアパルトヘイト政策（人種隔離政策）への反対運動以来といってよい。その時は南アフリカの企業だけではなく、南アフリカの企業と一定以上の取引がある世界中の企業を世界株価指数から除外した South Africa-Free 指数が開発され、世界の公的年金をはじめとした機関投資家はこぞってこの指数を採用した。各国企業は南アフリカと取引を継続することは自社がダイベストメントの対象になることを意味するので、南アフリ

カとの取引を停止せざるを得なかった。こうした世界の投資家によるダイベストメントの動きは南ア経済社会に計り知れないダメージを与え、その後の同国のアパルトヘイト政策撤廃の引き金を引く第一歩になったといえる。

　今回の世界の投資家によるロシアからのダイベストメントの動きがロシアの軍事侵攻停止に向けて直接または間接にどの程度効果があるか判断することは現段階では難しい。ロシアの天然ガス等エネルギー資源への依存を急速に下げることが難しい現実の中で、South Africa-Free 指数導入の時のように当該国と一定以上取引をしている世界中の企業を株価指数から除外する、といった動きにはなっていない。ロシアへの経済制裁に対して世界は必ずしも一枚岩でなく、特に中国との貿易・経済取引が制裁の効果を大きく減じている可能性は否定できない。

(2) 軍需・防衛産業からのダイベストメント

　もともとネガティブ・スクリーニングの一環としてクラスター爆弾等の非人道的兵器に関与している企業や売り上げの一定以上を兵器・軍用機器が占める企業は投資対象からはずすという除外基準を設けている機関投資家は世界的に数多く存在する。ところが他国が武力を持って領土侵略を仕掛けてくる事例を目の当たりにして軍需・防衛産業からのダイベストメント方針を見直す動きも出てきている[2]。実際に軍事力に劣るウクライナがロシアの攻撃に対してこれだけ持ちこたえて互角の戦いができているのは、欧米からの最新兵器の供与によるところが大きいといわれる。「防衛産業への投資は国家の安全保障や人権・民主主義を守るうえで不可欠である」との考え方も台頭している中で、社会に対して真にポジティブなインパクトをもたらす ESG 投資のあり方が問われている。

(3) 化石燃料からのダイベストメント

　2015 年の国連気候変動枠組条約締結国会議 (通称 COP) でパリ協定が合意されて以降、世界の機関投資家による化石燃料セクターからのダイベストメントの動きは加速し、2021 年には政府・年金・教育機関・宗教団体等を含む

世界 1,485 の機関（運用資産合計 39.2 兆米ドル）がダイベストメントを実践している（DivestInvest 2021, 4）。ところが今般のロシア・ウクライナ情勢が拍車をかけたエネルギー供給制約により石炭火力発電等への一時的回帰の動きもみられる。また資源エネルギー価格の高騰もあり、化石燃料やエネルギーセクターをほとんど組み入れていない ESG ファンドの投資パフォーマンスの多くは直近で市場平均を下回る結果となっている[3]。これを受けて従来の化石燃料からのダイベストメント方針を見直す動きも一部で見られるが、それほど大きな揺り戻しにはなっていないようである。エネルギー安定供給のための短期的対応から一時的に化石燃料への依存を多少増やさざるを得ないとしても、中長期で目指す方向性は変わらない。従来の気候変動対応の観点に加えて地政学的リスク対応の点でも化石燃料やロシアへの依存を減らしていく緊急性がさらに高まったといえる。国際エネルギー機関（IEA）によると 2022 年の世界の再生可能エネルギー導入量はウクライナ危機前の 2021 年と比べ 1.4 倍に急増している。

3.　SDGs とインパクト投資

(1) ESG 投資とインパクト投資の展開

　SDGs とインパクト投資の関係について触れる前に、ESG 投資とインパクト投資の今までの展開について簡単におさらいをしておきたい。そもそもインパクト投資はサステナブル投資を分類したさまざまなアプローチの 1 つと位置づけられているが（GSIA 2020, 7）、ESG 投資とインパクト投資は、もともとは極めて分断されたセグメントとして発展してきたといえる。ここで述べている ESG 投資とは主にさまざまな評価基準に基づいて投資対象の ESG 要因の評価を行い、その選別やウエイトづけの意思決定を行うアプローチ（ここでは便宜上「評価型 ESG 投資」と記述する）のことを指している。インテグレーションやスクリーニングに代表されるこのような評価型 ESG 投資は、従来から機関投資家を主たるプレーヤーとして上場株式等の高流動性証券を投資対象として行われてきた。それに対してインパクト投資の主な投資家は財団

や政府系投資機関、開発金融機関であり、投資対象も主にプライベート・エクイティやプライベート・デット等の私募証券や融資であった。これらの私募証券は一般的に流動性が低く、大規模資金の投資に適さない案件が多いので機関投資家の投資対象になりにくかったといえる。

　ESG投資とインパクト投資はそのメリット・デメリットにおいても多くの相違点を有する（表6-1）。ESG投資のメリットは上場証券中心の投資対象であるが故の高流動性・大規模資金への適用性に加え、機関投資家が採用するベンチマークを意識した高度な分散投資にも適用可能な点が挙げられる。一方ESG投資のデメリットとしては評価基準としているESG要因と投資パフォーマンスとの直接的な因果関係を検証することが困難である点やESG投資によりもたらされた社会的リターン（社会にもたらされたサステナビリティ・アウトカム）の計測・評価が困難なことなどが指摘できる。これに対してインパクト投資のメリット・デメリットはESG投資のそれらと概ね逆の関係にあるといえる。つまりメリットとしては社会的インパクトの計測・評価を行うことが必須とされているので社会課題との関係性も明確であり、

表6-1　ESG投資とインパクト投資の相違点

	ESG投資 ESG要因評価に基づく投資対象選択やウエイトづけ	インパクト投資 社会課題に対応する事業主体に投資
投資対象	主に上場株等の高流動性証券	主にPE、Private Debt等の私募証券、融資
形態例	インテグレーション ポジティブ・スクリーニング ESG指数対応（ESGスマートベータ） エンゲージメント・ファンドなど	インパクト投資 テーマ型投資 マイクロ・ファイナンス ソーシャル・ベンチャーなど
主な投資家	機関投資家	個人投資家（投信） 財団・政府系・開発金融機関
メリット	*大規模資金に対応可能 *流動性は高い *従来の機関投資家運用（ベンチマーク対応型）における親和性が高い	*社会課題との関連性が明確 *社会的リターンの計測・評価が一般的 *SDGsやCSVとの親和性が高い *社会課題（社会ニーズ）＝最高の投資機会
デメリット・課題	*ESG要因の投資パフォーマンスに対する直接的効果の検証が困難 *社会的リターンの計測・評価は困難 *マテリアリティ分析やインテグレーションおよびエンゲージメントの実効性	*大規模資金には適さないケースも *一般的に流動性が低い *機関投資家の受託者責任との関係 *機関投資家のポートフォリオにおける位置づけが確立していない（データの蓄積が少ない）

（出典）筆者作成

投資によりもたらされたリアル・ワールド・インパクトを極力可視化できる点、したがって SDGs や CSV（共通価値創造）との親和性が高い点が挙げられる。他方デメリットとしては流動性が低く大規模資金運用に適さないことに加え、その投資対象が広範かつ多様なためリスク特性の把握も難しく、機関投資家ポートフォリオにおける位置づけの意思決定に悩む場面も少なくない。さらに環境や社会へのインパクトの追求を目的とするインパクト投資や非財務的要因を考慮する ESG 投資が年金運用管理における受託者責任に反しないかという論点については、特に米国で長期に渡って論争が続いている[4]。

(2) SDGs の誕生とインパクト投資の主流化

　以上のように分断化されたセグメントとして展開してきた ESG 投資とインパクト投資は 2015 年の SDGs の誕生により両者の境界線が曖昧になるほどその距離はぐっと縮まってきている。SDGs は 17 のゴールだけを見ると単なるスローガンでしかないが、それぞれに具体的な 169 のターゲットおよび 230 あまりの指標と目標が紐づいている。それらのターゲットや KPI（重要業績評価指標）に対しての進捗状況を毎年フォローし、次の施策に繋げていくことで国連が定めたグローバル課題に対して PDCA サイクルを回す仕組みになっている点が重要である。特定の社会課題解決に向けた明確な意図をもとに目標設定とアウトカムの計測・評価が行われている点で SDGs とインパクト投資は共通の理念とアプローチを有しており、SDGs の誕生は今まで市場規模や浸透度において極めて限定的な位置づけであったインパクト投資が徐々に主流化する大きな契機になったといってよい。

　もともと「社会課題はビジネスになりにくい」との捉え方が主流であったために専ら政府・自治体・財団・開発金融機関等がそれらに取組み、支援、資金拠出をするのが一般的で機関投資家の投資対象にはなかなかなり得なかったわけだが、近年の社会課題に対する捉え方は SDGs やインパクト投資の浸透と軌を一にして明らかに変化してきている。つまり SDGs に代表されるような社会課題はそれらの解決に向けた膨大な需要とビジネス機会の宝庫であり、新たなビジネス・イノベーションを生み出す分野であるとともに企

業の競争力の源泉である、との捉え方になってきている。そして社会課題に
対する捉え方の変化はインパクト投資に対する機関投資家の捉え方の変化も
引き起こすことになる。社会課題解決を第一義的な目的とするインパクト投
資は、投資リターンをある程度犠牲にせざるを得ないとの従来の捉え方から
脱却して「社会的リターンと投資リターンは両立できる」「社会課題に対して
のソリューションを提供できる企業やサステナビリティ・トランスフォー
メーション (SX) を先導できる企業は市場平均を上回る超過リターンが期待
できる」との認識が浸透してくる中で、機関投資家の参入を交えたインパク
ト投資の主流化が進行しつつある (EC 2019, 7)[5]。

4. ステークホルダー資本主義と企業のサステナブル経営

(1) 企業経営におけるインパクト志向

　企業も自らのパーパス（存在意義）を自社にとってマテリアルな社会課題や
SDGs目標を踏まえて再定義し、それらの解決・改善に向けた事業がどのよ
うに中長期の企業価値向上と社会のサステナビリティ向上につながるかを開
示することが求められるようになってきている。その際に重要なサステナビ
リティ指標に基づく目標設定、進捗状況管理、そして今後の課題と対応方針
を明らかにすることが必要だが、このことはインパクト投資を定義づける
重要な3つの要件が企業経営と情報開示にとってもそのまま重視すべき柱に
なっていることがわかる。つまりインパクト投資における「社会的リターン
追求の意図 (intentionality)」と「社会的リターンの測定・評価 (Impact Measurement
and Management)」はそれぞれ企業経営における「パーパスの再定義」や「サステ
ナビリティ・インパクトの可視化」につながるし、インパクト投資が寄付や
慈善事業と明確に異なる要素として「投資リターン追求 (Investment with Return
Expectations)」の側面があるが、このことは企業経営にとっては財務的価値
向上につながる道筋（価値創造ストーリー）を明らかにすることに他ならない。
投資家によるサステナブル投資と企業によるサステナブル経営の両方でイン
パクト志向の高まりがパラレルに展開してきたわけだが、その背景にある重

要な社会的・経済的変化としてステークホルダー資本主義の考え方が世界的
に広く受け入れられてきたことが挙げられる。

(2) ステークホルダー資本主義とダブル・マテリアリティ

　「ステークホルダー資本主義」が注目を集めたのは 2019 年 8 月の米国経済
団体ビジネス・ラウンドテーブルや 2020 年 1 月の世界経済フォーラム年次
総会 (ダボス会議) における声明がきっかけになったとされている。それまで
「株主資本主義 (株主至上主義)」を行動原理としてきた米国企業や機関投資家
が企業経営の根幹に関わるスタンスの見直しを表明した背景には、やはり
2008 年のリーマンショックを引き起こした根源的要因やそれがもたらした
環境面・社会面のさまざまな課題の顕在化が指摘できるだろう。リーマン
ショックにはそこに至る事象に多様な経済主体が関与しているが、その当事
者 (低所得住宅購入者、住宅ローン専門金融会社、大手投資銀行、格付け会社、世界
中の機関投資家など) それぞれによるおよそサステナビリティを考慮しない経
済行動が複合的に作用し合ってあれだけの世界的金融経済危機をもたらした
といって過言ではない (表 6-2)。

　企業は従業員・顧客・取引先・地域社会等あらゆるステークホルダーの利
益に配慮すべきというのが「ステークホルダー資本主義」だが、当然ながら
株主も重要なステークホルダーの一員であり、「株主価値かステークホルダー
価値か」という二項対立的な捉え方は適切ではない。気候変動問題への適切
な対応で環境・社会面への貢献をしたり、エンゲージメントや well-being を
追求して従業員満足度を高めたり、といった取組みはステークホルダー価値
の向上だけでなく、生産性向上と中長期的な企業価値の増大を通して株主価
値にも反映していくことが期待される。

　株主価値とステークホルダー価値の議論はそのまま企業のサステナビリ
ティ情報開示におけるマテリアリティの議論と共通のフレームワークで捉え
ることができる。企業のサステナビリティ情報開示においては、環境・社
会面の要因が企業価値にどのような影響を与えるかに注目する「シングル・
マテリアリティ」の考え方と、それに加えて企業のさまざまな活動が環境・

表6-2　リーマンショックがもたらしたもの
―各当事者のサステナビリティを考慮しない経済行動が世界的金融危機を引き起こした―

- **低所得住宅購入者**：
  - 返済の目途なしに借入、住宅価格上昇、担保価値上昇への依存
- **住宅ローン専門金融会社**：
  - ほとんど無審査で融資実行、明らかに返済能力のない人にも
  - ローン債権は他者に転売するので、その後、借り手が返済不能に陥っても構わない（貸し手のモラルハザード）
- **大手投資銀行**
  - 証券化は高収益ビジネス。組成すればするだけ、売れば売るだけ儲かる
  - 経営者のインセンティブ報酬体系、短期的な株価・ROE至上主義経営
  - 市場における競争（音楽が鳴り続けている間はダンスをやめるわけにはいかない）
- **格付け会社**
  - 格付け会社として求められる客観性・中立性・公正性を逸脱（依頼元との利益相反）
- **世界中の機関投資家**
  - 証券化商品への的確なリスク把握がなされてなかった（格付けへの安易な依存）
  - 最初の借り手の情報は全く見えない（情報の非対称性）

（出典）筆者作成

社会面に与えるインパクトも開示対象とすべきという「ダブル・マテリアリティ」の考え方がある（EC 2019, 7）。従来のインテグレーションやポジティブ・スクリーニング等の評価型ESG投資の視点は主としてシングル・マテリアリティであるのに対し、インパクト投資はインパクト・マテリアリティの可視化を追求している点からダブル・マテリアリティを実践しているといえる。ただしここでも両者の考え方を二項対立と捉えるのは適切とはいえない。ステークホルダー価値が異なる時間軸で株主価値に転化するのと同様に、企業活動が環境・社会面に与える影響（ステークホルダー視点のマテリアリティ）は将来的に企業の財務価値に影響を与える要因（投資家視点のマテリアリティ）となり最終的には財務会計に反映されることになる。ステークホルダー視点のマテリアリティが投資家視点のマテリアリティに転化していく「ダイナミック・マテリアリティ」の考え方がサステナビリティ情報開示において主流になってくると同時に、財務マテリアリティに転化するインパクト・マテリアリティを適切に特定することが企業・投資家双方にとって重要な課題となっている（EFRAG 2021, 82）。

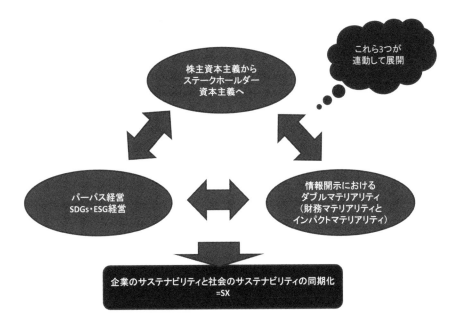

図 6-2　企業経営の新しい潮流
—企業のサステナビリティと社会のサステナビリティの同期化が求められている時代—

(出典) 筆者作成

　上述した「株主資本主義からステークホルダー資本主義へ」「パーパス経営・SDGs 経営」「情報開示におけるダブル・マテリアリティ」は企業経営の新たな潮流としてこの 3 つが連動しながら展開していると捉えることができる。ここで目指しているものは「企業のサステナビリティと社会のサステナビリティの同期化」であり、そのためのさまざまな変革の取組みこそが「サステナビリティ・トランスフォーメーション (SX)」に他ならない (図 6-2)。

5. インパクト志向とサプライチェーン管理

　企業活動が環境・社会面に与える影響 (ステークホルダーに与えるプラスマイナス両面のインパクト) を捉える際に適切なマネジメントが求められる対象は、

近年では当該企業の事業活動のみではない。当該企業が取引をしている直接的相手企業はもちろんのこと、原材料の仕入れ先を上流まで遡り、かつ販売先まで網羅したバリューチェーン全体に対する目配せが企業の社会的責任として問われるようになってきている。欧米を中心に制定の流れが進行している人権・環境関連のデューデリジェンス法が対象とするのはグローバルな供給網でつながる世界各地となるため、企業経営においては従来の関連会社やグループ企業といった枠をはるかに超えた広範な視野が求められる時代になったといえる。WBCSD（持続開発のための世界経済人会議）によると、企業に対するESG関連の訴訟は過去30年で25%増加しているが、特に子会社やサプライヤーに起因する事例が多いという（WBCSD 2023）。

（1）気候変動対応とサプライチェーン管理

　企業経営に必要な視野がサプライチェーン全体に広がってきた例としてまず挙げられるのは、気候変動対応としての炭素排出量の削減とそれに関わる情報開示である。企業の事業活動全体で排出される温室効果ガスの量を「サプライチェーン排出量」と呼んでいるが、その中には自社が直接排出した温室効果ガスの量であるScope 1および外部から供給される電気に伴って排出される温室効果ガスの量であるScope 2に加えて、これら以外のサプライチェーン全体から間接的に排出される温室効果ガスの量であるScope 3も含めての開示が国際的に制度化される流れが出来つつある（ISSB 2023）[6]。サプライチェーン全体の排出量開示が重要なのは、全体の温室効果ガス排出量に占めるScope3の割合が高いのでその部分の実態を的確に把握したうえで排出削減行動計画を策定する必要があることや、サプライチェーン上の他事業者との連携による削減を促す契機となることなどが挙げられる。

　米国Apple社は自社の温室効果ガス排出ですでにカーボンニュートラルを達成しているが、さらに踏み込んで2030年までのサプライチェーン全体での100%カーボンニュートラル達成をコミットしている（Apple 2023）。Apple社のサプライヤーはアジアを中心に幅広く存在するが、自らもカーボンニュートラルに向けた取組みを進めないとApple社のサプライヤーであり続

けることができないわけで、そのことは大企業だけではなく中小企業も含めた脱炭素への取組みを推進する大きな動機づけとなっている。中小サプライヤーがカーボンニュートラルを目指すことは必ずしも容易ではないが、Apple 社はサプライヤーに対して自社のアプローチの詳細を開示し、脱炭素に向けたロードマップを示すなどの側面的支援を行っている。SDGs の目標達成に必要な要素として「イノベーション」「資金」「パートナーシップ」の3つを挙げることができるが、パートナーシップについては政府や国際機関と民間企業の協働に加えてサプライチェーン上の民間企業間の協働がグローバルベースで広範に行われていくことの意義は極めて大きい。

　また気候変動対応と密接に関係する地球課題として生物多様性保全の問題があるが、ネイチャー・ポジティブを目指す取組みにおいても企業の適切なサプライチェーン管理に基づく原材料調達が決定的に重要になっている。

(2) 人権・労働問題とサプライチェーン管理

　企業のサプライチェーン管理において影響の大きいもう1つのテーマは人権・労働問題である。もともと人権関連の規制の法制化は、近年では2015年の英国の現代奴隷法を皮切りに欧州・豪州等で進んできたが、その後ミャンマーや新疆ウイグル自治区を巡って浮上した人権侵害や強制労働等の問題は、企業経営におけるこの面での対応の重要性・緊急性を強く認識させる結果となった。実際に新疆ウイグル自治区の綿製品がウイグル族への強制労働の産物であるとして国際社会の批判が高まる中、これの使用停止や製品輸入停止の動きが世界的に高まっている。また世界の機関投資家もアパレル関連企業を中心に各社のサプライチェーンの詳細情報の提供や人権侵害リスク回避の対応への要求を強めている。

　人権問題にかかる企業側の主なリスクとしては取引や調達の停止といった「オペレーショナルリスク」、訴訟や賠償金支払いといった「法務リスク」、企業イメージの低下につながる「レピュテーションリスク」、投資家離散や株価下落による「財務リスク」などがあるがこれらのリスクはどれか1つではなく複合的に顕在化するケースが少なくない。企業の財務的価値にも大

きく影響を及ぼすリスク要因だからこそ投資家もこの問題をマテリアルな
ESG 課題として重要視せざるを得ない。まず、第 1 に改善すべきは人権問
題・人権リスクそのものであり、そのために企業活動が人権問題に与えうる
影響をサプライチェーン全体に目配せして適切に調査する体制を確立し (人
権デューデリジェンス)、救済メカニズムを整備し、取組みと結果を開示する
といった PDCA サイクルの実践が問われている。この点でも前述の「ダブル・
マテリアリティ」や「ダイナミック・マテリアリティ」を踏まえた企業と投
資家のエンゲージメント (建設的な対話) が有効に機能することが求められる。
人権侵害リスクはサプライチェーン各所に存在しているが、とりわけ一次取
引先の裏側に存在する川上のサプライヤーになるほどそのリスクが高まる傾
向にある一方で実態はますます把握し難くなる。したがって事業分野に優先
順位づけをして高リスク分野に集中的に取り組むとともに、専門性を有する
NPO・NGO などとの対話や協働も有効であろう。

(3) 日本企業におけるサプライチェーン管理

　日本企業の人権侵害防止の取組みは欧米に比べて遅れをとっていたのは否
めない。政府が実施した「日本企業のサプライチェーンにおける人権に関す
る取組状況のアンケート調査」によると人権デューデリジェンスを実施して
いる企業は 5 割強だがそのうち間接仕入れ先まで実施している企業は約 25%
であった。取組方法に関する課題として多く挙げられたのは「評価手法」「対
象範囲の特定」「情報のトレーサビリティ」などであり、この面での企業と投
資家・NPO 等外部ステークホルダーとの実効的エンゲージメントの必要性
が浮き彫りになっている (経済産業省・外務省 2021)。最近では政府や公的セク
ターの課題認識も急速な高まりを見せており、2021 年 6 月改訂のコーポレー
トガバナンス・コード (東京証券取引所 2021) で地球環境問題への配慮に加え
て人権の尊重が重要な経営課題として明記されたり[7]、2022 年 9 月に政府に
より策定された人権デューデリジェンスに関するガイドライン (ビジネスと人
権に関する行動計画の実施に係る関係府省庁施策推進・連絡会議 2022)[8] 等にも背中
を押され、明確な問題意識を持って取組み始めた企業が増えている。

　日本企業がサステナブル経営を追求していくに当たって、特にサプライチェーン全体へのインパクトに対する感度を高めなければならない根拠が幾つかある。Walk Free Foundation の調査によると、日本は調査対象 167 ヵ国の中で人口当たりの現代奴隷の数が最も少ない一方、現代奴隷が関与している輸入品額は米国に次いで 2 番目に大きい (Walk Free Foundation 2018)。このことはとりもなおさずサプライチェーン上に多くの現代奴隷リスクを抱えていることに他ならない。またこれと類似の事例としてはいわゆる仮想水の問題がある。日本には良質で豊富な水があり、水資源問題とは無縁と思われているが、輸入品の生産に必要な水を考慮すると海外の水資源に大きく依存しており、仮想水の純輸入量は日本が世界で最も多いという (Gooddo 2023)。さらに温室効果ガスの計算においても関連する検討テーマが存在する。温室効果ガスはパリ協定に基づき、消費ベースではなく生産ベースで計算されることになっているため、製造業の生産の多くを新興国に移転した先進国では、温室効果ガス排出量が自国で全て生産した場合と比べて少なく計算され、その分、生産を請け負っている新興国の温室効果ガス排出量は多くカウントされることになる。例えば日本の消費ベースの CO_2 排出量を 2014 年のデータで見ると、生産ベースの排出量に比べて約 15% 多いという (RITE 2018)。製品を製造する拠点が他の地域や国に移っただけでは世界全体の温室効果ガス排出量は減らないわけで、実際に新興国から製品を輸入・消費して恩恵を受けている先進国側の責任を問う考え方や消費ベースの排出量計算の取組みも出てきているが、複雑な国際取引を解きほぐして合理的なルールを策定するのは決して容易ではない。気候変動枠組条約締結国会議 (COP) 等で見られる先進国と新興国の対立の構図から脱却して世界が協調して脱炭素に取り組むためにも、先進国は新興国での生産に伴う炭素排出量を削減する技術援助などに積極的に貢献すべきであろう。

　これらの事例が示唆するのは、資源や食料の多くを海外に依存している我が国の経済や人々の生活は、海外の国々のサステナビリティにさまざまな負荷を与えながら成り立っているということである。Cambridge が毎年発行している SDGs 報告書ではこのような他国への波及効果を International Spillover

Index として公表している。それによると日本のスコアは 67.3 となっており OECD 諸国平均の 70.7 より低く、他国のサステナビリティにネガティブな影響を与えている度合いが相対的に大きいことがわかる (Sachs 2022, 252)。他国への波及効果を考えることは国境を越えたサプライチェーン全体へのインパクトを考慮することに他ならない。

6. 終わりに

　上述した ESG 投資や企業経営におけるインパクト志向強化の背景要因に加えて本章で触れることのできなかった重要事項として、2018 年に公表された EU のサステナブルファイナンス・アクションプランのもとで進められているサステナブルな活動の定義づけ・分類 (EU Taxonomy) やそれに基づくサステナビリティ情報開示規制の進展が挙げられる。特に 2021 年 3 月に施行された SFDR (金融サービスセクターにおけるサステナビリティ関連情報開示に関する規則) では金融商品をそのサステナビリティ特性に応じて分類し、そのカテゴリーごとに詳細な開示要件が定められている (EU 2019)。その 1 つがいわゆる「9 条ファンド」であり、「サステナビリティを明確な投資目的としているファンド」という定義が示す通り、これに該当するのは主としてインパクト投資の特性を有しているファンドである。さらに SFDR ではサステナビリティに影響を与える主要で有害なファクター (PAI) として 64 の開示指標が規定されているが、これもステークホルダーに対するインパクト・マテリアリティの開示に他ならない。「ESG ウオッシュ」や「SDGs ウオッシュ」といった見せかけのサステナビリティの取組みへの懸念が高まっている中、世界のサステナビリティ情報開示規制においても明確なインパクト重視の方向性が出ているのである。

注

1　Fidelity International (2022) によると世界平均の SDGs 達成度は 2020 年、2021 年と 2 年連続で微減している。

2　例えばスウェーデンの金融大手 SEB は、防衛関連株を自社ファンドの投資対象から除外する方針を打ち出していたが、ロシアのウクライナ侵攻を受けてこれを撤回し、2022 年 4 月から 6 つのファンドで防衛企業への投資を可能にした（Financial Times 2022/3/10 の記事を日本経済新聞が邦訳掲載（2022/3/21））。

3　日興アセットマネジメント（2023）の調べによると 2022 年の世界株式の騰落率を世界産業分類基準の 11 セクター別にみるとプラスの騰落率はエネルギーセクターのみであった。全セクターの平均が -19.8% であったのに対し、エネルギーセクターは +27.5% だった（米ドルベース）。

4　受託者責任とは年金の運用管理業務を受託する機関が加入者・受益者に対して負うべき責任で、主に善管注意義務と忠実義務で構成される。そのうち忠実義務は専ら加入者・受益者の利益のためだけに忠実に業務を行う義務であるが、金銭的利益以外の要因を考慮する ESG 投資がこれに反するとの解釈も存在する。米国では受託者責任の解釈が時の政権によって大きく左右されてきた。歴史的に共和党政権は反 ESG 投資のスタンスをとることが多いのに対し、民主党政権は ESG 投資推進の立場をとってきたため、両者の間でしばしば激しい政治的論争の種になっている。

5　GIIN（2020）によると上場証券対象（含む公募債）のインパクト投資ファンドがインパクト投資全体に占める割合は 2013 年に 12% であったのが 2019 年には 36% まで拡大している。

6　国際的な温室効果ガス排出量の算定・報告の基準である GHG プロトコルで定義されている排出量区分。国際サステナビリティ基準審議会（ISSB）によると企業はバリューチェーンの上流および下流の排出を Scope 3 の測定値として含めることが提案され、2023 年 6 月に発行した（ISSB 2023）。

7　「コーポレートガバナンス・コード」2021 年 6 月 11 日施行 補充原則 2-3 ①

8　「責任あるサプライチェーン等における人権尊重のためのガイドライン」（2022 年 9 月）は、ビジネスと人権に関する行動計画の実施に係る関係府省庁推進・連絡会議で決められた。

参考文献

経済産業省・外務省 2021「日本企業のサプライチェーンにおける人権に関する取組状況のアンケート調査集計結果」

地球環境産業技術研究機構（RITE）2018「経済と CO_2 排出量のデカップリングに関する分析：消費ベース CO_2 排出量の推計」

東京証券取引所 2021「コーポレートガバナンス・コード」

日興アセットマネジメント 2023「フォローアップメモ」（2023/1/4 発行）

年金積立金管理運用独立行政法人 (GPIF) 2022『2021 年度 ESG 活動報告』

ビジネスと人権に関する行動計画の実施に係る関係府省庁施策推進・連絡会議 2022
「責任あるサプライチェーン等における人権尊重のためのガイドライン」(令和
4 年 9 月)

Apple. 2022.「Apple、グローバルサプライチェーンに対して 2030 年までに脱炭素化
することを要請」Newsroom. https://www.apple.com/jp/newsroom/2022/10/apple-
calls-on- global-supply-chain-to-decarbonize-by-2030/

As You Sow et al. 2022. *Proxy Preview 2022*. Berkeley: As You Sow.

DivestInvest. 2021. *Invest Divest 2021*.

European Commission (EC). 2019. *Guidelines on reporting climate-related information*. Brussel:
European Union.

European Financial Reporting Advisory Group (EFRAG). 2021. *Proposals for a relevant and
dynamic EU sustainability reporting standard-setting*. Brussel: European Reporting Lab.

European Union. 2019. Regulation (EU) 2019/2088 of the European Parliament and of
the Council of 27 November 2019 on sustainability‐related disclosures in the financial
services sector.

Fidelity International. 2020. *Sustainability Report 2020*.

Global Sustainable Investment Alliance (GSIA). 2020. *Global Sustainable Investment Review 2020*.

Global Impact Investing Network (GIIN). 2020. *Annual Impact Investor Survey 2020*. New York:
GIIN.

Gooddo 2023「バーチャルウォーター（仮想水）から分かる水問題とは？分かりや
すく解説」https://gooddo.jp/magazine/sustainable-consumption-production/virtual_
water/（2023 年 2 月 28 日）

International Sustainability Standards Board (ISSB). 2023. *IFRS S2 Climate-related Disclosures*.

Principles of Responsible Investment (PRI). 2020. "How responsible investors should respond
to the COVID-19 coronavirus crisis." UNEP Finance Initiative and UN Global Compact.

Stinger, S.M. 2020. "Investor Statement on Coronavirus Response." New York: Interfaith Cen-
ter on Corporate Responsibility.

Sachs, J. et al. Sustainable Development Report 2022. Cambridge: Cambridge University Press.

Walk Free Foundation. 2018. The Global Slavery Index 2018. Nedland, WA: Walk Free.

World Business Council for Sustainable Development (WBCSD), "The rise in ESG Lawsuits
highlights the need for companies to evaluate supply-chain risks." https://www.wbcsd.
org/Overview/News-Insights/General/News/The-rise-in-ESG-lawsuits-highlights-the-
need-for-companies-to-evaluate-supply-chain-risks（2023 年 2 月 14 日）

7章
フェアトレードのインパクトと最新の市場動向

潮崎真惟子

1. 企業のサプライチェーンの課題

(1) 児童労働・貧困

　私たちが普段の生活で購入するさまざまな商品が生産・製造され輸入・販売される過程の中で、実は多くの社会・環境課題が発生している。

　最新の統計において児童労働者数は1億6,000万人、実に世界の子どもの10人に1人が児童労働に従事している (ILO and UNICEF 2021)。未だに多くの子ども達が、学校に通う機会を奪われて劣悪な環境で労働を強いられているのだ。2000年の統計データ取得開始以来ずっと減少傾向にあった児童労働者数は、2020年に増加に転じてしまった。しかもこの統計が取られたのは、新型コロナウイルスの蔓延による影響が出る前だ。増加の背景は、紛争の影響や、アフリカ等で急激な人口増加が続く中で貧困削減の施策が追い付いていないことにもある。

　児童労働はなぜ起きるのか。その原因は多くあるが、1つは家庭の収入が低すぎることにある。家族が生活するためのお金が足りず、子どもが働くことで家計を賄っていることが多くある。また開発途上国の農園や工場で、こうした子ども達を安い労働力として受け入れてしまっているビジネス側にも責任がある。かつて児童労働は、多くのグローバル企業にとって開発途上国で起きる「国の問題」で「対岸の火事」とされてきた。しかし近年、「ビジネスと人権」という考え方が広まり、自社のサプライチェーン上で起きている課題には、企業にも取り組む責任があると考えられるようになった。例え

ば、日本でチョコレートを作っている企業も、その原料として調達するカカオが作られるアフリカの農園で児童労働が起きていたら、それは日本のチョコレート企業にも責任の一端があるとする考え方だ。だから児童労働も、企業のサプライチェーンの課題の1つと捉えられるようになっている。

　次に貧困問題を挙げたい。世界では6億人以上が極度の貧困状態にあるとされている。2022年9月に改訂された国際貧困ラインは1日あたり2.15ドル（約311円）。同水準以下で生活している人は極度の貧困状態にあると定義され、世界銀行の試算では2022年末までに約6億8,500万人に上るとされる。こうした貧困にもさまざまな理由があるが、農産物の生産者達などが原料を低い価格でしか売れないことで慢性的な貧困状態になっていることも多い。

(2) 気候変動

　環境問題に目を向けてみると、気候変動の影響は農産物の生産に大きな影響をもたらしている。例えばコーヒーの主要な品種であるアラビカ種の栽培地は、気候変動の影響で2050年には50%減少してしまうと言われ「コーヒー2050年問題」と呼ばれている。アラビカ種は、世界で広く飲まれているコーヒー2大品種のうちの1つだ。気候変動による気温や湿度の上昇でさび病と呼ばれる病気が発生しやすくなり、収穫が大幅に減少すると指摘されている。こうした気候変動への対応が強いられているのは、農業生産の最前線にいる生産者たちだ。気候変動への対応には、トレーニングを受けて農法を学んだり機材を使う等の追加投資が必要となる。しかし開発途上国の生産者の中には、収入が限られるためにこうした気候変動への対策を打てず、さらに異常気象を受けて収穫量が減り危機的状況にある人も多くいる。

(3) 社会・環境課題と企業・消費者の関わり

　こうした開発途上国で発生している課題は、私たち消費者にとっても他人事ではない。輸入業者などが開発途上国の生産者から低い価格で原料を買ってしまう（買い叩いてしまう）のは、意地悪からではなく、彼らの顧客であるメーカー等から原料価格の引き下げを求められているためだ。遡っていくと、

表 7–1 現代奴隷（児童労働を含む強制労働など）が生産に関与した産品の輸入額（2018）

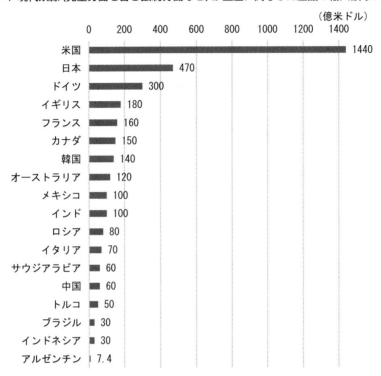

（出典）Walk Free Foundation（2018）

そうした価格引き下げ圧力の根源となっているのは、私たち消費者だ。私たちが安いものを日々の生活で買い求めることは、企業に対してのシグナルとなり、各社になんとかして安く調達させようという圧力となってしまっている。

　実際にオーストラリアの NGO が発表したデータによると、児童労働を含む強制労働などの現代奴隷が生産に関与した産品の輸入額の G20 ランキングにおいて、日本は米国に次ぐ 2 位に位置している（表 7-1）。つまり、現代奴隷が関与した産品を買うことで、私たちは間接的にそうした奴隷労働が続いてしまう現状に加担しているのだ（Walk Free Foundation 2018）。そうした産品

を買わなかったら子どもたちの生活状況は一層悪くならないかという意見も
あり、単に取引を打ち切ることは解決にはならない。しかしこれまで通り児
童労働品を低価格で買い続けることは問題の再生産になってしまう。児童労
働のないサステナブルな原料は高く買い取る等して、世界全体で児童労働抑
止のコストを一緒に負担しながら解決していく必要がある。

2. フェアトレードの仕組み

(1) フェアトレードとは

　フェアトレードとは、社会・環境に配慮してつくられたものを適正な価格
で取引をすること。今なお貿易の中では、末端の開発途上国の生産者は価格
交渉力がなく、原料を安く販売せざるを得ない状況がある。それに伴う収入
の低さが、児童労働や貧困、環境破壊などの多くの社会課題の1つの根本原
因となっているため、取引価格を上げることで根本から問題を解決しようと
いう取組みだ。一時的な支援を越えて、ビジネスの歪みそのものを変える仕
組みでもある。

　現在はサステナビリティに関するさまざまな認証ラベルが生まれている。
例えばオーガニックの有機 JAS 認証、木材の FSC 認証、パーム油の RSPO
認証など。フェアトレードにおいても、認証マークは一つではない。世界で
最も多く流通しているのは、国際フェアトレード認証。他にも WFTO 認証や、
認証を伴わないフェアトレードの形も存在する。

　ここでは国際フェアトレード認証について詳しく紹介する。ドイツのボン
に所在するフェアトレード・インターナショナルを本部として運営され世界
に広がっているのが国際フェアトレード認証だ (**図 7-1**)。日本では認定 NPO
法人フェアトレード・ラベル・ジャパンが認証・普及啓発事業を担う。開発
途上国 71 ヵ国、190 万人以上の生産者・労働者が参加し、認証を受けた製
品は 145 ヵ国で流通しているグローバルな取組みだ。

　対象となる産品は非常に幅広い。よく知られているのはコーヒー、チョコ
レート (カカオ)、バナナ、紅茶、コットンなどだが、実は他にもスパイス、砂糖、

図 7-1　国際フェアトレード認証ラベル

(出典) フェアトレード・ラベル・ジャパン (2022)

花、ごま、オイル、ナッツ、野菜、果物、はちみつ、金、スポーツボール等も対象だ。数ある認証の中でも、ここまで認証対象産品の幅が広いものはなかなかない。

(2) 国際フェアトレード認証の基準

　国際フェアトレード認証の基準は大きく 3 つの側面からなる。まずは「環境」面で、農薬の適切な使用や土壌・水源の保全、有機栽培の奨励などの基準が含まれる。2 つ目が「社会」の基準であり、児童労働・強制労働の禁止や安全な労働環境、ジェンダー平等などの人権面の内容だ。最後が「経済」の基準で、これが他の多くの認証と違うフェアトレードの独自性でもある。経済の基準の例としては、最低価格の保証とプレミアムの支払いがある。最低価格の保証とは、生産者が生産コスト等を賄うことが出来る最低限の価格の支払いを企業に求めるものだ。コーヒー等の価格は必ずしも需要と供給のバランスだけで決まるものではなく、投機などの影響も受けて不安定に変動してしまう。市場価格が暴落した際にも、必ず最低価格は確保して取引をすることで、生産者の生活を守るセーフティネットの役割を果たす。

　「経済」の基準のもう 1 つの代表的要素であるフェアトレード・プレミア

ムとは、取引の際に価格に上乗せして生産者組織に支払う、地域開発のための資金だ。生産者組合では、このプレミアムを現地のニーズに即して経済・社会・環境面の発展のための投資に活用する。例えば地域の教育環境や医療環境を整えたり、農産物の品質を上げるために農業投資をしたり、気候変動への対策のための資金にも充てられる。

　こうした3つの観点の基準を満たして生産されているか、第三者機関が確認するのが認証の仕組みだ。国際フェアトレード認証では、グローバルでは主にFLOCERTという組織が監査を行い、日本ではフェアトレード・ラベル・ジャパンが監査・認証を担う。原料が生産されてから最終製品化されるまでに、売買に関わる全ての法人が認証を取得することで、最終製品に認証ラベルを表示することが出来る。つまり例えばチョコレートの場合は、原料であるカカオを栽培するアフリカのガーナの農園、農園から原料を買い取る輸入業者、輸入業者から原料を買って加工してチョコレートに仕上げるメーカーの全てが認証を取得する（実際のサプライチェーンはより長いことが多い）。こうして全体のトレーサビリティと信頼性を確保しており、消費者も安心して購入することが出来るものになっている。

(3) 生産者を中心とするフェアトレードの考え方

　フェアトレードの根底にある考え方として「援助ではなく、貿易・ビジネスを」というものがある。フェアトレードにおいては、開発途上国に住む生産者達を「助けられる側の弱者」とは捉えない。彼ら自身が生産のプロフェッショナルであり、彼らが持つ力や意思、誇りを大切にする。援助ではなく、貿易を通して一緒に世界をより良くしていくパートナーシップがフェアトレードなのだ。またフェアトレード・インターナショナルの総会における議決権も、先進国（消費国）と開発途上国（生産国）で50：50の議決権を持ち、生産者の意見を中心に反映するガバナンスの仕組みとなっている。

　この考え方は、前述のフェアトレード・プレミアムの仕組みにも色濃く表れている。プレミアムの使途を決めるのは先進国側ではなく、必ず開発途上国の現地の生産者達自身だ。生産者一人ひとりが集まって構成される生産者

組合で、民主的な話し合いによって使途を決める仕組みとなっている。一方で組合の中で腐敗などの不正が起きないように、プレミアムの運用状況についても監査を行い、透明性も確保している。

(4) フェアトレードと SDGs

　国連の持続可能な開発目標 (SDGs) への関心が日本でも大きく高まっている。国内外の第三者研究において、フェアトレードは SDGs の 17 つの目標全ての達成に寄与すると言われている。国際フェアトレード認証基準は環境・社会・経済の基準を網羅し、さらにプレミアムを通してさまざまな社会・環境課題の解決が進められているためだ。フェアトレードと聞くと貧困問題をイメージする消費者が日本には多いが、実はフェアトレードは気候変動やジェンダー平等などにも繋がることを是非知っていただきたい。

　SDGs の 17 つの目標のうち、フェアトレードが特に貢献度が高いとされている目標は以下の 8 つだ。

　　目標 1) 貧困削減
　　目標 2) 飢餓撲滅
　　目標 5) ジェンダー平等
　　目標 8) 労働環境
　　目標 12) 持続可能な消費と生産
　　目標 13) 気候変動への対策
　　目標 16) 平和と司法へのアクセス
　　目標 17) パートナーシップ

3. 企業のサステナビリティの取組みの最新動向

(1) 環境と人権

　サステナビリティの取組みは、環境側面と人権側面の 2 つに大きく分けることができる。日本ではこれまで環境側面の取組みの方が大きく進んできた。国連が集計している SDGs の目標別関心度調査において、世界と比べて実は

日本の回答結果は「目標13：気候変動」などの環境系目標への関心が特に高くなっており、「目標1：貧困」などの人権系目標への関心は比較的低い（My World 2030 2021）。企業によるサステナビリティの取組みとしても、温室効果ガス排出量削減や脱プラスチック等の環境関連のものの方を多く目にするだろう。

　しかし実は環境と人権の問題はどちらか一方だけに偏重すると思わぬ悪影響を生じることがあり、バランスを取りながら取り組んでいくべきでもある。例を挙げよう。近年気候変動対策として、電気自動車（EV）の製造・販売が世界的に急増してきた。これ自体は温室効果ガス排出量削減の観点では望ましいものだ。しかしながら2017年、国際NGOアムネスティ・インターナショナルによって、EVメーカーのサプライチェーンにおける人権問題を批判する文書が出された。実はEVに活用されるリチウムイオン電池の原料であるコバルトの採掘現場では、多くの児童労働が発生していたのだ。EVの利用増大によるコバルトの需要増加の裏側で、多くの子ども達が劣悪な環境で働かされていた。こうした社会課題間のマイナスの関係性を「イシュー・リンケージ」とも呼ぶ。環境だけに取り組んでいれば褒められる時代は、もう終わったのだ。

(2)「ビジネスと人権」の潮流

　近年は「ビジネスと人権」という言葉が急速に産業界で広まっている。発端は2011年に国連で採択された「ビジネスと人権に関する指導原則（UNGP）」、通称ラギー報告書だ。この文書が出るまで、一般的には人々の権利を守ることは国家・政府の役割とされてきた。しかし国連指導原則で示された3つの柱の中で、「人権を保護する国家の義務」と並んで「人権を尊重する企業の責任」が置かれた。そしてこの責任は、規模・業種・形態問わずあらゆる企業に適用されると明記された。加えて国連指導原則では、企業が直接引き起こしている人権問題のみならず、間接的に関与・助長している人権問題にも対応が求められた。かつては開発途上国の農園で起きている児童労働は、日本のメーカーにとっては「関係のないこと」だったが、国連指導原

則の下では間接的に関与している以上取り組む責任を負う形となった。

　人権という概念には多くの分野が含まれる。児童労働や強制労働は勿論、差別やハラスメント、長時間労働、結社の自由、表現の自由、安全な労働環境、プライバシーの権利など。また時代の変化とともに、人権の定義も変わりつつある。

　2010年代以降、実は欧米を中心に世界中でこうしたサプライチェーン上の人権課題への企業の取組みが義務化されつつある。2015年に施行された英国現代奴隷法をはじめ、米国カリフォルニア州、フランス、オランダ、ドイツ、オーストラリアなどでビジネスと人権に関する法律が制定されている。さらにEU全体でこの取組みを後押しする「企業持続可能性デュー・ディリジェンス指令案」が発表されている。

　日本でも2020年10月に外務省が「ビジネスと人権に関する国別行動計画」を発表した。2022年9月には「責任あるサプライチェーン等における人権尊重のためのガイドライン」が政府から発行され、さらに経済産業省がその実務参照資料を2023年4月に発行した。日本経済団体連合会（経団連）なども企業の人権への取組みを後押しする文書を複数発行し、急速に取組みが進んできている。企業の事業評価においてESG観点を重視する流れも受けて、有価証券報告書における「人権」という単語の掲載数も2018年以降急増している。

(3) フェアトレードへの企業の取組み

　環境と人権両側面の取組みが求められる時代において、企業にとって取組みの有力な選択肢となるのがフェアトレードだ。前述の通りにフェアトレードの基準には、環境と人権の両側面が含まれ、幅広い課題に取り組むことが出来る。

　世界ではネスプレッソ等の大手メーカーやコストコ、マークスアンドスペンサー、セインズベリー等の大手小売がフェアトレードの取組みを進めている。日本でもフェアトレード市場は毎年増加を続けており、2021年には前年比20%増の急拡大となり158億円に上った。国内でSDGsの認知度が上

昇し、社会貢献がより多くの人にとって身近なものとなったこと等が背景にある。国内でフェアトレードに取り組む企業も 200 社を超えている。

　日本企業の取組み事例として、イオンを挙げよう。イオンは日本を代表する大手小売企業であり、フェアトレードに積極的に取り組んでいる。2021 年にイオンは、プライベートブランド(PB)商品のコーヒーとカカオの原料を 2030 年までに基本的に全てフェアトレードに転換していくことを宣言した。このように調達目標を宣言する取組みは、実は世界中の大手企業の間で広がっている。イオンは国内で最も早くフェアトレード原料の調達目標を設定した企業だ。このように小売企業が調達目標を設定することで、プライベートブランドの商品を裏側で製造しているメーカーにとってもフェアトレード原料を調達するインセンティブが生まれ、業界全体を変革する力を持つ。市場を変える上で実は小売企業の役割は非常に大きいのだ。

(4) フェアトレード導入のビジネスメリット

　世界でフェアトレードを取り入れる企業は多い。勿論その本来の目的は持続可能な社会・環境の実現に寄与することであるが、それだけではないビジネスメリットがあるからこそ企業は動いている。企業の行動変革をいち早く実現するには、ビジネス面でのメリットが生まれる環境を創り出すこと、そしてメリットをしっかりと伝えていくことが重要だ。

　フェアトレードの導入の企業経営へのインパクトを以下に挙げよう。1)〜 3) は顧客基盤の拡大し売上増加に寄与するもの、4) 〜 5) は企業価値の保護・向上に寄与するものだ。フェアトレードを導入することで、若年層などを中心とする「エシカル消費」関心層の開拓に繋がり、またブランドイメージの向上やメディア掲載、啓発キャンペーン等を通したプロモーション効果もある。さらに近年は政府や民間の「調達基準」にフェアトレードが記載されることがある。例えばオリンピック・パラリンピックの調達コードではフェアトレードが言及され、特にロンドン大会などでは砂糖やバナナ等はフェアトレード認証を取得しているものを調達すると既定とされた。こうしたルールに適合することで、企業はより販路を広げることが出来る。また企業価

値向上の側面としては、人権侵害等の告発による不買運動を防いだり、ESG
投資を引き込むことにも繋がる。

　1) 新規顧客層の開拓

　2) プロモーション効果の拡大

　3) 調達ルールへの適応

　4) 重大イシュー発生リスク対応

　5) ESG 投資の促進

4. 消費者とフェアトレード

(1) 消費者の動向

　サステナブル・エシカルなものに対する消費者からのニーズも近年急速に
増加している。消費者庁 (2020) の調査によると、エシカルな商品を今後購入
したい人の割合は 8 割にも上っている。また、エシカルな商品が通常商品よ
りも割高でも購入すると答える人も、7 割に達する。一般にエシカルな商品
の製造には追加的なコストがかかっており価格が上がるため、「割高でも購
入する」という傾向は非常に重要だ。2021 年に日経 MJ が発表した「ヒット商
品番付」においても「サステナブル商品」が最上位に位置した。

　また国内の SDGs の認知度の上昇は顕著だ。電通 (2022) が発表した調査に
よると、日本における SDGs の認知度は 2018 年時点で 14.8% に過ぎなかっ
たが、2022 年には 86% にも上っている。4 年間で 6 倍にまで成長した結果だ。
テレビ等も含め一般の報道や企業の広告の中で、SDGs という言葉が使用さ
れる機会が急増したことが背景にある。

　こうした調査結果に表れる消費者のサステナビリティへの関心の高まりは、
企業にとっても朗報だ。しかしながら実際に企業の担当者とやり取りをする
中では、課題感も聞く。サステナブルな商品に対する消費者の「関心」は上がっ
ているが、「行動（＝購買）」にはまだ十分に現れていないというものだ。企業
がサステナブルな商品の販売を続けていくためには、商品が売れることがど
うしても必要だ。関心が高まるだけではあと一歩足りない。消費者の購買行

動をいかに変えられるかが、今重要なテーマとなっている。

(2) フェアトレードの拡大を自ら進める消費者たち

　フェアトレードには他のエシカルラベルにはない、消費者による動きがある。その1つがフェアトレードタウン運動だ。フェアトレードタウンとは、フェアトレードを街ぐるみで推進する地域のことを指し、一定の基準を満たす地域はフェアトレードタウン認定を受ける。世界には2000以上のフェアトレードタウンが存在し、日本では6都市が認定を受けている。2011年に熊本市が認定を取得したのが初であり、その後に名古屋市、逗子市、浜松市、札幌市、いなべ市(三重県)が認定タウンとなっている。またフェアトレードタウン化を目指す動きは全国20ヵ所以上で進んでおり、東京世田谷区や武蔵野市、鎌倉市、金沢市、千葉市などさまざまな地域に広がっている。フェアトレードタウンでは、自治体や市民、地域企業が連携してフェアトレードを普及させるための活動を行う。イベントの開催や自治体の調達への導入、フェアトレードの食材を使った給食の提供など、内容はさまざまだ。フェアトレードを進める上で、こうした「面」での活動は重要だ。ある地域でフェアトレードを知る人が増え、商品の購入が増えると、企業もフェアトレード商品をより多く販売するようになり、お店で商品をよく見かけるようになる

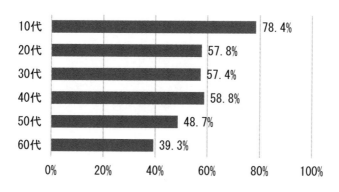

図7-2　日本におけるフェアトレードの知名度 (2019年)

(出典) 日本フェアトレード・フォーラム (2019)

とフェアトレードを知る人がさらに増えるという好循環が回り始めるためだ。

　フェアトレードタウンに並ぶ活動として挙げられるのが、学生たちの動きだ。実はフェアトレードの知名度が最も高い年代層は 10 代で、およそ 8 割にも上る（図 7-2）。現在多くの教科書で、教科横断的にフェアトレードが掲載されているため、ほとんどの学生たちがフェアトレードを知っているのだ。2023 年の大学入学共通テストでも、政治・経済科目でフェアトレードに関する問題が掲載された。フェアトレードに関心の高い若者が集まった学生団体も全国に多く存在する。大学サークルやゼミの形など様態はさまざまだ。またタウンのように、「フェアトレード大学」という認定制度も始まった。現在世界で 300 近くの大学が認定を受け、日本では 2021 年に認定を受けた青山学院大学をはじめとする 4 大学が認定を受けている。

　サステナブルな活動は、企業や NGO が進めるものがほとんどだ。しかしフェアトレードは市民や学生たちが自ら声を上げて広げてくれていることに特徴がある。こうした活動が、市場変革の原動力ともなっている。

5. フェアトレードの拡大に向けた課題と展望

(1) 海外と日本の市場の比較

　日本でフェアトレード市場は拡大を続けているものの、世界と比較すると大きく遅れているのが現状だ。2020 年時点で比較すると、ドイツのフェアトレード市場規模は 2,374 億円で日本の 131 億円と比較すると実に 18 倍にも上る（図 7-3）。また 1 人あたり年間フェアトレード商品購入額で比較すると、日本はたったの 104 円で、なんとスイスは日本の 108 倍の 1 万 1,267 円にも上る（図 7-4）。ヨーロッパではスーパーの棚一面が全てフェアトレードであることも珍しくない。一方日本では 1 人あたりで換算すると、1 年間でコーヒー 1 杯分すらフェアトレードのものを買っていないのが現実なのだ。

　こうした差にはさまざまな背景がある。ヨーロッパでは学校教育の中で、歴史における植民地支配がもたらした開発途上国への負の影響と現在の貧困問題への繋がり、そして国際協力の重要性が伝えられてきた。そのためフェ

（単位：円）

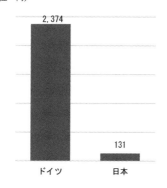

（単位：円）

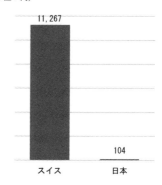

図7-3　フェアトレード認証商品市場規模
　　　（2020年推計）

（出典）フェアトレード・ラベル・ジャパン（2022）

図7-4　1人あたりフェアトレード認証商
　　　品年間購入額（2020年推計）

（出典）フェアトレード・ラベル・ジャパン（2022）

アトレードの必要性への理解も早い。またキリスト教の影響で寄付やチャリティーの文化が存在し、日常の中で社会貢献を実践することへの心理的ハードルが低い。そして欧米では市民社会やNGO・NPOの規模や影響力も大きく、企業や政府、投資家に対してサステナビリティへの取組みを行うよう圧力をかけ、行動変革を促してきた。こうしたさまざまな社会状況の差が、フェアトレードの広がりの差にも表れているのだ。

(2) 日本市場の課題

　では日本市場の課題は何だろうか。マーケティング理論の中で頻繁に用いられる購買決定プロセスのAIDMA（アイドマ）フレームワークで整理してみよう。

　まずA（Attention）とI（Interest）にあたる「知らない」「興味がない」という点にも課題がある。フェアトレードの知名度・認知はまだ十分ではない。10代を中心にフェアトレードの知名度は伸びているものの、全ての年代を平均すると知名度は53.8％に過ぎない（日本フェアトレード・フォーラム2019）。フェアトレードを知り理解している人をもっと増やすことは大前提として非常に重要だ。ただこの点は近年のSDGsの流れや学校教育の変化も受けて変わっ

てきている部分もある。かつてはフェアトレード市場の最重要課題と常に挙げられたのが認知の問題だったが、現在はこの後に挙げる他の要素も非常に重要になっている。

　次に D（Desire）にあたる「欲しいと思っていない」という課題だ。フェアトレード商品が目の前にあったとしても、「可愛くない」「フェアトレードの意義が伝わらない」などの理由により購入に至らないことは多い。もしもメーカーが「フェアトレードであれば売れるだろう」と考えて、商品のパッケージのデザインを工夫する努力を怠ったら、それは売れなくても当然だ。どんな商品であっても、消費者は商品全体を見て購入可否を総合的に判断する。エシカルな商品に関心の高いターゲット顧客層に響くような商品デザインや品質、ラインナップを用意することは非常に重要だ。海外企業でフェアトレード商品が多く売れた事例と比較してもまだ日本企業はこの点に弱みがあると考えられる。また、フェアトレードであることの価値を顧客に伝える、という点においてもまだ改善の余地がある。例えば商品のパッケージにカタカナで無機質にフェアトレードと一言書いてあるだけでは、それを見た顧客はその社会的な価値をなかなか感じることが出来ない。その商品を買うことで、開発途上国の原料生産者がより良い医療を受けられたり、子ども達が学校に通うことができたり、森や水源を美しいまま守ることができるのだ、と顧客が想像し価値を感じることが出来る仕掛けはまだまだ考える余地があるはずだ。こうした「経験価値」向上も市場を変える鍵だ。

　続く M（Memory）と A（Action）にあたる「覚えていない」「購入機会がない」についても、フェアトレード商品や広告を見かける機会が少なかったり、購入できる場所が限られており探すのが大変、などの課題がある。フェアトレード商品を扱う店舗を増やしたり、店舗の中でより目立つように商品を配置することも重要だ。またフェアトレードを取り入れられる機会は店舗以外にも多くある。例えば企業が社員向けの食堂や来客用コーヒーをフェアトレードに切り替えたら膨大な調達量になる。また給食やレストラン、ホテル、ウェディングなどでもフェアトレード食材は活用可能であり、国内でも少しずつ増えてきている。コーヒー、スパイス、砂糖やコットン製品（服、ドレス、雑

貨など）など幅広く産品があるフェアトレードだからこそ、活用の幅は無限大なのである。

(3) 展望：日本でフェアトレードを広げていくために

　日本のフェアトレード市場を大きく広げていくための仕掛けとして、フェアトレード・ラベル・ジャパンは 2021 年から 5 月にフェアトレードの全国キャンペーンを開始した。毎年 5 月第 2 土曜日は世界フェアトレード・デーであり、世界中でフェアトレードに関する発信やイベントが行われる。日本でも長年 5 月はフェアトレード月間と称されてきたが、これまでは個々の団体や企業が独自に行う企画に限られてきた。そこで 2021 年からは、5 月の 1 か月間に全国の企業・自治体・NGO・学生・市民団体・政府機関などが連携する、合同啓発キャンペーンを開始した。1 社や 1 団体で行う企画は投資や規模が限られてしまうが、多くの団体が一緒にキャンペーンを行うことでより多くの人に知って貰い、インパクトを出していく。「点」だった活動を「面」で見せていくことで、社会変革を狙うものだ。

　実はこのキャンペーンは以前からイギリスで開催されているフェアトレード・フォートナイトというキャンペーンを参考にしている。イギリスでは同キャンペーン期間、共通のビジュアルデザインで企業や団体が連携して啓発・販促活動を行い、「あのお店でも、このお店でも、同じフェアトレードの広告を見たな」という状況を作り出すことで、より消費者の記憶に定着させ購買を促すものだ。日本でも同様の戦略を取り、ポップで親しみやすいおしゃれなデザインの広告を、さまざまな企業・団体に活用・掲示してもらっている。著名人アンバサダーやメディアとも連携することで、より消費者に楽しくフェアトレードの魅力を伝えていこうとしている。

　社会課題への取組みを消費者に訴えるとき、どうしても真面目に難しい問題として伝えてしまいがちだ。勿論深刻な社会課題をしっかりと伝えることは大切だが、それだけでは一部の人の共感しか集められない部分がある。市場全体を変えていくためには、より多くの人の心に響くメッセージが必要だ。だから、フェアトレードは今、「楽しく」「わかりやすく」を大事にしつつ啓

発活動を進めている。

　「消費は投票」という言葉がある。私たちは日々商品を買う行為を通して、企業に対して「この商品良いね」とメッセージを送っている。私たちが安いものばかりを買い求めたら、企業もコストを下げようと取引先に圧力をかけてしまう。しかし逆に、私たちがよりサステナブルな商品を買い求めたら、企業はそうしたニーズを感じ取り、社会・環境に配慮した商品を増やしていくだろう。私たち一人ひとりの日常の選択は、実は企業を、社会を変える大きな力を持っているのだ。

参考文献

消費者庁 2020『令和元年度エシカル消費に関する生活調査』https://www.caa.go.jp/policies/policy/consumer_education/public_awareness/ethical/investigation/assets/consumer_education_cms202_210323_01.pdf（2020 年 2 月 28 日）

電通 2022 第 5 回「SDGs に関する生活者調査」https://www.dentsu.co.jp/news/release/2022/0427-010518.html（2022 年 4 月 27 日）

日本フェアトレードフォーラム 2019「『フェアトレード』の認知率 32.8％に上昇」http://fairtrade-forum-japan.org/wp-content/uploads/2019/10/265e39faa78ff62d9f-b9ef5661682779.pdf（2019 年 10 月 31 日）

フェアトレード・ラベル・ジャパン 2022「【2021 年フェアトレード国内市場規模発表】国内フェアトレード市場規模 158 億円、昨年比 120％と急拡大」https://www.fairtrade-jp.org/news-detail.php?id=109（2022 年 5 月 11 日）

ILO and UNICEF. 2021. *Childlabour: Global estimates 2020, trends and the road forward*. ILO and UNICEF.

My World 2023. 2021. "Results" https://about.myworld2030.org/results/ 2023 年 3 月 31 日最終アクセス

Walk Free Foundation. 2018. *The Global Slavery Index 2018*. Nedlands, WA: Walk Free Foundation.

8章

マイクロファイナンスにおける
持続可能な開発のアクセラレータ
——WEBB Squared による起業家マインド育成の事例分析
ヘザー・モンゴメリ

　本章は、米国南部の有色人種起業家に対するマイクロクレジットの影響を加速させうる起業家マインドの役割を解明する。まず、マイクロファイナンス・アクセラレータの発展、マイクロファイナンス50年間の理念の変遷について論じる。そして、金融機関、特にマイクロファイナンス機関がなぜ存在するのか、マイクロクレジットが社会的成果に及ぼす影響を加速させる上でトレーニングが果たす役割の理論的枠組みを紹介する。さらに、実務家、政策立案者、研究者で共有されている重要な課題、すなわちマイクロファイナンスは貧困層の生活を本当に改善するか、現在推進されている金融的に持続可能なマイクロファイナンスは置き去りにされている貧困層を改善に導くのかについて実証的にレビューする。

　次に、WEBB Squared というアメリカの団体による有色人種起業家の能力構築の事例を分析する。このインキュベータ・アクセラレータは、米国南部の農村地帯に住む有色人種の起業家マインドのトレーニングを通じて外的課題を克服し、内的課題を転換できるよう支援するものである[1]。その背景として、金融市場や金融機関が発達した米国をはじめとする先進諸国におけるマイクロファイナンスの役割とマイクロファイナンスのアクセラレータの重要性を考察する。そして、WEBB Squared のミッション、バリュー、具体的プログラムを、2022～23年のパイロット・プログラム参加者のデータとともに紹介する。パイロット・プログラムの成果の中間評価についていくつかの予備的知見も紹介する。

1. マイクロクレジットからマイクロファイナンスへ

(1) マイクロクレジットとは

　マイクロクレジットとは、1997年のマイクロクレジット・サミットでの定義によれば、「所得を生む自営プロジェクトのために、著しく貧しい人々に少額の融資を行うプログラム」である。しかし、この定義はやや時代遅れかもしれない。現在の研究者や政策立案者は金融包摂に焦点を当てている。すなわち、貧困層に対する幅広い金融サービスのうちの1つとして資本や融資を提供している。金融包摂とは、「すべての人々と企業がそのニーズを満たす、手頃で責任ある金融サービスへのアクセスと、これを利用する能力を構築することを意味する。これらのサービスには決済・貯蓄・信用・保険が含まれる」(CGAP n.d.)。CGAPによれば、マイクロクレジットよりも包括的で、より現代的な用語である「マイクロファイナンス」とは、「貧しい人々に融資、貯蓄、送金サービス、少額保険などの基本的金融サービスへのアクセスを提供する。貧困にあえぐ人々は、他の人々と同様に事業を運営し、資産を築き、消費を円滑にし、リスクを管理するために多様な金融サービスを必要としている」。

　広義のマイクロファイナンスには、貧しい女性たちが所得創出する新たなビジネスを始めるための少額融資といった従来のマイクロクレジットも含まれる。しかし、これにはケニア・ナイロビのMicroEnsureのような男性グループへの融資や、ミャンマーのKEB Hanaのような個人融資も含まれる。また、貯蓄・保険・その他の金融サービスも含まれる。さらに、ニューヨークのグラミン・アメリカのように、先進国の貧困層への金融サービスの提供も含まれる。

(2) マイクロファイナンス理念の変遷

　新しいマイクロファイナンスの定義は、数十年にわたって理念が変化した結果であり、それはアクセラレータが適用される文脈を理解するために重要である。Rutherford (2001) によれば、マイクロファイナンスの発展は3つの

エピソードに区分される (**表8-1**)。それぞれ貧困層に対する異なるビジョン
と取り組みによって特徴づけられる。

表8-1　マイクロファイナンス理念の変遷

対象	男性	女性	貧困世帯
使途	農業	小規模ビジネス	任意
商品	現金・物資貸与	小規模融資	当座預金、貯蓄預金、融資、保険、年金、送金
提供	政府系開発金融機関、協同組合	連帯組織	個人、団体
資金	公的補助金	贈与、低利融資	預金、融資、留保利益
ピーク年代	1960-70年代	1980-90年代	2000-10年代

(出典) Rutherford (2001)

①開発金融アプローチ

1970年代は、いわゆる「開発金融アプローチ」が一般的だった。大規模な
国営銀行が手厚い補助金によるクレジットを供与し、その多くが農業部門に
向けられた。このプログラムは政治の介入や腐敗の影響を受けやすく、融資
先は農村の貧困層でなく、裕福な土地所有者であることが多かった。返済率
は低く、せいぜい7-8割程度だった。

1970年代に運営されたバンク・ラヤット・インドネシア (BRI) はこのアプ
ローチの一例である。BRIは国営石油産業で生じた余剰資金を利用して、農
民に資金を提供する何千もの小支店 (Unit Desa [村] と呼ばれる) を設立した。
BRIの融資利息は経営に必要な収入を下回り、一時は融資金利より貯蓄金利
の方が大きかった。つまり、銀行というよりも公的補助金の分配ルートとし
て機能した。これは村に対する「供給側」の介入である。国や国際機関が村
レベルの融資や貯蓄に関わるようになったのは、こうしたサービスに対する
新たな需要からではなく、国家主導の農業経済改革の一環だった。

1970年代のBRIは、トップダウン、供給主導、補助金という「開発金融」
的な介入を見せ、そして時代遅れになった。しかしこのやり方は、村人にとっ
て銀行との接触が便利になるよう、家庭や職場の近くに小店舗を大量に展開

し、融資とともに貯蓄サービスを普及させるという、マイクロファイナンス機関が高く評価する特徴を生み出した。

②マイクロクレジット・アプローチ

その認識を変えたのが、マイクロファイナンスの先駆者であるバングラデシュのグラミン銀行である。グラミン銀行の創設者であるムハマド・ユヌス (Muhammad Yunus) は、マイクロクレジットに関わる多くの概念と慣行を生み出した。それは、主に女性起業家の連帯グループに対する少額融資の提供である。

経済学教授であったユヌスは、貧困対策のためにグループと信用を活用した支配的モデルであるグラミン銀行を創り出した。土地を持たない貧しい村人たちを意図的に選び、毎週1回会った。個人で融資を受け、返済が困難になった人がいれば、互いに助け合った。できる限り返済を簡単にできるよう、1年分の返済を週単位の小分けにして、毎週キャッシュフローを貯蓄できるほどに小分けにした。融資は「所得創出活動」だけに使うこととした。それ以外に使うと、返済や資産・収入形成が困難になる恐れがあったためである。融資資金は村外から調達した。最初はユヌスのポケットマネーから、次に地元の銀行から、それに問題が生じると外国の民間部門から、最後には国内外の公的資金に変わっていった。

当初、この運動は女性向けだけでなく、女性中心でもなかった。バングラデシュの主要マイクロファイナンス機関であるグラミン銀行、BRAC、ASAの初期の対象グループは男女どちらかであったが、男性グループは女性グループと同程度、あるいはそれ以上に存在した。しかしそれから2つのことが起きた。1つは、男性よりも女性の方が信頼できる借り手であることをNGOが発見した。もう1つは、国際開発コミュニティがジェンダー問題を発見し、ジェンダー平等を推進した。これはパフォーマンスの悪い男性の借り手を静かに排除すると同時に、ジェンダー平等を推進する活動が賞賛されることになった。

バングラデシュのグラミン銀行をはじめ、ボリビアの南銀行 (バンコソル)、

再活性化したインドネシアの BRI、国際コミュニティ支援財団（FINCA）が始めたビレッジ・バンクなど主要な先駆者は、貧困に対処するツールとしてのマイクロクレジットを強調した。地方の貧しい人々に一斉に˙融˙資˙を行い、受けやすく、使いやすく、返済しやすい設計に重きを置いている点について、そのストーリーを紹介している。

③金融サービスのアプローチ

しかし、マイクロクレジット革命を特徴づける重要な要素には、次々と疑問が呈された。一部の実務家や研究者は、なぜ女性だけなのか、男性にも融資が必要でないのかと声を上げた。さらに、なぜ零細企業だけなのか、クレジットの正当な使い道は他にもあるのではないか。なぜクレジットだけなのか、貯蓄や保険も大切ではないか。なぜグループなのか、なぜ貧しい人々は個人向け金融サービスを享受できないのか。Matin, Hulme, & Rutherford（2002）は、新しい介入スタイルを金融サービスアプローチと呼ぶ。

グラミン銀行がグラミン II に発展していく変化を見ると、金融サービス・アプローチのいくつかの特徴が分かる。グラミン II はより広い条件を提示する。すなわち、もともとのグラミン銀行（グラミン I）の融資期間が 1 年間だったのに対して、3ヵ月あるいは 3 年間の融資を受けられるようになった。返済計画も個人の事情に合わせられるようになった。一般融資はもはやビジネスに投資する必要はなく、他にも有用な使い道が多くあると現在のグラミン銀行は認識している。商品も多様化し、貧しいメンバーも貯蓄を融資と同じように重視するようになっている。彼らはいつでも任意の金額を預け、引き出せる。「預金年金貯蓄」と呼ばれるグラミン長期貯蓄プランも登場した。他の金融機関も送金サービスや保険など革新的な商品に進出している。

2. 金融的に持続可能なマイクロファイナンス

マイクロファイナンスの第 3 段階では、幅広い金融商品による貧困層のための金融包摂が強調された。貧困世帯はクレジットへのアクセスを求めてい

るとの暗黙の前提がある。それは必ずしも「安い」クレジットとは限らない。そのため、中核顧客層を失うことなく、「ミッション・ドリフト」の心配もなく、運営コストをカバーするために価格を上げることができる[2]。この議論は、例えば南アジアより中南米やアフリカで高まっているが、世界のどこでもその影響を見ることができる。

　弾力性のない資本需要を仮定することは、これまでの考え方と根本的に異なる。1970年代から1980年代には高利貸法が一般的で、貸付金利を低水準に制限していた。その上限は、誰が何の目的で補助金付融資を受けるべきかという指示とセットになっていることが多かった。その法律は、運転資金に高い金利をかけると小規模起業家が生み出す余剰資金の大半が消費され、借り手はほぼ利益を出せないという考えから生まれたものだった。例えば1970年代初頭のブラジルでは、インフレーション率が年20〜40％だったのに対し、運転資金の貸付金利は年17％で固定されていた。上限の設定により、実質金利がプラスになったとしても、銀行がコストをカバーできるほど高い金利が実現することはめったになかった。その結果、貧困層への多額の補助金付融資は国営銀行が独占することになった。この融資が貧困層以外の世帯や政治エリートに回るケースはかなり多かった。その金融サービスは質が低く、政府予算の規模によって融資額が制限される傾向があった。

　持続可能なマイクロファイナンスの提唱者は、国が補助する銀行を構築する前提に異議を唱えた。最新データの2018年には、ほとんどのマイクロファイナンス機関が年率10〜20％の金利を課しており、2007年に課された20〜40％の範囲よりもさらに低くなっている（図8-1）[3]。擁護派は融資を受けることによる利益は、高金利を正当化するのに十分だと主張する。

　Cull, Demirguc-Kunt, & Morduch（2009）のデータによると、ローエンド顧客（平均融資額150ドル未満）を対象とするマイクロファイナンス機関（大半がNGO）の経費総額は資産の30.5％であった。このコストに見合う実質金利の中央値は年27.5％で、平均的な金融機関はすれすれの黒字だった。下記のように主張するユヌスなら、これを高過ぎると思うかもしれない。

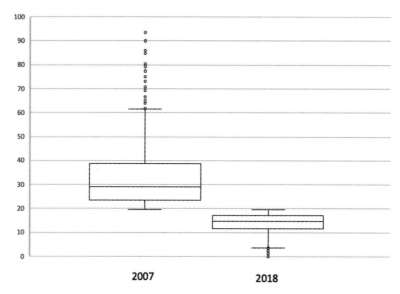

図 8-1 マイクロファイナンス機関の金利

（出典）Morduch (1999) のデータを基に著者作成

　真のマイクロクレジット機関は、金利をできるだけ資金コストに近づけ
なければならない……私自身の経験から、マイクロクレジットの金利は
資金コストプラス 10％、あるいはせいぜいプラス 15％を優に下回る水
準が妥当だと確信している（Yunus 2007）。

　Morduch (1999) の調査では、ローエンド顧客のための資金コストの大まか
な指標は、資産に対する金融費用の割合で、それは 6.1％であった。だから
ユヌスは、グラミン銀行が課す年 20％程度の金利を提唱しているのだろう。
　しかし、金利を年 30％以上に上げても、2 つの理由から信用力のある借り
手がいなくなることはないだろうとの融資側の意見もある。第 1 に、資金に
乏しい貧しい借り手は投資に対する限界収益が高いため、高い金利を払うこ
とを歓迎するはずである。第 2 に、貧困世帯はすでにかなり高い利息を支払っ
ている。貸金業者の金利は年 100％以上のことが多い。

　現在、貧困家庭は金利に無頓着なため、標準的な慣行として、機関が利益を生むよう手数料を高く設定し、短期間の立ち上げ補助金支給後に融資者をループから切り離すのが普通の行動だと有力な提言者たちは主張する。マイクロファイナンス機関が本当にこれを実現できれば、対象範囲の深さを犠牲にすることなく、疎外された何億もの世帯にサービスを提供しうる。

3. なぜマイクロファイナンスが必要なのか

(1) 金融機関の存在理由

　そもそも、なぜ銀行が存在するのか。銀行や金融機関は、「情報の非対称性」と経済学者が呼ぶ問題の解決のために介入する。すなわち、経済理論では、銀行の存在理由は取引当事者の一方が他方より多くの、あるいは優れた情報を持つ状況の解決策だと考えられている。

　情報の非対称性は、逆選択とモラルハザードの2種類の問題を引き起こす。まず、逆選択については、市場では「悪が善を駆逐する」とも言われる。逆選択は取引の前に生じる。このため、理論的には経済学者が「レモン市場」(「レモン」は粗悪品の俗語) と呼ぶ問題が生じる可能性がある。情報の非対称性について中古車市場を例にした Akerlof (1970) が品質の不確実性の問題に関する代表的な論文である。これは、良い車の所有者は自分の車を中古車市場に出さないと結論づける。市場で「悪が善を駆逐する」結果、「レモン市場」(悪い車である「レモン」しか買えなくなること) になると要約される。

　情報の非対称性がもたらす第2の問題は、モラルハザードである。モラルハザードとは通常の意味でのモラルを指すのではない。これはリスクの取り方を誤ったときに生じる非効率性を表す概念である。ある当事者がどの程度のリスクを取るかを言明したあと、別の当事者が過剰なリスクを取る場合にコストを負担する状況を指す。それは取引前に生じる逆選択とは異なり、取引が行われたあとにリスクを見誤ることで生じる。

　逆選択とモラルハザードの違いは、逆選択が隠れた情報であるのに対し、モラルハザードは隠れた行為であると考えることもできる。銀行が存在する

のは情報の非対称性、すなわち逆選択とモラルハザードを解決するためである。銀行は、潜在的な借り手の調査や審査を入念に行い、融資の際に担保を要求することで逆選択を緩和する。一方、モラルハザードを緩和するために融資契約書を作成する。この契約書には制限条項が含まれ、担保を要求し、融資後の銀行による借り手に対する監視を含むことが多い。

(2) マイクロファイナンス機関はなぜ存在するのか

　持続可能なマイクロファイナンスの提唱者たちが、マイクロファイナンス機関が信用力のある貧しい借り手を失うことなく、金融の持続可能性、さらには収益性を確保できるレベルまで金利を引き上げられると期待する理論的根拠は、限界収益逓減の概念である。

　貧困層の起業家が少額融資のおかげで自分の労働力に最初の小さな資本を追加すると、それによる限界収益、つまりこの資本の追加分で増える生産単位となる利益は非常に大きい（**図8-2左**）。2単位目の資本が追加されると、再び生産が増え、その結果として利益も増える。これもまだ大きいが、1単位目の資本により増えた利益よりわずかに少ない。つまり限界収益逓減の概念は、資本を渇望する貧しい借り手は喜んで非常に高い金利を払うはずであることを示唆する。理論的には、貧しい借り手は、同じ規模の資本投入が裕福な借り手にもたらす限界収益よりさらに高い限界収益を上げることができる。つまり、理論的には、貧しい借り手は資本投入に対する限界収益が高いので、裕福な借り手よりも高い金利を支払う意思と能力があるはずである。

　この限界収益逓減の概念は、政策立案者がクレジット市場に介入する必要が全くないことを意味するのかもしれない。もし、貧しい借り手の資本に対する限界収益が本当に大きいのであれば、自由市場は彼らのためにこそ信用商品を開発すべきである。マイクロファイナンスに融資業者や政府が関与する必要は全くないはずである。

(3) 貧困層に対する金融サービス提供の課題

　金融機関が逆選択やモラルハザードの問題を軽減するために用いる手段、

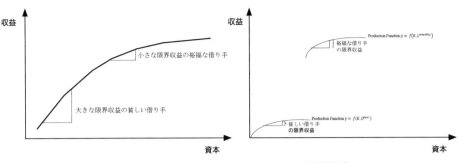

図 8-2　マイクロファイナンスにおける収益逓減

(出典) Armendáriz ＆ Morduch（2005）の資料を基に著者作成

　すなわち潜在的な借り手をスクリーニングする審査、担保の要求、複雑なローン契約、モニタリングなどは、貧困層の借り手を対象とする金融機関にとっては困難なものである。マイクロファイナンスの顧客は、リスクが高くサービス提供には高い取引コストもかかるなどの要因が重なり、正規の金融部門から排除されがちである。前述したように、金融機関がこれらのコストやリスクをカバーできる金利を課すことを禁じる金利規制がある場合も多い。貧しい借り手は貯蓄が少なく、ローンの担保になる資産もほとんど持っていないことが多い。農村地域の貧しい女性にとって、正規の金融機関へのアクセスを困難にする文化的・社会的慣習が存在する場合もある。

　さらに、資本の限界収益逓減理論において、資本以外は一定という前提が真実でない可能性がある。資本の限界収益逓減理論は、貧困層の教育レベル、事業経験、商取引上のコンタクト、その他の要素へのアクセスが富裕層と同じであることを暗黙の前提としている。もし、これが真実でないとすれば（もちろん真実だとは考えにくいが）、資本の少ない起業家の限界収益率は、富裕層のそれよりも低い可能性があることは容易に理解できる（図8-2右）。貧しい個人は高い利子を日常的に支払うことはできないのである。

(4) ミッション・ドリフト

　このため、経済的に持続可能で利益も出るマイクロファイナンスを目指

す傾向において、研究者、実務家、政策立案者はミッション・ドリフトを懸念し、2つの未解決問題に取り組むことになった。1つは、収益性と貧困層へのリーチの間にはトレードオフがあるのかという問題。もう1つは、持続可能なマイクロファイナンスは貧困層を救済するのかという問題である。先行研究は、この2つの課題をどう扱っているのだろうか。

　①金融的持続可能性と貧困削減はトレードオフの関係にあるのか
　まず、収益性と貧困層救済との間のトレードオフについては、これまでのところ多くの証拠はない。マイクロファイナンス機関が成熟し、成長する過程での変化についての研究では、「金融機関が成熟し、成長するにつれ、より大きな融資を吸収できる顧客にますます焦点を当てるようになる」(Cull et al. 2007, 131) ことが解明されている。しかし、これは必ずしもミッション・ドリフトでなく、貧しい借り手は依然として商業モデルの下で融資を受けている。それは、NGO のマイクロファイナンス機関であっても、もはや極貧層を主な対象としていない可能性があるとの警告でもあろう。
　直接的証拠としては、商業ベースのマイクロファイナンスへの移行に伴う金利上昇が借り手に与える影響を検証した研究がある (Dehejia, Montgomery & Morduch 2012; Karlan & Zinman 2008)。バングラデシュのダッカ都市部でスラム住民に多様な金融サービスを提供するマイクロファイナンス機関に関する研究では、「SafeSave 銀行の金融安定性は、最貧困層の顧客に対する銀行サービスという点で犠牲を払っている。同行の融資ポートフォリオは比較的裕福な顧客へとシフトしていった」(Dehejia, Montgomery & Morduch 2012, 17) と結論づけている．
　この研究は金融の持続可能性と貧困層へのリーチとの間にはトレードオフ関係があることを示すが、それは必ずしもマイクロファイナンスを政策的介入として追求すべきでないことを意味しているわけではない。むしろ、そのような介入により貧困層にサービスを提供するのであれば、補助金を出す必要があるかもしれないということである。したがって2つ目の疑問、すなわち持続可能なマイクロファイナンスは実際に貧困層の役に立っているのかと

いう問題がより重要になる。

②持続可能なマイクロファイナンスは貧しい人々の助けになるのか

　第2の問題に関する研究はあまり定まっていない。パキスタンの農村部では、クシャリ銀行の金融的に持続可能なマイクロファイナンス・プログラムが食料支出や子どもの健康、女性のエンパワーメントなどいくつかの社会指標にプラスの影響を与えることが示されている（Weiss & Montgomery 2005）。このような影響は極貧家庭でも観察されることから、商業ベースのマイクロファイナンスとミレニアム開発目標は、支援環境さえあれば相容れないものではないことを示していた。

　しかし、マイクロファイナンス・プログラムの評価のほとんどは、マイクロクレジットのインパクトとして所得向上や貧困緩和を扱う（Banerjee, Karlan & Zinman 2015; Dahal & Fiala 2020）。これらの研究は、マイクロクレジットの影響は予想よりはるかに小さいことを示唆する。このため、マイクロクレジットが所得向上や貧困緩和に与える全体的な貢献は曖昧なままで（Dahal & Fiala 2020）、いわゆるマイクロファイナンス運動が始まって数十年経過しても「それが顧客の生活を測定できる形で向上させたという確たる証拠はほとんどない」（Roodman & Morduch 2014）と悲観的な結論に至っている。

4.　持続可能なマイクロファイナンスのためのアクセラレータ

　マイクロファイナンス機関は、そのプログラムがもたらす所得創出や貧困削減の効果を高めるために、顧客に対して非金融サービス（アクセラレータ）を提供するようになった。これらのアクセラレータ・サービスは、マイクロクレジットに加え、ビジネス・トレーニングや技術支援などの非金融サービスを提供する「クレジットプラス」プログラムと呼ばれることもある。

(1) マイクロファイナンス・アクセラレータの理論

　クレジットプラス・プログラムの考え方は、**図8-3**に示すように、貧困層

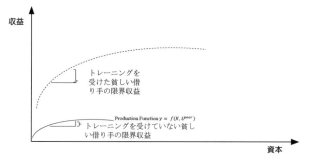

図8-3　マイクロファイナンス・アクセラレータと収益逓減

(出典) 著者作成

の借り手が資本に対するより高い限界収益を得られるようにトレーニングや
その他の人的資本への投資を提供することである。

(2) マイクロファイナンス・アクセラレータの経験的証拠

　マイクロファイナンス機関の社会サービス、特に健康教育の効果を評価し
た研究はいくつかある (De La Cruz et al. 2009; Pronyk et al. 2008; Karlan, Thuysbaert &
Gray 2017; Kim et al. 2009)。これらの研究の中には、特に母子保健や家族計画に
対する保健トレーニングの影響を扱ったものがある (Desai & Tarozzi 2011; Flax et
al. 2014; Hamad, Fernald, & Karlan 2011)。一般に、これらの研究結果によれば、マ
イクロクレジットが保健指導とともに提供されるとより効果的になる。さら
に、健康教育は健康知識を高めるが、健康行動への影響はまちまちであるこ
とも示している。

　また、ビジネスサービス、特にビジネス・トレーニングの効果を評価した
研究も多くある (Berge, Bjorvatn & Tungodden 2015; Bulte et al. 2017; De Mel, Mckenzie, &
Woodruff 2014; Giné & Mansuri 2014; Karlan & Valdivia 2011)。これらの研究では、起
業家精神のトレーニングはビジネス知識を向上させ、度合いは低いがビジネ
ス行動を向上させることが分かっている。しかし、起業家教育によりビジネ
スの成果が大幅に改善したとするものはない。

　金融リテラシー教育を具体的に扱った関連研究もある (Bruhn & Zia 2013;

Drexler, Fischer, & Schoar 2014; Sayinzoga, Bulte & Lensink 2016)。これらの研究はマイクロファイナンス・プラスの介入を分析した他の多くの研究と同様に、特に金融知識がトレーニングで改善されたことを解明しているが、貯蓄、所得、富などの経済的成果への影響は軽微である。

5. WEBB SQUARED の事例研究

(1) 米国のインキュベータ・アクセラレータ

　本節では、米国におけるマイクロファイナンスのインキュベータ・アクセラレータである WEBB Squared の事例を分析する。マイクロクレジットが米国南部の有色人種起業家にもたらすインパクトを加速する可能性として、起業家マインドの育成が果たす役割について考察する。

①米国のマイクロファイナンス

　世界でも有数の金融セクターを持つ米国でマイクロファイナンスの需要があるのかと訝るかもしれない。しかし、その答えはイエスだ。連邦準備制度理事会の調査（FRS 2021）によると、全米国世帯の 5.4%（710 万人）が銀行口座を持たない、つまり世帯で銀行や信用組合に当座預金や普通預金の口座を持つ人がいないことが分かった。また、13% は、銀行口座は持っているものの銀行サービスへのアクセスが不十分な状態であり、資金需要を満たすのに給与日ローンなどの代替サービスを利用する必要があった。これらを合わせると、米国のほぼ 5 分の 1 の世帯が銀行口座を持たない、もしくはアンダーバンク状態である。この割合は有色人種のコミュニティでさらに高まる。同調査によると、アフリカ系アメリカ人の 40% 以上、ラテン系アメリカ人の 30% 以上の世帯が銀行口座を持たない、またはアンダーバンク状態にあることが分かった。

　米国ではマイクロファイナンスの潜在需要があるにもかかわらず、途上国のプログラムに比べ小規模で、マイクロファイナンスの貧困緩和や所得向上への効果に関する厳密研究はさらに少ないのが現状である。一方、心

強いデータもある。例えば、アスペン研究所が 405 人の零細企業家を対象に
行った調査 (Bhatt et al. 1999) によると、融資を受けた人の半数以上が 5 年以内
に貧困から脱却している。そして、グラミン・アメリカは自己勘定で、返
済率 99% を誇っている。それにもかかわらず、米国ではマイクロファイナ
ンス・プログラムが広く普及し、利益を上げたプログラムはない (Schreiner &
Morduch 2001)。なぜか。その理由は、米国では零細企業部門そのものが発展
途上国よりはるかに小さいからである。また米国経済には、スモールビジネ
スを始めるためのハードルが途上国よりもはるかに高い構造がある。

②米国のマイクロファイナンス・アクセラレータの役割

　零細企業部門自体が途上国に比べてはるかに小さい米国では、零細企業を
立ち上げるハードルがはるかに高い。そのため「米国ではこれら 2 つの側面
が相まって、ビジネス・トレーニングは第三世界よりはるかに重要な構成要
素となっている」(Schreiner & Morduch 2001)。

　米国のマイクロファイナンスの潜在顧客は中小企業の経営スキルや大規模
な顧客基盤を持っていないことが多い。大半の非営利マイクロ融資業者はア
クセラレータ・プログラムの重要性を理解しており、金融リテラシーのト
レーニングや事業計画の相談などのサービスをプログラムに含めていること
が多い。こうした付加サービスは、マイクロファイナンス機関を運営する上
で、ただでさえ高い運営コストに拍車をかけている。その一方で、顧客集め
の成功にも寄与していると推進派は主張する。

(2) WEBB Squared

　このインキュベータ・アクセラレータは、情報やトレーニング、ネットワー
クや人脈、資源や資本などの支援やアクセス提供によって、有色人種の起業
家が外部の課題を克服し、内部の課題を転換できるよう支援することで、人
種間の貧富格差の解消策を提示する (WEBB サイト)。米国では白人家庭の所
得の中央値が黒人家庭の所得の 4 〜 6 倍で (McKinsey Instisute for Black Economy
Mobilty 2019)、この格差は拡大すると予想されている。彼らのプログラムは、

「何世代にもわたる歴史的な政策や立法、社会から隔離されたネットワーク、内面化された人種の言説」が人種間の貧富の差に貢献していることを認め（彼らはウェブページで黒人が奴隷だった265年間とその後の99年間の隔離と比較して、米国の黒人が「自由」だったのは過去58年間だけだと指摘）、これらの内面化した人種言説に直接取り組んでいる。

　具体的には、500ドルの少額融資（起業家が事業登録や資格申請などに使うことが多い）に加え、プログラムに参加する起業家は、金融リテラシーコース、週1回の個別指導、月1回の起業マインドセットのグループ訓練に参加する。参加者はこれらのプログラムを通じて、投資家がすぐに使える財務計画、ビジネスのピッチデック、完成した事業計画などの成果を手にしてプログラムを終える。その特徴は毎月行う起業家マインドセットの研修である。この研修では、内面化された規制的な自己信念やトラウマを考慮して、人種間の資産格差の根本原因を解決することを目的としている。

①参加者

WEBB Squaredの2022〜2023年のパイロット・プログラムでは有色人種の起業家20名にこのプログラムを提供した。そのビジネス・産業分野は、**図8-4**の通りである。

　大半の起業家（14名）は、プログラム開始時点で従業員がいない状態だった。半数近く（45%）は個人で貯蓄を持たず、多くは車を持っていなかった。これは米国の地方で事業展開する際にほぼすべてでハンディキャップとなる。彼らが求めていたのはビジネス計画（90%）、マーケティング計画、ソーシャルメディア、ネットワーキング、事業融資（80%）、ウェブサイト（75%）、会計・簿記、設備投資、補助金申請支援（70%）などの指導やメンタリングだった（**図8-5**）。

②成果

　パイロット・プログラム参加者は、2年間プログラムの半分を終えたに過ぎないが、いくつか前向きな結果が出ている。12名の起業家がライセンス

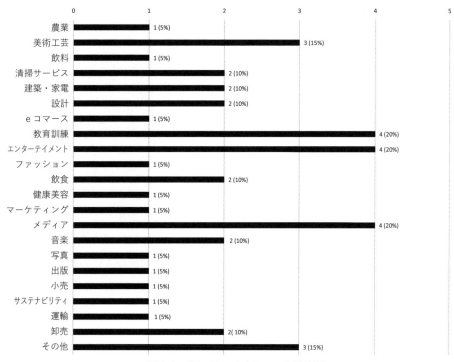

図 8-4　参加者のビジネス・産業分野

（出典）WEBB Squared 内部資料（未刊）

取得と登録手続を完了し、パイロット・プログラム参加者の 80％が事業計画を完成させた。うち 4 名がアイデア作りから実際の製品・サービスの発売へと進み、2 名の起業家が総額 2 万 5,000 ドルの助成金を受け、1 名が資本キャンペーンを成功させた。

　またこれらの起業家は総じて（85％）非常に良い起業家マインドセットを示した。すなわち、仕事を優先づける力、信頼性、事業ビジョンへの自信、アイデア実現能力とともに、柔軟性（必要に応じて方向転換する能力）、失敗から学ぶ力、挫折に直面しても続ける気概や決意などである。

(3) 結論

　マイクロファイナンスの世界の特徴は、その理念にいくつか変化が見られ

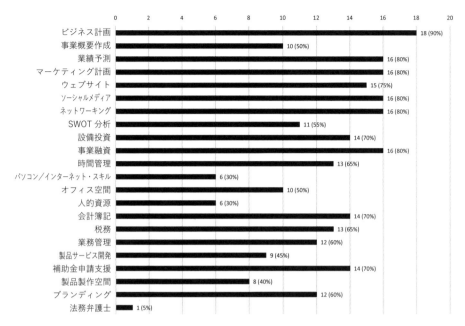

図8-5　コーチングやメンタリングが必要なビジネス項目

(出典) WEBB Squared 内部資料（未刊）

る点である。直近の変化はマイクロクレジット・プラス・モデルに向けた動きである。これにはマイクロファイナンスだけでなく、貧困緩和や他の開発目標に向けたアクセラレータも含まれる。このモデルは米国など先進国のマイクロファイナンスで特に見られる。マイクロファイナンスのアクセラレータには、従来からビジネスや金融リテラシーのトレーニングが含まれている。

　本章で取り上げた WEBB Squared のプログラムの特徴は、少額融資、ビジネス／金融リテラシー・トレーニングに加え、米国内や WEBB Squared の地元ノースカロライナ州における人種間の資産格差の根本原因に対処することを目的とした起業家マインドセット・トレーニングも含まれていることである。

　プログラム中間時点における予備的な分析では、パイロットプログラム参

加者のビジネス展開や、起業家自身の起業家マインドの育成に効果があったことを示唆する。

謝辞

　本研究は、JSPS 科研費 JP21K01488 の助成を受けたものである。Opale Guyot の研究支援を得た。

注

1　インキュベータとは起業創出支援、アクセラレータは起業拡大支援を意味する。
2　ミッション・ドリフトとは、本来の使命から乖離が生じること。
3　これらの国のインフレ率は多様だが、2007 年には年平均 10％程度、2018 年にはほとんどの国で大幅に低下したため、実質金利は最大で 10％低くなった。

参考文献

Akerlof, G. A. 1970. "The market for 'lemons': Quality uncertainty and the market mechanism." *The Quarterly Journal of Economics* 84 (3), 488-500.

Armendáriz, B., & Morduch J. 2005. The Economics of Microfinance, The MIT Press, Cambridge, MA, United States.

Benerjee, A., Karlan, D., & Zinman, J. 2015. "Six randomized evaluations of microcredit: Introduction and further steps." *American Economic Journal: Applied Economics* 7 (1) : 1-21.

Berge, L. I. O., Bjorvatn, K., and Tungodden, B. 2015. "Human and financial capital for microenterprise development: Evidence from a field and lab experiment." *Management Science* 61 (4) : 707-722.

Bhatt, N., Painter G. and Tang, S. 1999. "Can Microcredit Work in the United States?" *Harvard Business Review*, November–December 1999.

Board of Governors of the Federal Reserve System (FRS). 2021. *Economic Well-Being of U.S. Households in 2020*. Washington, D.C.: Federal Reserve Board.

Bruhn, M. & Zia, B. 2013. "Stimulating managerial capital in emerging markets: the impact of business training for young entrepreneurs." *Journal of Development Effectiveness* 5 (2) : 232-266.

Bulte E., Lensink, R., & Vu, N. 2016. "Do gender and business trainings affect business outcomes? Experimental evidence from Vietnam." *Management Science* 63 (9) : 2885-2902.

CGAP (Consultative Group to Assist the Poor). n.d. *What is Financial Inclusion?* https://www.cgap.org/financial-inclusion

Cull, R., Demirgüç-Kunt, A., & Morduch, J. 2007. "Financial performance and outreach:

A global analysis of leading microbanks." *The Economic Journal* 117 (517) : F107-F133.

Cull, R., Demirgüç-Kunt, A., & Morduch, J. 2009. "Microfinance meets the market." *World Bank Policy Research Working Paper* (4630) .

Dahal, M. & Fiala, N. 2020. "What do we know about the impact of microfinance? The problems of statistical power and precision." *World Development* 128: 104773.

Dehejia, R., Montgomery, H., & Morduch, J. 2012. "Do interest rates matter? Credit demand in the Dhaka slums." *Journal of Development Economics* 97 (2) : 437-449.

De La Cruz, N. et al. 2009. "Microfinance against malaria: Impact of Freedom from Hunger's malaria education when delivered by rural banks in Ghana." *Transactions of the Royal Society of Tropical Medicine and Hygiene* 103 (12) : 1229-1236.

De Mel, S., Mckenzie, D., & Woodruff, C. 2014. "Business training and female enterprise start-up, growth, and dynamics: Experimental evidence from Sri Lanka." *Journal of Development Economics* 106: 199-210.

Desai, J., & Tarozzi, A. 2011. "Microcredit, family planning programs, and contraceptive behavior: evidence from a field experiment in Ethiopia." *Demography* 48 (2) : 749-782.

Drexler, A., Fischer, G., & Schoar, A. 2014. "Keeping it simple: Financial literacy and rules of thumb." *American Economic Journal: Applied Economics* 6 (2) :1-31.

Flax, V. L. et al. 2014. "Integrating group counseling, cell phone messaging, and participant-generated songs and dramas into a microcredit program increases Nigerian women's adherence to international breastfeeding recommendations." *Journal of Nutrition* 144 (7) : 1120-1124.

Giné, X., & Mansuri, G. 2014. "Money or idea? A field experiment on constraints to entrepreneurship in rural Pakistan." *World Bank Policy Research Working Paper* (6959) .

Hamad, R., Fernald, L. C., & Karlan, D. S. 2011. "Health education for microcredit clients in Peru: a randomized controlled trial." *BMC Public Health* 11 (1) : 51.

Karlan, D., & Zinman, J. 2008. "Credit elasticities in less-developed economies: Implications for microfinance." *American Economic Review* 98 (3) : 1040-1068.

Karlan, D., & Valdivia, M. 2011. "Teaching entrepreneurship: Impact of business training on microfinance clients and institutions." *Review of Economics and Statistics* 93 (2) : 510-527.

Karlan, D., Thuysbaert, B. & Gray, B. 2017. "Credit with health education in Benin: A cluster randomized trial examining impacts on knowledge and behavior." *American Journal of Tropical Medicine and Hygiene* 96 (2) : 501-510.

Kim, J. et al. 2009. "Assessing the incremental effects of combining economic and health interventions: the IMAGE study in South Africa." *Bulletin of the World Health Organization* 87 (11) : 824-832.

Matin, I., Hulme, D. & Rutherford, S. 2002. "Finance for the poor: from microcredit to microfinancial services." *Journal of International Development* 14 (2) : 273-294.

McKinsey Institute for Black Economic Mobility. 2019. "The economic impact of closing the racial wealth gap." McKinsey and Company, August 13, 2019.

Morduch, J. 1999. "The microfinance promise." *Journal of Economic Literature* 37 (4) : 1569-1614.

Pronyk, P.M., Kim, J.C., Abramsky, T., Phetla, G., Hargreaves, J.R., Morison, L.A., Watts, C., Busza, J., & Porter, J.D. 2008. "A combined microfinance and training intervention can reduce HIV risk behaviour in young female participants." *AIDS* 22 (13) : 1659-1665.

Roodman, D., & Morduck, J. 2014. "The impact of microcredit on the poor in Bangladesh: Revisiting the evidence." *Journal of Development Studies* 50 (4) : 583-604.

Rutherford, S. 2001. "Microfinance's Evolving Ideals: How they were formed, and why they are changing." Annual Conference, Asian Development Bank Institute, Tokyo, Japan, December 2001.

Sayinzoga, A., Bulte, E. H., & Lensink, R. 2016. "Financial literacy and financial behaviour: Experimental evidence from rural Rwanda." *Economic Journal* 126 (594) : 1571-1599.

Schreiner, M., & Morduch, J. 2001. "Replicating microfinance in the United States: Opportunities and challenges." *Replicating Microfinance in the United States.* Washington, D.C.: Fannie Mae Foundation, pp. 4-62.

WEBB Squared (n.d.) .The Racial Wealth Gap and Our Solution. https://webbsquared.org/

Weiss, J. & Montgomery, H. 2005. "Great expectations: microfinance and poverty reduction in Asia and Latin America." *Oxford Development Studies* 33 (3-4) : 391-416.

Yunus, M. 2007. "Remarks by Muhammad Yunus, Managing Director, Grameen Bank." Microcredit Summit E-News, July, 5 (1) .

環境的側面

9章

再生可能エネルギーにとっての好機

トーマス・コーベリエル

1. エネルギー部門の学習曲線

　本章では、過去5年から10年間の再生可能エネルギーの著しい発展状況を提示し、再生可能エネルギーの可能性について論じる。20年遡れば、いや10年前でさえ、世界のエネルギー供給の課題は、持続可能な開発に関心のある人々にとって、最も困難な取り組みであると見なされていた。東日本大震災による福島で悲劇的な結末は、原発事故の危険性を明らかにした。また、大気中に蓄積する二酸化炭素により世界の平均気温が上昇し、それに伴い異常気象といった多くの被害を引き起こす気候危機が進行している中で、すべての人々が適切な生活水準を得る世界の実現は難しいと見られていたのである。ウランと化石燃料はどちらも、枯渇性資源であるため持続可能性の課題がある。特に中国、インドといった新興経済圏の成長速度は、この課題の解決を将来世代に期待してはならないことを示唆している。つまり、この課題は私たちの世代で解決しなければならない。

　ヨーテボリにあるチャルマース工科大学のかつての同僚のクラス - オットゥ・ヴェナ (Clas-Otto Wene) は、その著書『エネルギー技術政策のための経験的評価方法 (*Experience Curves for Energy Technology Policy*)』(2000年) で再生可能エネルギー関連新技術の解析を行い、太陽光発電や風力発電がエネルギー転換を非常に安価に利用できる技術的条件を備えていることを示した。20世紀にはまだ高額であったが、**図9-1**で明確に示されているように、多くの産業がさまざまな技術から電気を作り出す経験を蓄積するほど、コストを下げること

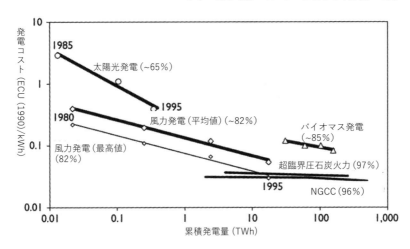

図 9-1　EU における電気技術の学習曲線 1980-1995 年

（出典）Wene（2000, 21）

ができる。

　この図の縦軸が示すのは単位あたりの発電コストで、横軸は累積発電量である。太陽光発電や風力発電などの再生可能エネルギーの技術は電力生産コストを減少させており、それは超臨界圧石炭火力発電や天然ガス複合サイクル（NGCC）といった従来の発電技術よりもかなり速い。この図において、学習曲線が直線で示されているのは目盛が対数で示されているからである。多くの産業で蓄積された経験は、対数グラフではこのような直線が推定されるとも言える。

　彼はこの著書の中で、いくつかの国は、できればすべての国が、太陽光発電と風力発電への支援を継続すべきだと提言している。当時それらはまだ火力発電と直接競合するには非常に高額であった。しかし、太陽光と風力の発電コストは急速に下がり続けて安価になり、遅かれ早かれ、補助金なしでも火力発電に対抗することができる。そして 21 世紀初めの 10 年間において、確かにそれが達成された。太陽光と風力に助成を続けている国々は、産業経験を積み重ねてコストを低減している。

2. 太陽光発電

(1) 拡大する設備容量と生産量

　図 9-2（左）は、世界における太陽光発電の導入を表す非常に印象的な曲線であり、設備導入が急速に伸びていることが分かる。太陽光がまだ非常に高額であった頃に、先行して補助金を出した国は日本である。**図 9-2**（右）のが示しているように、20 世紀最後 10 年間に、日本は世界を太陽光発電を先導していた。しかし 21 世紀になると、最も多く設置された国は世帯補助金を出したドイツとなり、太陽光パネルを屋根に設置する家が急速に増えた。ドイツではこの業界の発展に多くの投資がなされた。

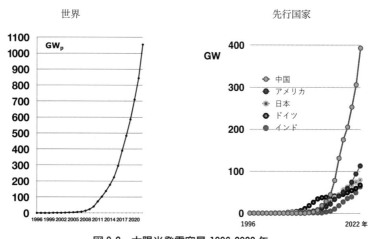

図 9-2　太陽光発電容量 1996-2022 年

（出典）Energy Institute 2023

　ドイツは長年にわたって世界平均を上回っていたが、コストが下がり続けて太陽光発電の追加的費用が小さくなると、中国が乗り出した。約 10 年後、中国が世界最大の太陽光発電生産容量を持つ国となった。現在、アメリカ合衆国が 2 番目であり、過去 10 年間で日本は先行国の 1 つとなった。現在の導入容量では、世界で日本は 3 位、ドイツ 4 位、インド 5 位である。

(2) コストの低減

　太陽光発電コストを低減する方策は必ずしも容易ではない。しかし、企業が太陽光発電所を建設し送電網に供給するために入札し、国が購入する仕組みは効果的だった。最も安い価格を落札できるからだ。これらの価格と入札価格は、公開された。2016 年、世界でコスト削減における非常に劇的な発展が見られた。注目に値する最初の低価格の入札は、2016 年 2 月にペルーで行われた。落札価格は、kWh あたり 5 米セント未満であった (CleanTechnica 2/25/2016)。

　当時それは、非常に低価格であった。多くの人がそれを非現実的な低価格だと言っていた。この入札の裏には何かおかしなところがあるに違いと疑われ、このような低価格は維持続できないとも言われていた。しかし、同じ水準の入札が続けて行われただけでなく、同年 5 月にはドバイにおいて kWh あたり 3 セントを下回る入札があったのである (CleanTechnica 5/2/2016)。

　数ヵ月後の 9 月には、近隣のアブ・ダビで kWh あたり 2.5 セント以下の入札があった (Bloomberg 2016)。翌 2017 年、メキシコでは 2 セント以下、もしくはメガワット時あたり 20 セントの入札があった (Deign 2017)。2019 年のポルトガルでは、初めて 1.5 セント以下となった (Bellini, 2019)。現在は kWh あたり 1 ユーロセントである。2021 年 4 月、世界で最も安価な太陽光発電であると思われたのは、サウジアラビアにおける kWh あたり 1 米セントという価格である (Green Building Africa 2021)。これ以前には、世界中のどこにもこのような安価な電力はなかった。

　国際再生可能エネルギー機関 (IRENA) のウェブサイト[1]には、太陽光資源の世界地図 Global Atlas (IRENA 2021) がある。この地図の最上部に位置しているスウェーデンは資源が非常に少ないため、その北部地域は何の色も付いていない。同様に、日本もこの地図上では薄い青色で示されている。しかしその尺度を見ると、これらの国の実際の太陽熱放射は、非常に安価な電力を供給できる赤色の地域と比較して、1 平方メートルあたり少なくとも半分くらいの太陽エネルギーが得られる。したがって、黄色や赤色の地域で太陽光発電の価格またはコストが kWh あたり 2 円であったら、これら青色の地域

においてはその 2 倍のコストで生産することが出来るはずである。

　中国も青色の地域が多く、多額の投資をしているところである。赤色地域の約半分の太陽光を利用できるが、そのコストは 2 倍になるという単純な理論だ。しかし、黄色や赤色の地域での記録的な低価格があるので、青色の国々でも太陽光で低コストの電力を生産することができる。実際、2016 年以降の同じ期間に、中東やラテンアメリカといった国々の 2 倍の太陽光発電コストがかかるヨーロッパの入札過程でそれが明らかになった。

　ヨーロッパでは、価格が kWh あたり 3.5 セント以下まで下がると、それを上回る入札は無かった。電力市場での電力価格よりも低い価格で入札する者がいなかったためである。そしてドイツ、オランダ、デンマークなどで補助金なしで太陽光発電所が建設されるようになった (Sun & Wind Energy 2016)。

(3) どこに設置するか

　北ヨーロッパでは、大規模な太陽光発電所が日本と同等あるいはより少ない太陽光資源にもかかわらず補助金なしで設置されている (Parkin 2019)。世界のいくつかの国々では、太陽光発電施設を設置できる場所について懸念する人々がいるが、太陽光パネルを建物の外装材として使用する好機がある。ヨーロッパでは、補助金を受けずにそうした太陽光発電設備を設置しているのである (Diermann 2020)。

　例えば、ビルは屋根や外壁に他の外装材の代わりに太陽光パネルを使用するのに適している。余分な場所をまったく取る必要がないからである。またこれらの太陽光パネルにかかる追加的費用は、屋根や外壁の外装材費用と太陽光パネル費用の差額のみである。近代的ビルに使用される外装材は非常に高価であり太陽光パネルよりも高額であることも多いため、その差額がゼロになる場合もある。電気設備の設置が必要であるにしても、電気代が節約できる。

　農業においては、太陽光パネルは農作物栽培の妨げになるのではないかとの懸念もあった。しかし、営農しながら農地を太陽光発電に使用するソーラーシェアリング (Agrivoltaics) が、その対立を和らげる解決策の 1 つとなっている (John 2021)。既にドイツには、架台に設置された多くのソーラーシェアリ

ング設備がある。ドイツの電力市場では、しばしば日中の電力価格が夜間や朝の時間帯よりも低くなった。ドイツの農家の中には、ソーラーシェアリングという素晴らしいアイデアを思いつき、太陽光パネルを生け垣のようにした架台を自分たちの畑に取りつけたのである（Fraunhofer ISE 2022）。これらの設備は南北に延び、太陽光パネルが両面に取り付けれらた。朝には太陽が当たる一方の面で発電し、午後には反対の面で発電する。

　多くの太陽光パネルが真南を向いているドイツで、電力価格が高い時間帯に彼らはその機会を活用している。可動パネルの架台に取り付けられた太陽光パネル設備は農地を奪わない。それは非常に狭い場所に設置されており、農業機械がこれらの間隙にぴったりとはまるため農家はもともと生産していた農産物を収穫し続けることができる。

　世界には、太陽光パネルを利用して食料生産を増加させている地域もある（Garcia 2021）。過剰な太陽放射のせいで地面が乾き過ぎてしまうような高温で乾燥した気候の地域である。太陽光パネルを設置すると部分的に影になる土地ができるが、それによって地面が乾燥し過ぎる日数または時間を減らすことができる。太陽光発電と食料生産の両方を増大しうるのである。

　太陽光パネルが、特に森林の下で育つように改良されたベリー類果実の生産を増加する使途もある。そうしたベリー類は日照の継続を必要としない。そこで、太陽光パネルが森林被覆に模した役割を果たし、他の方法よりもベリー類果物の生産を増大させるのである。建物の上には利用可能なスペースも多く空いており、太陽光発電と農業生産を組み合わせる好機なのである。

3. 風力発電

(1) 拡大する設備容量と生産量

　風力発電もまた増加している。世界の太陽光発電設備容量は800GW超だが、2021年以降に太陽光と風力のどちらの設備容量が大きくなっているかは、統計上微妙である。しかし、風力発電の平均設備利用率は、設備容量のkWhあたりの数値で太陽光よりも高いため、風力発電は電力を多く生産

し続けた。2022 年以降、太陽光の設備容量は風力よりも高くなるだろうが、21 世紀初頭 10 年間の風力発電容量の増加は、20 世紀に予測されたよりも多かった。意外なことに風力発電のこれほどの増加が起こるとは誰も予測しなかったのである。環境 NGO グリーンピース・インターナショナルは、デンマークのいくつかの団体と共同で 1998 年に、風力発電の急速な成長を予測するレポートを発行した (European Wind Energy Association, Forum for Energy and Development, and Greenpeace International 1999)。グリーンピースの活動家クリスティン・シアラー (Christine Shearer) は、この報告書発行当時、その予測が非現実であるため非常に当惑したと語った。この報告書に協力したデンマークのコンサルタントも同様であった。しかし、実際の展開は**図 9-3**(左) に示されているように 10 年前に非現実的だと想定していた予測をはるかに上回ったため、2008 年にコペンハーゲンでのある会議で彼らに再会した際に恥ずかしさを覚えると言っていた (GWEC 2022)。

　彼らが現実の展開を予測することができなかった理由は、中国での劇的な増加である。太陽光と同様に、まだ風力発電コストが高かった頃にドイツが補助金によってその成長に重要な役割を果たしたことが分かる。しかし、2005 年に風力発電が競争力を持ち始めると、中国はその発展に注力し始めた。**図 9-3**(右)が示すように、2010 年には中国が世界最大の風力発電国となり、現在ではすべての国よりも先んじている (GWEC 2022; EWEA 2022)。ここでも

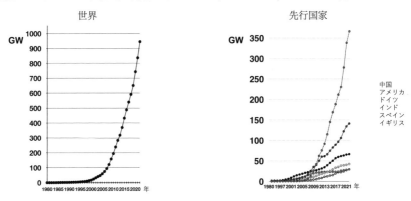

図 9-3　風力発電容量 1980-2021 年 (世界)・1980-2021 年 (先行国家)

出典：GWEC 2022; 2023

アメリカは中国に追いつこうと努力しており、ドイツも非常に良い結果を出している。スペインとインドも上位に食い込んでいる。日本はランクインしておらず少し残念である。

(2) コストの低減

2016 年にコストの低下は風力発電でも顕著になった。モロッコでの風力電力案件では MWh あたり 25 から 30 米ドルを提示する入札があった。当時、それは非常に安価で、世界中で入手可能な最安値の電力となった（Parkinson 2016）。現在のところ、世界最低額の公共入札は 2017 年にメキシコで Enel 社が提示した MWh あたり 18 ドル以下の風力電力である（Dvorak 2017）。さらに、風力発電は安価であるため、世界の多くの地域で補助金なしの商業目的で建設されている。

(3) どこに設置するか

また、風力発電所を建設するための土地が不足している問題もあるが、ここでも他の土地利用と風力発電を組み合わせる好機が多くある。私自身、スウェーデンにおいて風力発電開発に関するいくつかの案件に関わっているが、私の居住地からそう遠くないところの幹線道路沿いの農業用地に風力発電所が建設されている。

農地に風力発電所を建設しても、風車塔の下の基礎部分を除いて営農を続けられる。農家は農地を犠牲にすることなく、あるいは比較的狭小な土地を使って風力発電設備を設置できるが、風車設備から発生する騒音のために住居地域近くに設置することは難しい。前述の立地は自動車道路の近隣なので既に騒音が発生していたが、居住人口がいないため騒音問題は生じなかった。道路の片側に小さな既存の風力発電設備がいくつかあり、その反対側には大きな新しい風力発電設備いくつかある。この開発案件を通じて、農家は風力発電所に土地を貸すことで多くの利益を得た。これらの発電設備を所有する電力会社の管理者である知人によると、この風力発電設備はとてもうまく稼働し、計画通りに電力を生産している。それは、風力発電機大手であるヴェ

スタス社のネットワークで稼働する最新の発電設備であり、デンマークのヴェスタス社の管理センターから遠隔制御されている。

　もし発電所で不具合があった場合には、すぐに電力会社の管理者に問題発生や復旧見込みがショート・メッセージ・サービス (SMS) で通知される。彼によれば、農地を持つ農家は、電力会社から利益の何割かを得ることができるため、風力発電所に関心を持っている。彼はいつも私がデンマークの管理センターから SMS を受け取る前に連絡してくる。発電所は常に電力生産を続け、追加的利益をもたらすこともあり彼は非常に熱心である。

　また、洋上風力発電には非常に大きな可能性がある。世界には広い海が存在し、洋上風力発電所はほとんど他の海洋利用を妨げない。漁獲量を増加させる養殖場を提供する可能性もある。洋上風力発電の事業区域では漁場アクセスが制限されるかもしれないが、発電施設近傍では魚礁効果によりでは漁獲量の増加もありうる。

　これまで洋上風力発電に大きな可能性があると認識されてこなかったのは、風力発電所を個別建設するには陸上よりも洋上の方が、コストがかかるのは明らかだったからである。洋上風力発電所の建設には特殊な船舶や特別な装置が必要であり、陸路で資材を運搬して建設するようにはいかない。一方、洋上においては、風力発電所の大きさに制限はない。例えば、ゼネラル・エレクトリック社の大規模な風力発電装置の写真を見ると人の大きさと比較してとても巨大で、これをトラックに載せて日本の田園地域の道路を運搬することがどれだけ困難であるかは想像に難くない。陸上風力発電設備は、陸上用に限られているのである。

　しかし、洋上風力発電は、特殊な船舶を建造することさえできれば、風力発電所の規模を制限する必要はない。通常の陸上風力発電設備が 5MW であるのに対し、洋上では増加し続けて、現在では風力発電機 1 基で 15MW の出力が可能な発展が見られる。

　洋上風力発電のもう 1 つの利点は、海上は陸上と比べて風況が良く、強い風を持続的に受けることができる。日本周辺の風況マップを見ても、海上の風は陸上よりもずっと強い。洋上風力発電設備を設置するための追加的費用

は、現在では風況の良さと風力発電の大規模化によって相殺される。

　また、2016 年は風力発電にとっても重要な年であった。夏にヨーロッパ
で、MWh あたり 70 ユーロという価格が提示され (Darby 2016)、同年の夏で最
も低いとされていた。しかし 2 ヵ月後、価格はさらに下がった。Danish West
Coast 社が落札したのは、MWh あたり 60 ユーロであった (Gosden 2016)。その
また 2 ヵ月後、別の入札で Danish East Coast 社は MWh あたり 50 ユーロ以下
の価格を入札した。秋までの間に、毎月約 5 ユーロずつ洋上風力発電価格は
下がっていった (Vattenfall 2016)。デンマーク最大級のこのクリーガース・フ
ラク洋上風力発電プロジェクトは入札価格が非現実的に低いと批判された。

　私自身はこの発電所を建設した会社の取締役を務めている。約 1 年前に建
設が計画よりも早く、低い予算で完成したと報告されたのは、取締役会にとっ
て大変喜ばしく、安心するものであった (Vattenfall 2021)。世界でエネルギー
設備を導入する上で、プロジェクトを開始時よりも安く竣工することはめっ
たにあることではない。さらに、「パンデミック危機にもかかわらず」これ
を達成したのである。そして取締役会で報告した責任者は「おそらくパンデ
ミックのおかげで」と言い直した。というのはパンデミック期間中、建設現
場への不要な立ち入りが禁止されたためである。役員たちは誰も現場視察に
行けなかったので現場作業を妨げることもなかった。風力発電部門の責任者
だけがこれをジョークにすることができたが、それは当然のことだったのか
もしれない。

　もし洋上風力発電の導入コストが直線的に下がり続けたら、2017 年夏ま
でには無料になっただろう。もちろん、どれだけ安くできるかには限界があ
るが、2017 年に北ヨーロッパでは風力発電事業者が補助金なしで風力発電
で電力生産する最初のプロジェクトがあった (Hill 2017)。この最初のプロジェ
クトはドイツ北海沖にあるもので、エネルギー・バーデン・ヴュルテンベル
ク (Energie Baden-Württemberg) 社とデンマーク国営電力会社 DONG エネルギー
社 (旧デンマーク石油・天然ガス公社、現オーステッド社) が、海域の利用と送電
網への接続を得られるなら補助金なしでドイツのスポット市場に電力を供給
することを提示した。

　1 年後、デンマーク政府は、補助金を交付せずに調達プロセスを開始した (Weston 2018)。企業は、より多くの電力を生産するため、早急に発電所を建設し、信頼を得て、入札競争しなければならない。数億ユーロをデンマーク政府に提供し、電力生産とスケジュールにおいて約束したことを履行できなければその金額を失うということを了承することが求められた。

　ヴァッテンフォール社は 2021 年に建設が始まったプロジェクトも落札した (Vattenfall 2022)。このプロジェクトの規模は、非常に巨大で、発電所全体では 1.5GW である。1 つの風力発電プロジェクトで、世界最大の原子炉と同等の規模となる巨大プロジェクトである。原子炉を建設するには 10~20 年かかる一方で、このプロジェクトの建設は 2021 年 7 月に始まり、翌年 2022 年 8 月には送電が開始された。

　約 1 年後まだ最大出力には達していないが、その翌年初めか同年中には最大出力を達成するだろう。建設の速さだけでなく、同時にコストが下がったことで、素晴らしいレベルに達したのである。2021 年にデンマークが風力発電建設のために海域を提供したとき、ドイツの企業 RWE 社と締結した契約は、彼らが自分たちで利益を得られるようになる前に数億ユーロをデンマーク政府に支払わなくてはならないというものであった (Danish Energy Agency 2021)。

　このように補助金を求めるエネルギー技術は、発電所を建設する許可を得るために政府に支払金を供与するものへと移行した。陸上風力発電では、中国がこの技術を普及する割合を加速化している。2021 年、中国は単独でわずか 1 年間に、それまで世界で他国が 5 年間に建設した洋上風力発電所と同等の数の洋上風力発電所を建設したと報告した (Vetter 2022)。中国は大国であることから、大事業をなすことは想像できるが、それにしてもこれは驚異的なことである。

　日本と北ヨーロッパ諸国にも良いニュースがある。IRENA Global Atlas が、世界最大レベルの利用可能な風力資源がある場所を日本と北ヨーロッパに示したのである。太陽エネルギーに関しては世界の他の地域が勝っているが、風力では日本と北ヨーロッパは対抗できる潜在力を持っている。だから、日

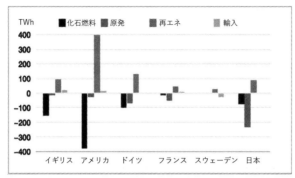

図 9-4　電力供給の変化　2010 年 -2021 年

（出典）bp（2022）

本がこの技術を産業として活用することができていないのはおかしいと指摘
した。

　このような数値や動向を見れば、「望ましい結果は理解できたが、世界の
エネルギー・システムはどうなっているのだろうか。電力供給システムを
変えうるこの経済的機会を活用するにはどうすればいいのだろうか」と感じ
るかもしれない。そこで 1 つの例を示したい。**図 9-4** は、成熟した先進国、
2010 年から 2021 年までの 10 年間におけるその電力供給の変化である。再生
可能エネルギーはここに示したすべての国で増加し、化石燃料と原発は減少
した。この中ではアメリカ合衆国が最も注目するべき国であろう。なぜなら
ば、化石燃料による電力生産をほぼ 400TWh 減少させ、同じ程度の再生エネ
ルギーによる電力生産を増加させたからである。

　これはドナルド・トランプ（Donald Trump）のような政治的指導者がいたに
もかかわらず行われた。彼の政治的キャンペーンを思い出してほしい。「石
炭を採掘し、アメリカの石炭産業を救うのだ」と言っていたではないか。し
かし、実際には、彼の任期中にそれ以前のどの大統領任期中よりも多くの
化石燃料による発電所、特に石炭火力発電所が閉鎖されたのだった。アメ
リカ最大の非上場石炭鉱業会社のオーナーであるロバート・マレー（Robert
Murray）は、トランプの選挙活動中の重要な支援者としてワシントン DC での
大統領就任パーティーの資金負担もしたが、トランプ大統領任期中に倒産し

たのである。

　政治的指導者の言動に目を向ける際には、彼らが何を言ったか、何を行ったかに注目することが重要である。トランプはかなり非建設的な言動をしていたが、大統領任期中に起こったことは彼のレトリックとは対照的であった。ここで重要になってくるのは、化石燃料から作られる電力は約400TWh減り、石炭火力による電力は約1,000TWh減った一方、天然ガス由来の電力はそのおよそ半分の量が増加したことである。これが化石燃料の純効果である。

　日本は福島での原発事故の結果、原発を大きく減少させたが、それでもなんとか化石燃料による電力も減らし再生可能エネルギーを増やしている。この差異について説明できる重要な要因は、エネルギー効率の向上である。効率とは、現代科学技術を利用する時に、以前と同じ量の一次エネルギーを利用しなくとも以前と同じエネルギー・サービスを供給することである。日本は最初のオイルショック後の1970年代、この方向へ大きな一歩を踏み出し、過去10年間で再びそれを成し遂げた。

　この10年間で化石燃料からの電力生産を増加させた2つの国は、中国とインドである。両国ではエネルギー消費量と電力消費量が急増したことから、あらゆる面でアウトプットが拡大された。しかし再生可能エネルギーの増加は、従来の再生可能エネルギーの市場シェアよりもかなり大きい。2021年または2021年前半を見ると、これらの国(少なくとも中国)は化石燃料を減少させ、再生可能エネルギーを劇的に増加している。

　再生可能エネルギーが非常に急速に増加した一方で、原発の電力生産量は2006年を上回っていない。2021年には太陽光と風力が原発を上回った。電源別コストの動向は、アメリカのLazard社による報告書(2021)に明確に示されている(**図9-5**)。太陽光と風力は圧倒的に安価な新しい電力資源になったのである。

　再生可能エネルギーの維持管理と運用のコストについて質問する人もいるだろうが、これらのコストも含まれている。Lazard社の調査は毎年3月に行われるが、過去2年間、太陽光と風力のコストは、燃料、維持管理および運用に非常に高いコストがかかる既存の原発と石炭火力発電所の稼働を続ける

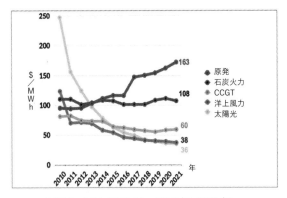

図9-5　電力のコスト　2010 年 -2021 年

(出典) Lazard（2021, 8）

よりも低いことが報告されている。太陽光発電と風力発電の総コストは、旧来の火力発電所を運用し続けるコストを打ち負かし始めており、これは非常に目覚ましい世界的な発展である。既存の原子力発電所と石炭火力発電所は次々と閉鎖され、再生可能エネルギーが増加している。

　日本の電力会社にとっては、太陽光発電と風力発電に有利な固定価格買取制度があったが、矛盾した政策システムとなってしまっている。日本においてルールや規制が高い障壁となっているのは、片足でアクセルを踏みながらもう一方の足でブレーキを踏んで車を運転するようなものだ。それは効率的ではない。従来の電力会社が太陽光発電や風力発電に投資をしたくないのは、それらが自社が所有する既存の発電所を脅かすからである。世界を見渡しても、既存の電力会社は最有力な投資者でも主要な投資者でもない。たいていは年金基金や保険会社、開発を促進する個人株主から資金提供を受けている新規参入企業が中心である。おそらく洋上風力発電は例外となるだろう。大きな電力会社がその能力を発揮する機会を見出し、かなり大規模なプロジェクトを建設し始めている。しかし太陽光と陸上風力では、大手電力会社の参入が少なく、新興企業が中心となっている。

4.　未来への展望

(1)　世界の繁栄のための素晴しい機会

　ここまで再生可能エネルギーが他の電力生産方法よりもどれだけ安価になるかを説明してきたが、さらに注目に値することについて論じたい。太陽光と風力による発電が、単位当たりで原油よりも安いと気づいた人は少数だった。20世紀には、電気は石油よりも高価だったため電力生産のために石油を利用することが経済的に正当化されていた。現在では電気は石油よりも安い状況になっている。だから石油の代わりに電気を使って燃料を生産出来るのである。このことは、原油価格を見ると1バレルあたりのドル価格でその値段を知ることによって覆い隠されてしまっている。電気はMWhあたりのドル価格で表示されるので、バレルをメガワット時に変換しなければならない。しかし、世界市場の石油価格を太陽光と風力のそれと比較すれば、現在では太陽光と風力の方が石油より安価であることは明らかなのである。

　つまり、それは、輸送部門においても、電気自動車、電動バス、さらに大きな電動フェリー、電動の航空機でさえも、石油の代わりに電気を使い始めることができるということを意味する。15年前、私はある会議のパネルディスカッションに参加したが、そこでは電動の飛行機などはありえないと結論づけられた。なぜならバッテリーが重すぎるからだ。しかし、その時の聴衆の中に素晴らしい若者がいた。彼は人前では何も言わなかったが、会議後に小さなメモを持って私のところへやってきて「このウェブサイトを見てください」と言った。それは中国企業が15年前にすでに、エアバス航空機よりも新型の、2時間分の電動の駆動用バッテリーを積んだ2人乗りの飛行機を紹介しているウェブサイトだった。それ以来、私は電動の航空機が不可能だとは決して言わなくなった。そして現在では、世界には、大陸間の往来ではないものの500kmまでの国内便旅客用の電動飛行機を開発する企業がいくつかある。

　バッテリーが自動車用に製造されると、バッテリー製造の規模は拡大した。太陽光発電と同様に、規模の拡大と経験を積むとコストは低下する。バッテ

リーのコストは今や、電力供給網でも利用できるくらいまで下がっている。最初の事例はオーストラリアであった。テスラ社が、ガス火力発電所が稼働しない時に電力供給網の安定化を可能にする蓄電設備のバッテリーパックを供給し、火力発電所でもそれをすることができた (Maisch 2018)。彼らはもともと太陽光発電所と風力発電所も所有していたが、バッテリーパックの方が、電力を安定させ、石炭火力発電所の突然の停止や、システム管理者にとっての問題を引き起こすその他の状況に対処する方策として非常に安価な方法だと気づいたのだ。

　火力発電所で太陽光や風力を使うことから、蓄電池を使うことへと移行することによって費用を抑えることにもなったのである。それは、世界の電力システムの一部を転換することもできる。太陽光や風力の発電所は最大で夜間 2 時間分の電力しか発電できない。典型的なのはカリフォルニアで、風力発電所または太陽光発電所とともに大規模蓄電施設を建設し、旧来のガス火力発電所を閉鎖した。しかし、必ずしも大規模な蓄電池を使う必要はなく、自動車に小さなバッテリーを搭載すれば良い。こうした方法によってドイツのフォルクスワーゲン社が電力会社を設立した。すべてのフォルクスワーゲン車の所有者と契約して新しい電力会社をつくるというアイデアである。

　フォルクスワーゲン社の新世代の電気自動車は、充電ステーションに接続して電源から電気を取り込む装置と、電源に電気を送り返す装置の両方を搭載する。そしてフォルクスワーゲンの電力会社 Elli 社は、電気自動車の所有者と契約を結び、バッテリー容量の一部を使うことができるようにするという (Volkswagen 2021)。電気自動車所有者は、電気価格が安い時に買い、高い時に売り戻すことができる。このようなサービスは、電力の送電網の安定供給にもつながる。彼らの展望は、電気の売買と送電網の所有者に安定したサービスを提供することにより多くの利益を得ることである。そして、やがては電気自動車の所有者が運転に必要な電力を無料で得ることができることを目指す。それは電気自動車の所有者にとってかなり魅力的な展望である。

　液化天然ガス (LNG) のコストはたいてい 100 万英熱量あたりのドル価格で提示されるが、同様の転換をすることができる。ほとんどの LNG の現行価

格は、ロシアによるウクライナ危機のせいで非常に高く、再生可能エネルギーのコストよりもはるかに高くなっている。水素やアンモニアやメタノールを電気から生産するプロジェクトが数多く存在し、ヨーロッパとオーストラリアでは競争が激化している。最安値の電気よりも石炭価格が上回り、水素を生産するために石炭の代わりに電気を使うことができるようになっている。例えば、鉄鋼業界では、1年前に鉄鉱石と水素から初めて海綿鉄を作ったスウェーデンでこれが始められた(SSAB 2021)。2か月後それは鉄になり、ボルボ社が製造する自動車に使われた(Volvo 2021)。自動車業界はこのような機会を歓迎している。なぜなら、自動車が電動化されると、自動車からのライフサイクルにおける温室効果ガス排出の主な原因は、自動車の製造過程で使用され、不可欠である鉄となるからだ。

　太陽光と風力とバッテリーがこの10年でどれくらいコストを下げてきたその減少傾向が続くことは明らかである。経済危機や原材料危機のようなかく乱要因はあるが、コストは下がり続けている。それは予測可能でほとんど確実である。エネルギー供給のまったく新しい条件を備えた世界に、私たちは今生きているのである。長期にわたり有効なエネルギー供給を目指して急速な発展を求めている私たちにとって、再生可能エネルギーは持続可能となりうる世界の繁栄のための機会を切り開いていく。

　日本では、大規模太陽光発電が、丘陵地でのずさんな計画のために地すべりの原因となりうる事例があった。もちろん、土地利用の変化に伴い、土壌の構造にどれだけ影響するかを慎重に考えなければ、地すべりを引き起こす可能性がある。しかし、これは的確な土木工学を使えば、阻止することのできる問題である。地すべりは、開発を止めたり、成長率を下げる要因ではなく、物事を正しく行うかどうかという問題である。産業界における学習曲線は、成功事例からだけでなく、失敗事例からも学ぶことが重要なのである。

(2) 再生可能エネルギーを促進するもの

　世界的には再生可能エネルギーを推進しているのは経済市場である。しかし、経済的要因が再生可能エネルギーを推進している一方で、国ごとに強い

られる障壁もあるようだ。ヨーロッパと日本を比較すると、もっとも重大な違いは、ヨーロッパでは独立した業者が電力網を制御する電力市場がある点である。そこでは電気を生産したい業者は、競争しなければならない。その中の誰もが電力網を独占せず、彼らは安価な電力を供給し、顧客に確実に届け、消費と生産のバランスを保つことを約束することにより、競合しなければならない。そして、さまざまな時間軸で電気を売買する開かれた透明性のある市場があり、再生可能エネルギーは旧来の火力発電所と競争しているのである。

　日本には、独立した生産者として管理される送電システムの中立的な電力市場がない。日本ではまだ、旧来の電力会社が送電網を管理している。大規模な火力発電所は、太陽光と風力を抑えて再生可能エネルギーに対する障壁を作り出している。それが石炭火力発電所と原子力発電所の脅威となるなら、それは投資家が市場で利益を得ることが許されなかったり締め出されたりするために、投資家にとって非常に危険なリスク要因となる。太陽光発電や風力発電にとっては、さらに面倒な許認可手続もある。これは自虐的なコスト障壁を作り出し、産業界の学習を鈍らせる。それらがなければ日本における再生可能エネルギーのコストはもっと下がっていただろう。このように政策が再生可能エネルギー開発を遅らせる場合はあるが、根底にある原動力は経済市場である。10年前、再生可能エネルギー技術は支援や補助金を必要としていたが、今では市場への公正な参加こそを必要としているのである。

(3) 東アジアの状況

　中国は洋上風力発電において目覚ましい発展と進歩を遂げた。日本にとってこの分野での国際協力の可能性があるのか、特に日中関係について懸念する人もいるだろう。特に前向きなことで協力することにより防衛上の緊張を和らげようとする場合には。それはエネルギーや技術協力の問題だけでなく地政学とアジアの経済発展の問題であるため、大きな懸案であろう。しかし、エネルギー分野での協力は、相互の利益が明確に見える分野の1つである。例えば、国家間の電力網の相互接続は、国際協力を向上させる非常に重要な

象徴となりうる。現在の欧州連合の起源は、第2次世界大戦中に敵国同士であった国境地帯の石炭や鉄鉱を共同管理したことである。そして今や50〜100年前には敵国同士であった地域の広範囲にわたる協力と電気網の相互接続が実現しているが、アジアではまだそれが行われていない。

　残念なことに国際協力と経済的繁栄の機会を失うような確執も残っている。同時に、アジア諸国の政治指導者間には明らかな違いもある。中国は日本とはかなり異なっており、北朝鮮と韓国ともかなり違う。政治システムの違いにより、国際協力がより困難となっている。しかし、自然エネルギー財団は、特に南北朝鮮で、電力網の相互接続とより良い協力による機会と利益を目指して積極的に活動している。政府が協力する気になれば、大きな展望が開けるだろう。

注

1　国際再生可能エネルギー機関（IRENA）は、2021年に IRENA Global Atlas 4.0 を発行した。

参考文献

Bellini, Emiliano. 8/9/2019. "Winners, projects, prices of Portugal's record PV auction." *pv magazine*.

Bloomberg News. 9/21/2016. "Cheapest solar on record offered as Abu Dhabi expands renewables."

bp 2022. *bp Statistical Review of World Energy*. London: Whitehouse Associates.

CleanTechnica. 2/25/2016. "Tremendously Low 4.8¢/kWh Solar Price in Peru, Unsubsidized."

CleanTechnica. 5/2/2016. "Dubai Gets Record-Low Bid of 2.99¢/kWh for 800 MW Solar PV Project."

Danish Energy Agency. 12/1/2021. "Thor Wind Farm I/S to build Thor Offshore Wind Farm following a historically low bid price." Danish Energy Agency Press Release.

Darby, Megan, 6/7/2016. "Offshore wind costs hit record low." *Climate Home News*.

Deign, Jason. 11/29/2017. "Mexican Solar Sets a Record Low Price for Latin America." *Greentech Media*.

Diermann, Ralph. 5/28/2020. "Another 500 MW of unsubsidized solar for Denmark." *pv magazine*.

Dvorak, Paul. 11/29/2017. "Enel sets a new world wind record in Mexico, below $18/MWh." *Windpower Engineering & Development.*

European Wind Energy Association（EWEA）, Forum for Energy and Development, and Greenpeace International. 1999. *Wind Force 10: A Blueprint to Achieve 10% of the World's Electricity from Wind Power by 2020.* https://www.inforse.org/doc/Windforce10.pdf

Fraunhofer Institute for Solar Energy Systems ISE. 2022. *Agrivoltaics: Opportunities for Agriculture and the Energy Transition.* Freiburg: Fraunhofer ISE.

Garcia, Eduardo. 10/14/2021. "Agrivoltaics is a Win-Win for Clean Energy and Sustainable Agriculture." *Treehugger.*

Global Wind Energy Council（GWEC）. 2022. *Global Wind Report 2022.* Brussels: GWEC.

Gosden, Emily. 9/14/2016. "New record for the cheapest offshore wind farm." *The Telegraph.*

Green Building Africa. 4/12/2021. "Saudi Arabia's second PV tender draws world record low bid of US$0.0104/kWh."

Hill, Joshua S. 4/14/2017. "First Subsidy-Free Offshore Wind Deal in German Offshore Wind Auction, DONG Energy & EnBW Win big." *CleanTechnica.*

International Renewable Energy Agency（IRENA）. 2021. *Global Atlas 4.0.* https://globalatlas.irena.org/

John, Julia. 2021. "Agrivoltaics May Offer Fresh Way to Produce Food and Energy." *Foodtank news.*

Lazard. 2021. "Lazard's Levelized Cost of Energy Analysis – Version 15.0."

Maisch, Marija. 12/5/2018. "South Australia's Tesla big battery saves $40 million in grid stabilization costs." *pv magazine.*

Parkin, Brian. 2/6/2019. "Germany's Biggest Solar Park Will Be Built Without Subsidies." *BNN Bloomberg.*

Parkinson, Giles. 1/17/2016. "New low for wind energy costs: Morocco tender averages $US30/MWh." *Renew Economy.*

SSAB. 6/21/2021. "HYBRIT: SSAB, LKAB and Vattenfall first in the world with hydrogen-reduced sponge iron." SSAB Press Release.

Sun & Wind Energy. 11/30/2016. "Danish bidders win cross-border PV tender."

Vattenfall. 9/11/2016. "Vattenfall wins tender to build the largest wind farm in the Nordics." Vattenfall Press Release.

Vattenfall. 9/6/2021. "Scandinavia's largest offshore wind farm inaugurated" Vattenfall Press Release.

Vattenfall. 8/2/2022. "First power from offshore wind farm Hollandse Kust Zuid delivered." Vattenfall Press Release.

Vetter, David. 1/26/2022. "China Built More Offshore Wind in 2021 than Every Other Country Built in 5 Years." *Forbes*.

Volkswagen. 3/16/2021. "Volkswagen Group Power Day 2021." https://youtu.be/UQZ8KmCItF8

Volvo. 10/13/2021. "Volvo launches World's First Vehicle Using Fossil-Free Steel." Volvo Press Release.

Wene, Clas-Otto. 2000. *Experience Curves for Energy Technology Policy*. Paris: OECD/IEA.

Weston, David. 3/19/2018. "Vattenfall awarded Dutch zero-subsidy site." *Windpower Monthly*.

10 章

エコロジカル・フットプリントの可能性

和田喜彦

1. はじめに

「サーキュラーエコノミー」。「カーボンニュートラル」。これらの用語は国際的にも国内的にも既に広く認知されているが、近年、「ネイチャーポジティブ」という概念が世界的なトレンドとなってきている。「ネイチャーポジティブ」とは、生物多様性の損失を止めて反転させる (UK Government 2021) ことを意味する。本章では、「ネイチャーポジティブ」へのパラダイムシフトへの加速をエコロジカル・フットプリント (Ecological Footprint, EF) がどのように貢献できるか、その活用の可能性を論じる。EF は、生態系のもつ供給能力と、人間による需要とのバランス関係を把握するために開発されたサステナビリティ指標であり分析ツールでもある。生態系への負荷を生態系の能力との比較という観点から「見える化」することで、環境負荷の低減を促進できると考えられる。それは、生態系の大崩壊を回避するために必要な指標である。個人の暮らしや、開発案件、大学、企業経営などが、ネイチャーポジティブに貢献しているのかの判断材料の 1 つになり、経済運営の羅針盤にもなりうる。

本章では、ネイチャーポジティブへのパラダイムシフトの実態を俯瞰した後、EF の概要・計算方法の紹介を行う。その後、EF のこれまでの応用事例を概観し、ネイチャーポジティブを軌道に乗せるために EF がどのように貢献できるかを検討する。

2. ネイチャーポジティブをめざす国際的な動向

(1) 持続可能性をめぐる 1990 年代から現在までの国際潮流

　近年、国際社会、各国政府も投資家も、企業も、持続可能な開発目標(SDGs)、サステナビリティ経営、ESG 投資、インパクト投資、持続可能なサプライチェーンなどに大きく舵を切っている。1995 年の世界貿易機関(WTO) 発足に象徴されるように、1990 年代の国際社会の潮流は、グローバルな統一市場を構築して国際的な貿易や投資を促進することが最優先された。それが環境政策にもネガティブな影響を与えた。環境配慮が不十分であるという理由で外国製品を排除することは非関税障壁と見なされたのだ。具体例を挙げると、環境や健康に有害であるとされるガソリン添加剤(米国企業・エチル社のMMT) の輸入を禁止するカナダ連邦政府の規制が北米自由貿易協定(NAFTA)違反とされ、カナダ政府が国内規制を撤回する事案が発生したのだ。国民の健康と環境を守ろうとする国家主権が、経済のグローバル化という圧力に屈した事例である。

　この事案が象徴するように 1990 年代から 2000 年代前半は、新自由主義を基調とする経済のグローバル化の論理が環境保護の論理を凌駕していた時代とも言える。それを思えば、昨今の国際的なサステナビリティに向けた経済界の積極的な動向は隔世の感がある。

　変化が起こった契機は幾つか存在する。その 1 つは、NGO による産業界や金融界への様々な働きかけである。その起点となるのは、1989 年に環境NGO と企業と投資家団体が協力して策定した「セリーズ原則」である。企業が守るべき規範を NGO とともに構築しようとした取組みである (毛利2022)。

　NGO と産業界との協働によるサステナビリティ変革への動きは 1990 年代初めに見てとることができる。1992 年に発足した森林管理協議会(FSC) による森林認証制度がその先駆けと言えよう。国際的な環境 NGO である世界自然保護基金(WWF) が森林経営者、製材業者、森林組合と協力し、持続的な森林経営を「見える化」する取り組みである。その後、海のエコラベルと呼

ばれる海洋管理協議会 (MSC) 認証制度が確立し、海洋生物資源の持続的な消
費を「見える化」する運動が展開されている。

　この頃より、科学者たちによる自然資源の状態を「見える化」する貢献が
顕著になってきた。1990 年〜 1991 年には、後述するように、カナダのブリ
ティッシュ・コロンビア大学の研究チームが「EF」指標を開発し、人類の資
源利用の大きさと生態系による供給能力とのバランス関係を視覚化すること
に成功した。研究結果から、人類の資源消費は地球生態系が供給できる能力
を超えていることが示唆された。EF 指標は日本政府の注目するところとな
り、『環境白書 (平成 8 年版総説)』(環境庁 1996) で初めて取り上げられた。2023
年段階で、日本、スイス、アラブ首長国連邦、エクアドル、フィンランド、
スコットランド、ウェールズ、ルクセンブルグ、コスタリカ、インドネシア、
フィリピン、スロベニアなどの国と地域で公式なサステナビリティ指標の 1
つとして採用されている。

　2009 年に *Nature* 誌および *Ecology & Society* 誌に発表されたプラネタリー・バ
ウンダリー (地球の限界) 論文が世界の注目を浴びることととなった (Rockström
et al. 2009a, Rockström et al. 2009b)。プラネタリー・バウンダリーとは、地球の安
定性を維持する最重要プロセスを特定し、各プロセスについて安定した地球
で人類が安全に活動できる範囲を科学的に定義し定量化したものである。最
重要プロセスとして 9 つが特定され、それぞれについて地球の限界を上回る
状態に達していないかどうかの診断を下した。9 つのプロセスのうち、生物
多様性の喪失 (種の絶滅の急速な進行) および、窒素とリンの循環の 2 つのプロ
セスが不確実性の領域を超えて危険域に達しているとされた。また、気候変
動と土地利用の変化については、リスクが増大する不確実性の領域に達して
いると判断された。

　エネルギー利用による環境問題への関心が世界的に高まった契機は、2011
年 3 月の東京電力福島第 1 原子力発電所における同時多発過酷事故であった。
原子力エネルギーの脆弱性と危険性が白日の下に曝され、ドイツやイタリア
においてエネルギー政策が脱原発にシフトし、日本のみならず世界各地で再
生可能エネルギーの普及が進むことになった。

　2010 年代になると気候変動・気候危機に対抗する NGO の動きが加速化した。2011 年にはカーボン・トラッカーという英国のシンクタンク型 NGO が『燃やせない炭素：世界の金融市場はカーボン・バブルを抱えている？』を発行した。金融界の構成員にも理解しやすい言葉を用いて気候変動への対応を訴えた。例えば、石炭火力発電所を「座礁資産」であると指摘した。本書発行をきっかけとして、環境 NGO が石炭火力と石炭採掘事業からの資金の引き上げを機関投資家に呼びかける「ダイベストメント運動」が世界に拡がっていった（毛利 2022）。

　金融機関が融資案件を選定する際に環境破壊や人権侵害を行っていないかを審査項目に入れているかという観点から金融機関を格付けする Fair Finance Guide Japan は 2014 年に活動を開始している。

　このような動きの前段階として国際金融業界自身の変化があった。「責任投資原則（Principles for Responsible Investment, PRI）」という組織の設立（2006 年）である。PRI は、国際連合事務総長のコフィー・アナンが呼び掛けたことで発足した機関投資家による自主的な国際組織である。PRI は、国連環境計画・金融イニシアティブ（UNEP-FI, 1992 年設立）と緊密に連携しつつ、環境負荷の低い持続可能な社会の構築に資する ESG 投資の拡大に邁進している。PRI は、投資判断に当たり、財務情報だけでなく環境や人権など、いわゆる非財務情報も活用すべきと提唱した。PRI に署名している機関は、世界で 5,319 機関、日本で 119 機関である（2022 年 12 月 31 日現在、PRI 2022）。署名機関数は、過去 10 年間で急速に増えている（2013 年には世界全体で 1,100 程度に過ぎなかった）。

　2015 年には、サステナビリティの加速について影響が大きな 3 つの出来事があった。ローマ教皇フランシスコによる回勅（『ラウダート・シ：ともに暮らす家を大切に』）の発表（6 月）、国連総会における「持続可能な開発目標（SDGs）」の採択（9 月）、そして気候変動枠組条約第 21 回締約国会議（COP21）における「パリ協定」の採択（11 月）である。

　回勅は、カトリックの総本山であるローマ教皇が全世界の司教と信者に宛てて発する公文書で、教皇が出す文書の中では最も重要な文書とされる。フランシスコ教皇が発行した『ラウダート・シ』は回勅史上初めて環境問題・

サステナビリティをテーマとするものであった。『ラウダート・シ』はローマ教皇フランシスコにとって、2013年6月に発表された『信仰の光』に続いて2つ目である。

　SDGsは、2000年の「ミレニアム開発目標（MDGs）」の後継とされ、持続可能性に関する17の国際目標と具体的なターゲットで成り立ち、これらを2030年までに達成することを目指している。SDGsの交渉過程ではMDGsの不十分な点を改善する努力がなされた。MDGsの効果が充分とは言えなかった原因は、人権の視点が希薄であったからである。そこで、人権コミュニティーは、SDGsの策定過程で人権を中心に据えるように積極的に関与した。その結果、人権の原則と基準がSDGsに色濃く反映されることとなった（藤田2022）。「誰一人取り残さない」という標語はこれを象徴している。SDGsはロゴもカラフルで親しみやすく日本でも認知度が高い。日本政府も経団連もSDGs推進に積極的に取り組んでいる。ただし、SDGsマークの提示は第三者認証が必要ではない。そのため、企業のグリーンウォッシュに利用されている場合もあり、NGOからの批判が表面化している。

(2) 英国政府による生物多様性回復を目指す施策

　各国政府の中でも英国政府は、生物多様性の回復への動きを先導しようと努力を積み重ねている。たとえば、2021年6月に英国・コーンウォールでG7サミットが開催された際7ヵ国の首脳は、議長国英国が提示した「G7 2030自然協約（G7 2030 Nature Compact）」に合意した。自然協約のキーワードは、「ネイチャーポジティブ」だ。生息域が減少するなどの原因で生物多様性が減少する状況を「ネーチャーネガティブ」と呼ぶが、生物多様性の損失が止まり回復する状態が「ネイチャーポジティブ」である。2030自然協約では、2030年までに生物多様性の減少を反転させ回復に向かわせること、ネイチャーポジティブにシフトさせることを日本を含むG7の首脳たちが約束したのである。また、各国首脳は2030年までに地球上の陸と海のそれぞれにおいて保護区を30％に増やすこと（30 by 30）を約束した。

　英国政府は、「ネイチャーポジティブ」をキーワードに、サステナビリティ

経営、ESG 投資の分野において世界をリードするという競争戦略を描いている。実際、G7 サミット直後に英国政府は、生物多様性をあらゆる政策へ組み込むと発表した (2021 年 6 月 14 日)。具体的には、高速鉄道 HS2 のような重要インフラプロジェクト実施に際し、生物多様性と野生生物の生息地を純増させる、途上国での政府開発援助案件も対象とすると宣言したのである。

　英国政府は、この動きの科学的根拠を担保するために、『生物多様性の経済学：ダスグプタレビュー』(Dasgupta 2021) を G7 の 4 ヵ月前、2021 年 2 月に公表した。英国財務省がこの報告書の策定を先導し資金を提供した。報告書を取りまとめたパーサ・ダスグプタ博士は、パキスタン生まれ、インド育ちの著名な主流派経済学者で、環境資源経済学と開発経済学を専門とするケンブリッジ大学名誉教授である。英国に移住し、学問的貢献の高さが認められ、貴族の称号 (Sir) を授与されている。報告書発表の記者会見はオンラインで開催され、世界に配信された。チャールズ皇太子 (当時) とジョンソン首相 (当時) が相次いで登壇し、当該報告書の内容を国家・政府として強力に後押ししていることを明確に示した。

　実際に、自然協約の中には以下の段落がある。

　(2A) 財務省及び関係する省庁に対し、経済や財政の計画及び意思決定において自然について説明責任を果たす方法を特定するために、共に取り組むことを指示すること。我々は、他国や非政府主体がそれに続くよう奨励し、生物多様性に関する経済活動のフットプリントを考慮する。我々は、生物多様性の経済学に関するダスグプタレビュー及び関連する OECD の生物多様性に関する政策ガイドを歓迎する。我々は、適切な場合に、下記に概説されたものを含め、行動を特定した彼らの調査結果を活用する (外務省 2021)。

　注目点は、英国政府が生物多様性を守るために経済活動の EF を考慮すると宣言していることである。英国政府は、気候変動問題においても著名な経済学者に依頼し科学的根拠を明確化し、その後の国際的議論を先導する同様

のシナリオを実行した。その科学的根拠は『気候変動と経済に関するスターンレビュー』(Stern 2006) であった。

(3) 生物多様性の国際枠組と日本政府の動向

　野生生物の生息域の減少、生態系の破壊、化学物質の環境中への流出と拡散、生物資源の乱獲などが要因となり、野生生物の種の絶滅が過去にない速度で進行し、生物多様性の喪失が深刻化する事態が発生している。こうした状況に対する懸念は、1992 年 5 月生物多様性条約 (Convention on Biological Diversity) の採択へと導いた。日本政府は同年 6 月に署名し、翌年 1993 年 12 月に条約は発効した。2010 年には、名古屋において生物多様性条約第 10 回締約国会議 (COP10) が開催され、2020 年までの国際的戦略を定めた「愛知目標」が採択された。日本政府は愛知目標を踏まえた「生物多様性国家戦略」を 2012 年閣議決定した。

　2021 年 10 月に生物多様性条約第 15 回締約国会議 (COP15) 第 1 部がオンライン方式と昆明 (中国) での対面方式を併用して開催され、引き続き 2022 年 12 月には第 2 部がオンライン方式とモントリオール (カナダ) での対面方式を併用して開催された。この結果、2030 年までの目標を定めた「昆明・モントリオール生物多様性枠組 (Kunming-Montreal Global Biodiversity Framework)」が採択された。ネイチャーポジティブという文言自体は入らなかったが、過剰消費を抑えるために EF が活用されることなどが盛り込まれた。

　日本政府は、昆明・モントリオール生物多様性枠組を踏まえた「生物多様性国家戦略 2023-2030」を 2023 年 3 月 31 日閣議決定した。この戦略の副題は、「ネイチャーポジティブ実現に向けたロードマップ」である。

　生物多様性条約とは別に、「海洋保護条約」が 2023 年 3 月 4 日合意に漕ぎつくことができた。これは 2004 年に始まった国連主導の協議の場である「国家管轄を超える地域の海洋生物多様性に関する政府間会議 (BBNJ)」の集大成で、どこの国にも属さない「公海」における生物多様性の保護と持続可能な利用を目的とする条約である。具体策としては、現在海洋面積の 1.2％にしか満たない海洋保護区の割合を 2030 年までに 30％までに引き上げることを

目標にしている（グリーンピースジャパン 2023）。

3. エコロジカル・フットプリントの概念と計算

(1) ヒックス所得とオーバーシュート

　本題に入る前に、「エコロジー経済学の基本原理」について簡単に触れたい。金融資産を想起いただきたい。資本をストックとして捉える。私たちは資本から毎年フローとして産み出される利息や運用益を得る。著名な英国の経済学者ヒックスが、このフローの部分を「所得」と定義しようと提唱した。すなわち「共同体がある期間にわたって消費することができ、しかも期末も期首も同程度の暮らし向きであるような最大額」をヒックスは所得と定義した（Hicks 1946）。このような意味の所得は「ヒックス所得（Hicks Income）」と呼ばれている。ヒックス所得分だけ、すなわちフローだけを1年間に消費すれば、元本である資本量は変化せず、持続的にフローを毎年もらうことが出来るのだ。

　自然界も同じように、資本部分（ストック）はフローを継続的に生み出してくれる。資本部分を「自然資本」と呼び、フローを「自然所得」と呼ぶ。フローの自然所得だけを消費すれば元本である資本は変化せず、持続可能性があると言える。

　私たちが資源利用を持続的なものにしようとすれば、ヒックス所得に習い、自然所得を使い切った段階で資源消費を止める必要がある。しかし、ここには、落とし穴がある。自然資本（元本）の取り崩しで、一時的に、資源（サービス）消費を維持できてしまうのだ。自然資本の供給能力（バイオキャパシティ）を超えた資源消費（生態系サービスの消費）が行なわれている状態をオーバーシュート（超過利用）（**図 10-1**）と呼ぶ（Catton 1982）。

　オーバーシュートは一時的には可能であるが、持続的ではない。オーバーシュートは自然資本を食い潰す過程であり、徐々に自然資本は減少し、それに応じて自然所得は減少し、やがて崩壊（キャタストロフィー）が来る可能性がある。便利ではあるが、罠であり、危険なプロセスである。

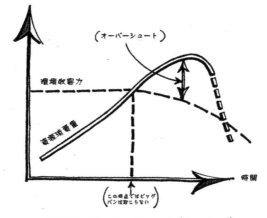

図 10-1　オーバーシュート (Overshoot)

(出典) ワケナゲル＆リース (2004, 99)

　カナダのニューファンドランド島沖合のジョージバンクは世界有数のタラの漁場であった。1960 年以降魚群探知機を搭載したハイテク漁船が導入され、政府も補助金を出して支援した。ところが、1992 年タラの個体群は突然姿を消した (図 10-2)。オーバーシュート状態がある一定期間続いた後に資源の崩壊が起こったのだ。カナダ政府の漁業省はタラの専門家を 100 名雇ってタラ資源の健全さを監視していたにもかかわらず、悲劇が起きてしまった。オーバーシュートが始まった後に崩壊がいつ到来するかを予測することがいかに困難であるかをこの事例は如実に物語っている。漁業資源の崩壊は社会的な悲劇ももたらした。数万人の漁民が仕事を失ったのである。2023 年時点でもタラ資源量は戻っていない。同じようなことが地球生態系で起こったら世界は大変なことになる。

　ところで、日本には、漁業資源を守るためにオーバーシュート発生直後に自主禁漁を行い、崩壊を未然に防いだ成功事例がある。秋田県漁業協同組合の組合長が、ハタハタの漁業資源の異変に気づき、資源崩壊を防ぐために、自主的禁漁 (モラトリアム) を組合員に呼びかけた。自主禁漁では政府からの補助金がもらえないため反対する組合員も多かった。組合長の熱心な説得が功を奏しおよそ 3 年間のモラトリアムが実施され、崩壊は未然に防ぐことが

ニューファンドランド島東海岸沖における
タイセイヨウダラ個体群の推移

タラ水揚げ重量（千トン）

図 10-2　オーバーシュートによる漁業資源崩壊の事例

（出典）Millennium Ecosystem Assessment（2005, 12）

できたのだ。この事例は、漁業資源管理の成功事例として国連の途上国に対する技術援助の教材となっている。

　地球生態系にオーバーシュートが発生しないかどうかを監視するためのツールとして開発されたのが EF である。従来の経済マクロ指標（例：GDP、GNP）は、一定期間に市場内部でやりとりされるモノとサービスの付加価値の大きさを表すだけで、自然資本の供給と経済による需要との間のバランスが正常かという視点、すなわちヒックス所得的な視点がなかったのである。

　この深刻な問題点を解消すべく、カナダのブリティッシュ・コロンビア大学（UBC）大学院コミュニティー地域計画学研究科のウィリアム・リース教授と、スイス人留学生のマティス・ワケナゲルの 2 人が、ヒックス所得の視点を反映させた新しい指標の共同開発を 1990 年から開始した[1]。

　このツールは、開発当初 "Appropriated Carrying Capacity（ACC）"（収奪され利用されている環境収容力）と命名されたが、生態学の専門用語を使用しているため、一般の市民にとってはイメージが湧きにくい。このままでは社会

全体への普及の妨げになりかねない懸念があった。そこで、1992年後半に、「エコロジカル・フットプリント」と改名された。Ecological は「生態系の」、Footprint は「足跡」を意味する。2つをまとめて意訳すれば、人間の生活や経済活動を支えるために人間たちはどれだけの面積の生態系を踏みつけているのか（＝利用しているのか）という意味になる。

(2) エコロジカル・フットプリント（需要）とバイオキャパシティ（供給）の計算

生態系は人間が生きていくために必要な様々な資源を生産し、人間が排出する廃棄物を吸収・浄化するサービスを提供してくれている。リースは、EF とは、「私たちの経済活動によって必要とされている資源再生産・廃棄物処理サービスを持続的に産み出している生態系の面積」と定義した（Rees 1996）。

EF は、人間による自然所得の利用（需要）の程度を示す。より正確に言えば、人間による自然所得の利用量を産み出している生態系という自然資本を面積単位で表したものとなる。

一方、バイオキャパシティ（Biocapacity）は、供給側である生態系（自然資本）の供給能力を示し、生産可能な生態系の面積で示される。

世界の GDP を比較する際、米ドルが共通通貨として用いられるように、EF 分析では通常グローバル・ヘクタール（gha）を共通の単位として使用する。1gha は、「土地・水域の総計（生産性が極端に低い土地・水域は除外）の世界平均生産性を有する仮想的な土地1ヘクタール」を意味する。

例えば、土地の生産性が、世界平均の生物学的生産性の2倍である場合、その土地1ヘクタールは 2gha の価値があることになる。EF 分析では、この土地面積を 2gha と算定する。逆に、土地生産性が世界平均の半分しかない土地の場合には、その土地1ヘクタールは 0.5gha と算定する。

EF は6種類の土地カテゴリーに分けて集計する。それらは、①耕作地、②牧草地、③森林地、④漁場、⑤二酸化炭素吸収地、生産可能な土地であっても道路や建物に覆われて生産能力を発揮できない土地を⑥生産能力阻害地として計上する（**表10-1** 参照）。

表 10-1　エコロジカル・フットプリントの土地カテゴリーの名称と説明

①耕作地	食糧、穀物飼料、タバコ、イグサ、綿花などの生産のために必要とされる農地
②牧草地	牛乳、食肉、羊毛などの生産のために必要とされる草地
③森林地	家具、建材や紙製品などの生産のために必要とされる森林地
④漁場	魚や海藻を産み出す海洋・河川・湖沼等
⑤二酸化炭素吸収地	化石エネルギー燃焼からの二酸化炭素を吸収するための森林地（「エネルギー地」とも、「カーボンフットプリント」とも呼ぶ）
⑥生産能力阻害地	道路・建物・廃棄物処分場、鉱物資源採掘現場など生産可能地の生産を阻害している土地

(出典) 和田・伊波 (2013, 26-35)

(3) 人類のエコロジカル・フットプリントの計算結果とその含意

　地球上のバイオキャパシティは、120 億 gha（2022 年時点）。それに対し、全世界の需要サイドの EF は 206 億 gha と計算されている (York University Ecological Footprint Initiative (2022))。1 人当たりでは、供給サイドが 1.5gha に対し、需要サイドは、2.6gha だ。2.6gha ÷ 1.5gha ＝ 1.7 となる。世界中の人間による消費活動を支えるために 1.7 個の地球が必要ということだ。

　これは需要が供給を上回る「オーバーシュート」状態となっていることを意味する。結果的に、世界中のほとんどの漁場において漁業資源が減少し、絶滅種が急激に増加し、生物多様性が損なわれ、大気中の CO_2 濃度が上昇するなど、さまざまな悪影響が発生しているのだ。

　時系列でみると人類全体の EF は地球のバイオキャパシティを 1970 年代に超過し、2022 年時点で約 70％オーバーシュートしている（**図 10-3**）。このまま人類が資源消費を増加し続ければ 2030 年には地球が 2 つ必要になる。

　持続可能な社会を築くためには、「地球 1 個分の経済」"One Planet Economy"を実現しなければならない。つまり、地球 1 個分のバイオキャパシティ（扶養能力）の範囲内でやりくりできる経済を形成しなければならない。

　EF は国別にみると大きな格差がある。アメリカ人の場合、7.5gha だ（2022 年）。バイオキャパシティの 1.5gha と比較すると、5.0 倍となる。したがって、

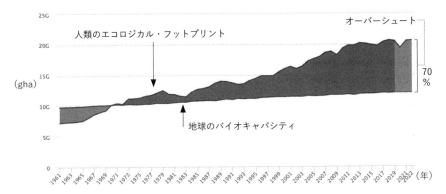

図 10-3　人類全体のエコロジカル・フットプリントと地球のバイオキャパシティの時系列変化

(出典) York University Ecological Footprint Initiative (2022)

論理的には、地球上のすべての人がアメリカ人と同じ暮らしを行えば、地球が 5.0 個必要となる。

　日本人の EF は、4.0gha（2022 年）であるので、4.0gha ÷ 1.5gha ＝ 2.7 となる。日本人の生活は地球 2.7 個分の生活である。ホンジュラスの人たちの場合は1.7gha（2022 年）であり、ほぼ地球 1 個分の生活を送っている。

4. エコロジカル・フットプリントの現在までの応用事例

(1) 世界各地でのエコロジカル・フットプリントの活用

　EF は、ヨーロッパを中心に世界各地で積極的に使われている。国レベルでは、前述したように 2023 年段階で、日本、スイス、アラブ首長国連邦、エクアドル、フィンランド、スコットランド、ウェールズ、ルクセンブルグ、コスタリカ、インドネシア、フィリピン、スロベニアなどで公式な指標として採用されている。

　自治体レベルでは、例えば、イギリスのウェールズのカーディフ市が、政策シナリオの評価の指標として EF を積極的に活用している。EF を消費項目別に計測したところ食料の EF が大きいと判断し、学校給食の牛乳を有機に替えることで EF を下げる政策を実施した。

イギリスのロンドン郊外、ウインブルドンテニスコートの付近のベディントンという自治体に、エコ集合住宅が建設された。販売促進のキャッチフレーズが「地球1個分の生活をここで実践できます」という文言である。

次に、スイスの憲法改正というレベルで、EFが議題になったケースを報告する。スイスは直接民主主義制度を持つ国である。憲法改正や法律の変更は、国民投票で決せられる。EFで計測し、「地球1個分の経済（One-Planet Economy）」を2050年までに確立するという目標を憲法に明記する提案が2016年、国民投票に託された。スイス緑の党が主導したが、残念ながら結果は、賛成が36％で否決となった（ジュネーブ州のみ過半数が賛成）。しかし、提案者たちは失望していない。なぜなら、第1回目で通過することは稀で第2回目に可決されることがよくあるからである。例えば、女性参政権獲得も、第2回目の国民投票で可決された（1959年否決、1971年可決）。

民間レベルでは、アメリカ・カリフォルニア州オークランドにグローバル・フットプリント・ネットワーク（Global Footprint Network, GFN）というシンクタンクをマティス・ワケナゲルらが2002年に設立した。GFNは、国別フットプリント勘定（NFA）というデータベースを構築し、計算結果を毎年無料で公表している。NFAの改良と精緻化のためにNFA委員会も設置されて、研究者がボランティアで議論に参加している。最近では、NFAの管理運営の主体はカナダ・オンタリオ州にあるヨーク大学に移管しているが、GFNはEFの世界への普及と科学的研究の世界の中心として精力的に活動を継続している[2]。

(2) 日本でのエコロジカル・フットプリントの活用事例

前述したようにEFを日本政府が初めて公的な発行物で取り上げたのは、1996年の『環境白書』（平成8年版総説）であった。2003年には国土交通省が「資源消費水準あり方検討委員会」（座長・植田和弘京大教授）を立ち上げ、全国版および都道府県版のEFを計算した。

日本政府は、2006年世界に先駆けてEFを公式なサステナビリティ指標の1つとして採用した。具体的には、第3次環境基本計画の中に記載されてい

る（2006年4月7日閣議決定）。以後の環境基本計画でも踏襲され続けている。

　市民社会としては、NPO法人エコロジカル・フットプリント・ジャパン（EFJ）が2005年に設立され、WWFジャパンなどと協力しつつ日本を含むアジアにおけるEF分析の普及・啓蒙活動と研究活動を行っている（エコロジカル・フットプリント・ジャパン, n.d.）。設立から2年後の2007年にホームページ上に開設した個人EF診断クイズは人気のサイトであり、各地の中学、高校、大学などの環境教育の教材としても活用されている[3]。

　EFJの理事たちは、企業や自治体、非営利組織、学校などの要請に応じ、積極的に出向き、EFに関する講演やセミナーで講師を務めている。最近では、日本政策投資銀行・産業総合研究所、AGCグループ、三鷹市、日本生産性本部・産学連携推進機構、縮小社会研究会、読谷村立小学校、京都市立中学校、沖縄国際大学、兵庫県立大学、山梨県立大学などにて講演を実施している。近年、EFJのホームページがアップグレード更新され、若い世代にも関心を持ってもらえるビジュアルなスタイルに転換した[4]。

　研究機関でもEFは取り上げられつつある。たとえば、総合地球環境学研究所（2021）がグローバル・フットプリント・ネットワーク（GFN）や東京大学、WWFジャパンと協力して、都道府県別のEFの計算結果を発表した。

　総合地球環境学研究所らが計算した結果、都道府県別の1人当たりのEFがもっとも小さかったのは山梨県で4.06ghaであった。日本の平均値は4.74ghaで、最大値は東京都の5.24ghaであった。公益財団法人山梨総合研究所は、『山梨ならではの豊かさ』を2022年に出版しているが、その第1章にEFJ理事の清野（2022）が山梨のEFが最小となった理由についての分析結果などを執筆している。

　三菱総合研究所（2021）は、創立50周年記念事業のひとつとして日本のEFの計算を行った。**図10-4**の左側の最終消費項目別のグラフを見ると総資本形成が20％であるが、その次に大きい項目は、住宅と光熱の19％、食料・嗜好品の17％となっている。交通という項目があるが、これは旅客交通であり、モノの輸送はそれぞれの項目（食料・嗜好品など）に分かれて入っている。図10-4の右側は土地カテゴリー別グラフである。二酸化炭素吸収地が76％

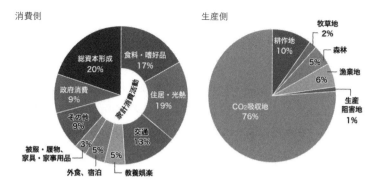

図 10-4　日本のエコロジカル・フットプリント

(出典) 三菱総合研究所 (2021, 74)

と多く、次に耕作地 10%、漁場 6%、森林 5% と続く。

(3) アースオーバーシュートデーという時間軸上での「見える化」

　ここ数年、世の中の関心を集めている EF とバイオキャパシティの提示の仕方は、アースオーバーシュートデー (Earth Overshoot Day) という時間軸を活用する見せ方である。アースオーバーシュートデーとは、地球の生態系が 1 年間かけて供給する自然所得を人間が消費し尽くす日のこと、すなわち地球のオーバーシュートが発生する日のことである。GFN が毎年算定している。本来、自然所得は、1 月 1 日から使い始め、12 月 31 日まで持たせるべきである。ところが、最近の傾向は、**表 10-2** の通りとなっている。2022 年は 7 月 28 日に到来してしまった。

　アースオーバーシュートデーは、人類全体が地球全体の自然所得を使い尽くした日だが、国別アースオーバーシュートデーという日もある。2022 年の日本のオーバーシュートデーは 5 月 6 日だ。この日は、世界の人々が日本人と同じ暮らしを送ったら、元日から 126 日目、5 月 6 日に自然所得を使い尽くしたことになり、残りの 239 日間は、オーバーシュート状態で暮らすこと、つまり将来世代からの前借り生活を意味する。カタールの場合は、早くも 2 月 10 日に、カナダやアメリカ、アラブ首長国連邦は、3 月 13 日には使

表 10-2　アースオーバーシュートデーの推移

2015 年	8 月 13 日	
2016 年	8 月 8 日	
2017 年	8 月 2 日	
2018 年	8 月 1 日	
2019 年	7 月 29 日	
2020 年	8 月 22 日	（コロナ感染拡大で前年より 3 週間遅くなった）
2021 年	7 月 29 日	
2022 年	7 月 28 日	

(出典) エコロジカル・フットプリント・ジャパン (2022)

い切る。なんとか 12 月まで踏ん張れているのは、インドネシア、エクアドル、ジャマイカなどに限られている。

(4) エコロジカル・フットプリント診断クイズを通じた大学生の意識・行動変容

　日本の大学生は、環境教育を受けて環境問題に関する知識を獲得しても、多くの学生が環境行動を起こすまでに至らない、むしろ無力感を感じ、行動を諦めてしまう学生もいるという研究が存在する (花田 2006)。ウェブ上のEF 診断クイズを受診することで、学生が環境行動を起こす意欲を持つだろう、という仮説を検証した (和田 2020)。

　同志社大学学生にこの診断クイズを受診してもらった (有効回答数：100)。診断クイズでは 18 の質問に回答すると、「あなたの暮らしは地球何個分」と表示される。2 回受けてもらい、1 回目は、「現状」を申告し、2 回目は、「地球 1 個分の暮らし」に近づける工夫をして申告してもらた。結果、1 回目の現状の計測では、平均すると地球 1.75 個分、2 回目には 1.09 個分に減少した(削減率は、35.4％)。

　学生のコメント欄を分析すると、自宅で野菜を栽培し始めた、テレビのコンセント抜くようになったなど実際に行動を起こした学生が 4％いた。また、具体的な環境行動を思い浮かべ、行動を起こす意思を明示できた学生が56％。自分の生活が生態系へ大きな負担を掛けていることに気づくことができた学生が 82％存在した。一方、クイズを受けて無力感を感じた学生は 7％

に留まった。 以上により、ウェブ上の EF 診断クイズは約半数の学生の環境行動を誘発し得えたことが示唆された。

　学生からは次のようなコメントが多数寄せられた。「今まで環境に良い生活をしようと言われてきたが、 どれだけ節約すれば良いか分からなかった。今の生活は『地球〇個分』必要だと数値化されたことで、『1 個分』まで減らそうと具体的に考えられました。」EF を用いて、現状を「見える化」することで、学生個人の行動変容のきっかけが作れたと考えられる。

(5) エコロジカル・フットプリントによるサスティナブル・キャンパスの促進

　EF で大学の環境負荷を「見える化」することが可能だ。1 つの事例としてマイボトル・リフィル用給水スポットの設置による環境負荷削減効果を EF で「見える化」してみた。なお、マイボトルの二酸化炭素吸収地の大きさは、PET ボトルの場合の約 10 分の 1 という数値を用いた。

　同志社大学初のマイボトル・リフィル用給水スポットが 2022 年 10 月 28 日に 4 ヵ所設置された。春学期と秋学期、同志社大学の学生・院生と教員職員全員 (29,049 人) が毎日ペットボトル使用を控え、マイボトルを持参し給水サーバーを利用したら 1 年間に東京ドーム 25 個分の EF が削減されると算定された (114gha)。全国の大学で実施すれば東京ドーム 2,700 個分削減されると計算された[5]。

5.　エコロジカル・フットプリントのこれからの応用可能性

　サステナビリティ経営の専門家足立直樹は、「ネイチャーポジティブは間違いなくカーボンニュートラルに次ぐ世界の目標になる」と主張した (廣末 2022) が、現実性を帯びてきた。1 つは、2021 年 6 月 4 日に発足した自然関連財務情報開示タスクフォース (Taskforce on Nature-related Financial Disclosures, TNFD) である。TNFD は民間企業や金融機関が、自然資本及び生物多様性に関するリスクや機会を適切に評価し、開示するための枠組みを構築する国際的な組織である。TNFD は、気候関連の財務情報の開示に関するタスクフォー

ス (TCFD) に続く枠組みとして、2019 年世界経済フォーラム年次総会 (ダボス会議) で着想され、資金の流れをネイチャーポジティブに移行させる観点で、自然関連リスクに関する情報開示フレームワークを構築することを目指している (環境省 2021)。2021 年度は TCFD をベースに自然への影響と依存関係の両方を報告し自然関連リスク情報を補完する枠組みを検討し、2 年目にテスト改良を行い、2023 年までに自然関連リスクの報告枠組みを作成する予定となっている。

　もう 1 つが、2022 年 12 月、生物多様性条約第 15 回締約国会議 (COP15) で採決された 2030 年までの新たな世界目標「昆明・モントリオール生物多様性枠組」である。自然との共生をめざす 2050 年までの 4 つの世界目標 (ゴール) とともに、2030 年までの目標 (ミッション) として、生物多様性の損失を食い止め、回復軌道に乗せること (＝ネイチャーポジティブ) を掲げた。「モントリオールなくしてパリなし」と言われ、生物多様性を守ることは気候変動対策のパリ協定の成功を後押しするものと考えられている。

　この枠組合意に併せ、進捗をモニタリングする仕組みや報告・レビューの方法についても合意されたが、モニタリングの手法の 1 つとして EF の活用が明記された。具体的には、23 の行動目標 (ターゲット) の 16 番目に「2030 年までに、すべての人々が母なる地球と調和してよりよく生きるために、世界の食料廃棄の半減、過剰消費の大幅削減、廃棄物発生の大幅削減など、公平な方法で消費に関するグローバル・フットプリントを削減する」と記載され、実施状況モニタリング用の補助的・要素的指標として EF の採用が明言された。

　日本政府は昆明・モントリオール生物多様性枠組を踏まえた「生物多様性国家戦略 2023-2030：ネイチャーポジティブ実現に向けたロードマップ」を2023 年 3 月 31 日閣議決定した。EF が基本戦略 3-2、4-2 に掲載されており、EF の活用が正式に認められたと考えてよい。

　EF は、個人の暮らし、企業経営、金融機関や大学組織、国家の経済運営などが、実際にネイチャーポジティブに貢献しているのかの判断材料のひとつになり、羅針盤にもなる。EFJ としては今後のこの指標の日本とアジアでの普及に向けてさらに努力を積み重ねていきたいと考えている。

注

1　筆者自身は、1990年にUBCの同研究科に留学し、2人の指導の元、修士論文と博士論文を執筆し、またリサーチ・アシスタントとして勤務しながら、指標の開発・改良に従事することとなった。そのため2人の熱い議論を間近で目撃することができた。筆者自身は、ブリティッシュ・コロンビア大学漁業センター教授のダニエル・ポーリー博士のアドバイスを得つつ漁業資源利用についてのEF算定方法に小さな改良を加えることができた（Wada 1999）。

2　EF共同開発者のウィリアム・リース博士、UBC漁業センターのダニエル・ポーリー博士は、GFN科学政策アドヴァイザリー委員会メンバーとしてGFNの活動に助言を与えている。日本人としては、伊波克典がGFNリサーチエコノミストとして産業連関分析などを担当している。筆者も客員研究員として参与している。

3　EFJ理事の泉浩二、真柴隆弘、筆者らが日立環境財団の支援を受けて開設したものである。

4　この改革にはEFJ理事の伊波克典、及び清野比咲子が貢献している。

5　マイボトル給水スポットによるEFの削減効果の計算根拠は以下の通り。①今回のEFは、二酸化炭素吸収地のみを対象とした。②ステンレス製水筒（真空構造）、アルミ製水筒（1層構造）を100回使用した場合の1回使用あたりのCO_2排出量はそれぞれ13.90g、10.68g。ペットボトル利用のCO_2排出量は、119g（環境省2011）。PETボトル協議会が実施した「PETボトルのLCI分析調査報告書」の「耐熱用500ml業界平均値（回収率62.3％）」の評価結果による。③千葉県のスギ、ヒノキ、マツ、クヌギ、マテバシイその他広葉樹。樹齢46年〜50年のCO_2吸収量平均値を採用（千葉県2022）。

参考文献

エコロジカル・フットプリント・ジャパン n.d.。HP https://ecofoot.jp/　2023年4月8日最終アクセス

外務省2021「G7 2030年自然協約」https://www.mofa.go.jp/mofaj/files/100200085.pdf 2023年3月30日最終アクセス

環境省2011「リユース可能な飲料容器およびマイカップ・マイボトルの使用に係る環境負荷分析について」https://www.env.go.jp/recycle/yoki/c_3_report/pdf/h23_lca_01.pdf　2023年7月8日最終アクセス

環境省2021「自然関連財務情報開示タスクフォース（TNFD）フォーラムへの参画について」https://www.env.go.jp/press/110354.html 2023年2月14日最終アクセス

環境庁 1996『環境白書』(平成 8 年版総説)

清野比咲子 2022「『持続可能な社会』のフロントランナーへ：山梨県エコロジカル・フットプリント国内最小」今井久・公益財団法人山梨総合研究所編著『山梨ならではの豊かさ：地方が注目される時代へ』ぎょうせい　第 1 章、pp. 15-40.

グリーンピースジャパン 2023「国連で海洋保護条約が歴史的合意、グリーンピース声明」https://www.greenpeace.org/japan/ campaigns/press-release/2023/03/06/61863/　2023 年 3 月 31 日最終アクセス

総合地球環境学研究所 2021「あなたの都道府県の暮らしは地球何個分？～地域別エコロジカル・フットプリントと都市化や高齢化との関係を解明～」https://www.chikyu.ac.jp/publicity/news/2021/img/0303/download.pdf　2023 年 3 月 31 日最終アクセス

千葉県 2022「他の試算例」https://www.pref.chiba.lg.jp/shinrin/documents/sisan.pdf　2022 年 11 月 15 日最終アクセス

花田眞理子 2006「大学生の環境意識に関する考察：〔大阪産業大学〕人間環境学部都市環境学科の学生アンケート調査」『大阪産業大学人間環境論集』5: 1-26.

廣末智子 2022「ネイチャーポジティブはカーボンニュートラルに次ぐ世界目標に」『サステナブル・ブランド ジャパン』2022 年 7 月 22日号　https://www.sustainablebrands.jp/news/jp/detail/1209999_1501.html　2023 年 7 月 8 日最終アクセス

藤田早苗 2022『武器としての国際人権：日本の貧困・報道・差別』集英社新書。

三菱総合研究所 2021「50 周年記念研究：これからの 50 年で目指す未来－ 100 億人・100 歳時代の豊かで持続可能な社会の実現」https://www.mri.co.jp/50th/columns/topics/no02/　2023 年 3 月 31 日最終アクセス

毛利聡子 2022「脱炭素社会を目指すプライベート・ガバナンス：NGO と機関投資家との相互作用に焦点を当てて」『国際政治』206: 165-179.

ワケナゲル、マティス＆リース、ウィリアム (和田喜彦監訳、池田真理訳) 2004『エコロジカル・フットプリント：地球環境持続のための実践プランニング・ツール』合同出版

和田喜彦 2020「インターネット上のエコロジカル・フットプリント診断クイズは日本の大学生の環境行動を促進できるか」『縮小社会』5: 15-40.

和田喜彦・伊波克典 2013「エコフット分析の考え方、計算方法、できることとできないこと」『BIOCITY』56: 26-35.

Catton, W. R. 1982. *Overshoot: The Ecological Basis of Revolutionary Change*. Champaign, IL.: University of Illinois Press.

Dasgupta, P. 2021. *The Economics of Biodiversity: The Dasgupta Review*. London: HM Treasury. 本レビューの要約版・日本語版は、パーサ・ダスグプタ編著、和田喜彦・山口臨太郎監修、三俣学協力、WWF ジャパン翻訳　2021「生物多様性の経済学：ダ

スグプタレビュー」https://www.wwf.or.jp/activities/data/20210630biodiversity01.pdf より入手可。

Hicks, J. R. 1946. *Value and Capital*. 2nd ed., Oxford: Oxford University Press.

Millennium Ecosystem Assessment. 2005. *Ecosystems and Human Well-being: Synthesis*. Washington, D.C.: Island Press.

Principles for Responsible Investment (PRI). 2022. *PRI Signatory Update: October to December 2022*. https://www.unpri.org/download?ac=18057 Last accessed on April 5, 2023.

Rees, W. E.1996. "Revisiting carrying capacity: Area-based indicators of sustainability." *Population and Environment*, 17 (3),195-215.

Rockström, J., Steffen, W., Noone, K. et al. 2009a. "A safe operating space for humanity." *Nature*, 461, 472-475.

Rockström, J., W. Steffen, K. Noone, et al. 2009b. "Planetary boundaries: exploring the safe operating space for humanity." *Ecology and Society*, 14 (2) : 32.

Stern, N. 2006. *Stern Review: The Economics of Climate Change*. London: HM Treasury.

UK Government. 2021. *G7 2030 Nature Compact*. https://www.gov.uk/government/publications/g7-2030-nature-compact Last accessed on April 7, 2023.

Wada, Y. 1999. The Myth of "Sustainable Development": The Ecological Footprint of Japanese Consumption. PhD dissertation. Vancouver, BC: The University of British Columbia School of Community and Regional Planning.

York University Ecological Footprint Initiative. 2022. National Footprint and Biocapacity Accounts, 2022 edition. Produced for the Footprint Data Foundation and distributed by Global Footprint Network. Available online at: https://footprint.info.yorku.ca/data/ Last accessed on July 8, 2023.

11 章

自発的行動は機能するのか
──「自発的国家レビュー」と「国が決定する貢献」の可能性と課題

毛利勝彦

---

1. サステナビリティ変革への自発的行動

　サステナビリティ変革において自発的行動は効果があるのか。とりわけ国連持続可能な開発目標（SDGs）達成に向けた「自発的国家レビュー（VNRs）」とパリ協定における「国が決定する貢献（NDCs）」は、SDGsやパリ協定の目標に法的拘束力がないからこそ、実施手段の効果が注目されている。それを短期的アウトプット、中期的アウトカム、長期的インパクトの概念を援用しながら考察する。

(1) 問題の所在

　かつてある自然科学者から「社会科学者は、本当にバックキャスティングにおける加速度の意味を理解しているのか」と指摘された。バックキャスティングの「ムーンショット」思考（Scully 2014）は、過去から未来を予測するフォアキャスティングとは逆の時間観に立つ[1]。国連ミレニアム開発目標（MDGs）やSDGsで見られるように、未来時点の目標から逆照射して、現在とるべき行動を促すアプローチである。SDGsが記載された国連文書「持続可能な開発のためのアジェンダ2030」の副題が「私たちが望む未来」となっているのも、未来から逆照射された現在において自分ごととして自発的行動を起こす重要性が広く認識されている。

　例えば、コンピュータの性能や再生可能エネルギー技術の普及は加速度をつけて変化していると言われる。速度の差分である加速度を自発的行動の文

脈からどう理解してゆけば良いのか。コンドラチェフ波動など画期的な科学技術が社会変革をもたらした歴史認識があるが、新技術が自動的に広がるわけではない。社会的な諸制約がある中で特定の新技術が自発的行動を加速化させる。地球環境ガバナンスにおける自発的行動は、どのような条件の下で、どの程度の効果があるのか。そのアクセラレータ要因は何なのか。

　SDGsの文脈では、現在は「行動の10年」と言われている。パリ協定の達成に向けては、「決定的な10年」とも言われる。この10年間でサステナブルな世界に移行しなければ、小さな変化が大きな変化へと転換するティッピング・ポイントを迎えて、大崩壊に至る懸念がある。逆にサステナビリティ変革へのアクセラレータが発動されれば、困難なに見える課題も克服しうる。その取り組みは、本当に自発的行動でいいのか、いやむしろ自発的行動でなければいけないのか。これまでの自発的行動からどのような政策的な含意が得られるか。

　これは国際関係学においても重要な理論的課題である。1つは、危機にある多国間主義と自発的行動の関係を明らかにしたい。世界政府がないという意味でアナーキーな国際関係では、新自由主義制度論が国際協力のレジーム形成やその運営を説明してきた。囚人のジレンマを解決するために、あらかじめ合意された協定や多国間組織が自国の利益にもなる。しかし、最小公倍数的な合意ばかりが繰り返されると、多国間主義は弱体化した。自発的行動は多国間主義を強化するのか、それとも弱体化させるのか。

　補完性の原則による重層的ガバナンスにおける自発的行動の含意も重要である。中央政府が糾合した国際機関だけでなく、各国政府内における中央政府と地方自治体の関係における自発的行動はどう位置付けられるのか。SDGsプロセスでは、自発的自治体レビュー（VLRs）が存在する。パリ協定の実施についても、トランプ政権下のアメリカでは中央政府はパリ協定から脱退したが、パリ協定を自発的に遵守する州政府もあった。自発的行動は、重層的ガバナンスを補完するのか、それとも対抗するのか。

　もう1つは、マルチステークホルダー主義と自発的行動の関係である。多主体間主義（清水 2011）とも訳されるマルチステークホルダー主義は、地球サ

ミット以降、メジャーグループ（女性、子どもと若者、先住民族、NGO、地方自
治体、労働者と労働組合、ビジネスと産業界、科学技術コミュニティ、農民）が国連
に認知されたことから主流化した。現在のハイレベル政治フォーラム（HLPF）
では、ステークホルダーの範囲がさらに拡大され、高齢者、障がい者、地域
コミュニティ、ボランティア団体、財団、移民が包摂された。国家の制度に
焦点を当てるだけでなく、社会の制度、あるいは国家と社会とにまたがる制
度の役割を重視する新制度論において、国家主体と非国家主体の自発的行動
の関係を見究める必要がある。

(2) 自発的行動の経路

　自発的行動が機能するのかという問いが説明すべき対象は、その効果であ
る。地球環境レジーム論における効果については、さまざまな研究がある。
とりわけ、オラン・ヤング（Young 2011）は、国際環境レジームにおける効果
についていくつかの概念を提示したが、最近ではバックキャスティングの時
間観からアウトプット、アウトカム、インパクトという3つの効果に収斂し
ている。アウトプットというのは、多くの要因がインプットされた外交交渉
過程から出力された結果である。例えば、SDGsやパリ協定の具体的合意内
容である。外交交渉自体が自発的行動だが、SDGsやパリ協定の文書におい
てもアウトプットとして記載されている。

　短期的アウトプットとして意図された自発的行動が、期待通りに行為主体
に行動変容を生じさせると、そのパフォーマンスは中期的アウトカムとなる。
当初は意識的な自発的行動がとられるだろうが、行動変容が持続すればその
自発的行動は無意識にとられるようになるかもしれない。中期的アウトカム
がさらに持続し、加速度を付けて規模拡大すれば、大きな長期的インパクト
を導きうる。そのため、先駆的な中期的アウトカムは短期的アウトプットと
長期的インパクトをつなぐ仲介変数として位置付けられる。

　長期的なインパクトは、社会的側面、経済的側面、環境的側面などさまざ
まな側面に影響するが、ここではとりわけ環境的インパクトに注目する。自
発的行動だけが影響を与えるわけではないが、1つの重要な説明変数として

位置付けられる。

　このような自発的行動の概念化には、自由主義バイアスがかかっていることに留意する必要がある。自発的行動には、いくつかの前提がある。1つは、自らの意思・意図に基づいて主体的に行動する自主性（オーナーシップ）が想定されている。自分事という概念にはそれが強調されている。第2は、自己の自立性がある。全体性の重要性は認識しつつも、独立した個としての行動が強調される。第3は、必ずしも見返りを求めずに、他者のために貢献する含意がある。ボランタリティの語源であるラテン語のボルンタスにはそのような意味合いがある。第4は、自己の意思と能力で自己行動を律する自律性が想定されている。このように、自主的行動、自立的行動、自律的行動などの類似概念がある中で、本章が「自発」的行動を使うのは、主体の言葉で誓約を発信する行為を強調したいからである。他者に言われて実行するのではなく、不言実行でもなく、いつまでに何をするかを自己表明して実行する有言実行だからこそ効果があると想定されるからである。

　多国間主義の中での自発的行動は、国家責任の問題に深く関わる。国家責任をめぐる国際法ではドラフト条項も議論されているが、日本語の「義務」と英語の「duty」とは必ずしも同一ではない。Duty には、拘束力のある法的義務（obligation）と拘束力はないが果たすべき責務（responsibility）とがある。法的義務について国際条約では shall が使われるが、拘束力は必ずしもない責務では自分自身がコミットして行動する will が多用される。例えば、自国の人権問題に対しては国家責任がある。国際社会には世界政府がないので、主権国家が取る行動は、自らの意思で合意した法的拘束力を持つ行動も含めて、すべてが自発的行動とも言えよう。

　マルチステークホルダー主義における自発的行動は、社会的責務の自覚が前提となっているので、法的拘束力がなくても行動する。政府が特定行動の変容を自覚し、それを促すためには、関与、援助や制裁、制裁やボイコットや投資撤退などが想定される。

　自発的行動に関わる概念的モデルは**図 11-1** のように整理できる。まず、外交交渉のアウトプットとして意図された自発的行動は、国際関係学では、

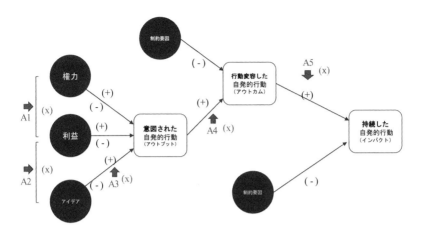

図11-1　アウトプット、アウトカム、インパクトとしての自発的行動

(出典) 筆者作成

権力と利益とアイデア（規範や知識）という 3 つの主要因によって影響を受けることが想定される（Barkdull & Harris 2009）。同時に、これらの要因は自発的行動をとらせない制約要因としても働きうる。

　国家は自国の利益に不利になる法的拘束力を持った約束を回避するために、自発的行動をとると理解されることが多い。しかし、逆に利益になるのであれば、自発的行動をとるであろう。スプリンツとバートランタ（Sprinz & Vaahtoranta 1994）による利益重視の説明によると、環境に脆弱なほど高い関心を持つため、積極的な行動をとる。一方、環境脆弱国であっても、技術や資金などの対応能力が高くなければ自発的行動を取ろうとしても十分にできない。対応能力が低い環境脆弱国の権力は、能力に応じた他国の自発的行動を望むだろう。つまり、権力と利益が組み合わさると自発的行動を加速するアクセラレータ（A1）になりうる仮説が考えられる。

　もう 1 つの仮説は、利益とアイデアの組み合わせがアクセラレータ（A2）となって積極的な自発的行動がとられる。ヤンダル（Yandle 1983）の「密造酒業者と聖職者」仮説によれば、アメリカで禁酒法が制定された際に、敬虔な聖職者らは宗教的理由から禁酒運動の先鋒に立った。一方、禁酒法が制定さ

れると不法な酒造販売や密輸によってマフィアなどの犯罪組織が利益を得た。このことから、同床異夢であっても規範・アイデアと利益が組み合わさると自発的行動が拘束力のある法制化につながる。

さらに、フィンモアとシキンク (Finnemore & Sikkink 1998) が指摘したように、一定の条件のもとに規範がなだれ現象を起こしてアクセラレータ (A3) となり、行為主体間に広く深く浸透して自発的行動が加速することも考えられる。

短期的アウトプットとしての意図された自発的行動が、中期的な行動変容アウトカムとしての自発的行動に結びつく際にも、何らかのアクセラレータ (A4) が想定される。一方、意図された行動変容を制約する要因もありうる。アクセルとブレーキが同時にかかれば、失速する。同様に、長期的なインパクトを与える、持続した自発的行動を加速させるアクセラレータ (A5) とそれに対する制約要因も想定される。

2. 自発的国家レビュー（VNRs）

(1) アウトプットとしての VNRs

①フォローアップとレビュー

SDGs 交渉のアウトプットとしての国連文書「2030 アジェンダ」によれば、「経済・社会開発の一義的責任は各国 (country) にある」(2030 Agenda para. 63)。各国とは国家と社会の総体を意味するが、SDGs 進捗評価のフォローアップとレビューの第一義的責任は各国政府 (government) にある」(2030 Agenda para. 47)。

「目標ベースのガバナンス」(蟹江 2020, 12) では、目標自体に法的拘束力がないがゆえに、意図的された自発的行動をフォローアップし、評価する必要性は大きい。その評価枠組みとして SDGs の目標、ターゲット、指標が重要となる。指標は評価活動支援のために整備されるとされ、質の高いデータは政策決定の鍵となると認識されている。このような評価構造は、MDGs の前身としての経済協力開発機構開発援助委員会の新開発戦略 (OECD-DAC 1996) に既に見られた。ここに目標・ターゲット・指標が使われており、これら

は長期的インパクト・中期的アウトカム・短期的アウトプットに相当する。SDGs には内容とプロセス（実施手段）の双方に関わるターゲットや指標があり、それらに付されている a. や b. がそれぞれ内容と実施手段とを区分している（南・稲葉 2020, 20）。

　VNRs は国、地域、グローバルのレベルでフォローアップとレビューされるよう重層的に設計されている。国内では、自治体が VLRs を実施することが奨励されている。グローバル・レベルで監督するのはハイレベル政治フォーラム（HLPF）で、毎年 VNRs が報告されている。

　MDGs は途上国が対象で社会開発目標が中心だったが、SDGs で対象を全世界に広げ、MDGs では 1 つだった環境目標を 3 つに広げるアイデアは、コロンビア外務省のポーラ・カバジェロ（Paula Caballero Gómez）環境・経済・社会局長（当時）らによるものだった（Caballero 2016; Kamau, Chasek, & O'Connor 2018）。3 つの環境目標は、気圏・地圏・水圏の 3 つの環境圏に沿って気候変動、陸上生態系、海洋生態系に区分されているが、生物圏も横断している。

②気候変動

　目標 13 は、気候変動の長期的インパクトを緩和するための緊急（短中期的）の自発的行動を扱う。パリ協定の NDCs が SDGs のターゲットにも記載されている。しかし、ここには数値的なターゲットや指標の記載がほとんどない。唯一記載があるのは、途上国の緩和行動と透明性確保のために「緑の気候基金」が設立され、官民共同で毎年 1 千億ドルを拠出する 2009 年のコペンハーゲン会議からの約束の再掲である。

　パリ協定の自発的行動としての NDCs は、2 つの SDGs 指標にアウトプットされている。1 つは NDCs 提出国数（指標 13.2.1）、もう 1 つは後発開発途上国と小島嶼開発途上国からの NDCs 提出国数（指標 13.b.1）である。目標 13 は国連気候変動枠組条約が基本的な国際的な政府間政策対話の場であると認識しており、SDGs 採択時（2015 年 9 月）はパリ協定採択前だった。VNRs が NDCs の採択より先行したので、気候変動については NDCs を注目する方が良いだろう。

③海洋

海洋環境についての目標 14 は、海洋・海洋資源の「保全」と「持続的な利用」について記述がある。「保全 (conservation)」とは、積極的に関与する「保護 (protection)」や手つかずのままの「保存 (preservation)」とは異なり、海洋環境・資源を人間が利用しても良いが、「持続的な利用」が求められる。生物多様性条約の目的も「保全」だが、保全するためにも「保護」地域の設定は必要である。

SDGs の海洋目標のターゲットの多くが 2020 年となっているのは、生物多様性条約の愛知目標の目標年であったためである。グローバル・レベルでは愛知目標は全ての目標が達成されなかった。ポスト 2020 年目標交渉はコロナ禍で遅れ、2022 年 12 月になって昆明・モントリオール生物多様性枠組が採択された。2030 年までに陸域と海域の 30 ％を「保護」する (30 by 30) ことを含むこの枠組みが今後重要になる。乱獲などによって、海洋生物資源の多様性が失われており、持続的利用のためには保護だけでなく回復 (restore) も必要となっている。生物多様性条約、漁業補助金を扱う WTO、国連海洋法条約などの MEAs や関連条約のほとんどが各国の自発的行動に依存したアウトプット目標の設定を試みている。

④陸域生態系・生物圏

目標 15.1 は「2020 年までに国際協定の義務 (obligation) に沿って生態系と生態系サービスを保全する」とあるが、基本的に国際協定に基づいた各国の国内措置が重要となる。前述したように 2020 年となっていたのは、採択時点でポスト愛知目標交渉が妥結していなかったからである。2030 年が目標年となっているのは、砂漠化や山岳生態系についてである。砂漠化対処条約はリオ 3 条約の 1 つとして気候変動条約・生物多様性条約よりやや遅れて成立したが、山岳環境についてのグローバル条約がまだないので SDGs 交渉で対象とされたことは重要である。

(2) VNRs のアウトカムとインパクト

　実施手段としての官民共同パートナーシップには大きなインパクトを与えうる積極的な意味合いが込められている。しかし、民間資金を呼び込むのは政府資金の負担を軽減する思惑があり、政府の第一義的な責任を放棄しかねないとの批判がある。政府開発援助の対 GDP 比率など従来から存在する政府資金のインプット目標も SDGs に組み込まれてはいる。しかし、インパクト目標を重視する傾向により、OECD の援助関連データベースも政府資金と民間資金とを合わせたデータを整備するようになった。環境十全性を重視すれば、それは正当化されるだろう。

　期待された VNRs は、アウトカムとしての VNRs 提出行動にどの程度結びついたのか。**表 11-1** が示すように、2016 年以降毎年平均 40 程度の国がHLPF で VNRs をプレゼンテーションしている。2023 年までに延べ 333 ヵ国、採択後 7 年目の 2022 年までに 197 ヵ国中 187 ヵ国（95％）が少なくとも 1 回は提出した（UN DESA 2022, 6）。

　2022 年提出の VNRs の内容を見ると、経済的側面が最も多く、次に多いのが気候変動（環境的側面）で、3 番目が社会的側面となっている（UN Secretariat 2022, 7）。その地域別内訳を見ると、気候変動については、最も脆弱なアフリカ諸国や環境先進国と言われる欧州諸国が多いが、ラテンアメリカ諸国も比較的目立つ。ラテンアメリカ諸国は地域レベルでの自発的行動を積極的に共有している。

　VLRs の提出件数の推移（**図 11-2**）を見ると 2021 年に 49 件に急増したが、うち 14 件がアルゼンチンであった。VLRs 累積件数（2016-2022 年）の上位 10 ヵ国（**表 11-2**）を見ると、ラテンアメリカ諸国とヨーロッパ諸国が 4 ヵ国ずつ入っているが、VLRs の累積提

表 11-1　VNRs のプレゼンテーション国数（2016-2022 年）

2016 年	22 ヵ国
2017	43
2018	46
2019	47
2020	47
2021	42
2022	44
2023	42

（出典）2022 Voluntary National Reviews Synthesis Report

表11-2　VLRs 提出国トップ10

順位	国名	件数
1	アルゼンチン	28
2	スペイン	11
3	ブラジル ドイツ メキシコ	10
6	米国	8
7	フィンランド	7
8	日本	6
9	ベルギー ボリビア 韓国	4

（出典）UN Department of Economic and Social Affairs 2023

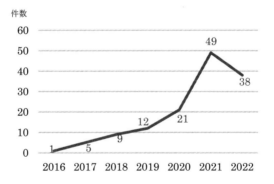

図11-2　VLRs 提出件数の推移

（出典）UN Department of Economic and Social Affairs 2023 から筆者作成

出件数は52件でヨーロッパ諸国よりも多い。とりわけ2021年、2022年にア
ルゼンチンの都市が10件以上の都市からのVLRs提出が顕著である。ラテ
ンアメリカ諸国はSDGsの原提案国であり、国内法によって推進している国
もあるのは、オーナーシップ意識を持っているからかもしれない（舛方2022）。
　しかし、自発的行動のインパクトの動向を見ると、とりわけラテンアメ
リカ諸国が進捗しているとは言えず、他の地域とあまり変わらない（UN Stats

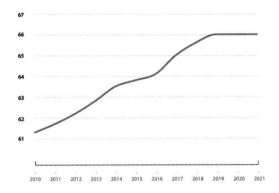

図 11-3　SDG 指標スコアの動向 (世界平均 2020-2021 年)

(出典) Sachs et al. (2022, vii)

Division 2022, 4)。むしろ、陸域生態系や山岳地生態系の保全については世界平均と変わらず、進捗は限定的であり、絶滅危惧種の保護については世界平均より後退しており、逆転させるアクセラレータが必要である。

　環境的側面だけではなく、SDGs 全体の進捗状況の趨勢を分析した**図 11-3**によると、SDGs が採択された 2015 年と比べて 2018 年までは進捗が見られたが、2019 年以降のコロナ禍によって自発的行動のインパクトは全体的に停滞している状況がうかがわれる。特に、環境的側面については、大きなインパクトは生まれていないと言わざるをえない。コロナ禍による経済活動の停滞は温室効果ガス排出を一時的に低下させたが、その後リバウンドしている。2022 年以降はウクライナ危機の影響も大きく影響してくるので楽観できない。2016 年以降、2019 年までは VNR プロセスが権力と利益と規範を組み合わさる場を提供し始めたように見えるが、その進捗は一定の速度で動き出したが、加速度がつくアクセラレータではない。

3. 国が決定した貢献（NDCs）

(1) アウトプットとしての NDCs

　気候変動レジームにおいて自発的行動のアクセラレータとなりうるのは何か。1つの候補は、気候変動交渉のアウトプットとして、**図11-4** に示したように、持続可能な3側面について持続可能性の3本柱あるいはトリプル・ボトム・ラインと呼ばれた認識から、自然基盤アプローチ（A3）への転換がある。前者は、環境的側面、経済的側面、社会的側面それぞれの概念的定義を排出量、GDP、人口などに操作化した排出基準モデルである。環境と経済、経済と社会、社会と環境それぞれの側面が重なる部分での操作的定義が、GDP 当たりの排出量、1人当たりの GDP、1人当たりの排出量となる。実際にカンクン合意（2010年）までは、このような3本柱を中心とした削減基準設定をめぐる国際交渉がなされたが、難航して各国が責任を持つ削減基準は決まらなかった。

　カンクンでの交渉失敗の代わりに出現したのが、自然基盤アプローチである。自然環境が人間の社会活動の基盤として先に存在し、またその社会活動の中で経済的な繁栄を目指すパラダイムに転換した（Rockström et al. 2015）。世

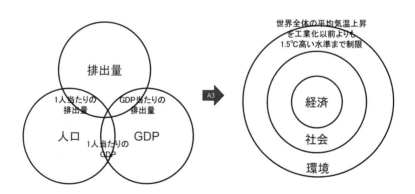

図11-4　気候交渉における持続可能性の3側面についての認識変化

（出典）Rockström & Klum（2015）などを参考に筆者作成

界全体の平均気温上昇を工業改善よりも摂氏 2℃、あるいは、1.5℃の上昇水準までに抑える長期目標を実現しないと取り返しのつかない大惨事を招くことを科学者たちは指摘した。このように自然環境を基盤に据えた規範や科学的知見への認識の大義名分は長期目標として各国政府も利害関係者も反対しづらく、自発的行動規範を内化することが期待される。

　もう 1 つのアクセラレータ候補は、自発的行動を組み込んだ削減方法であるプレッジ・アンド・レビュー方式（A4）である。気候変動レジームの形成は、**表** 11-3 に示したように、3 段階の展開を見せてきた。第 1 段階は京都議定書第 1 約束期間（2008-2012 年）で、1992 年から交渉され、1997 年に採択、2005年に発効した。これは排出目標に法的拘束力をかける一方で、京都メカニズムと呼ばれる柔軟性措置（排出権取引、共同実施、クリーン開発メカニズム）を自発的行動としたキャップ・アンド・トレード方式をとった。

　第 2 段階は京都議定書第 2 約束期間（2013-2020 年）で、EU 諸国とオーストラリアは京都議定書に残留したが、キャップ・アンド・トレード方式を嫌った他の先進諸国は、排出目標に法的拘束力をかけないプレッジ・アンド・レビュー方式をとるカンクン合意（2005 年から交渉、2010 年採択）を採用したのである。野心的なプレッジが規範化して行動変容を促すアクセラレータとなる

表 11-3　気候変動レジームの 3 段階

2008-2012	2013-2020	2021-
京都議定書 第1約束期間	京都議定書 第2約束期間	
	カンクン合意	
		パリ協定
キャップ＆トレード・アプローチ		
	プレッジ＆レビュー・アプローチ	
		後退禁止原則

(出典) 筆者作成

ことが期待された。

　第3段階のパリ協定は、2011年から交渉開始、2015年採択、2016年発効というように、前の2段階と比べて短期間で採択・発効となった。それは喫緊性が認識されたとともに、自発的行動が広く受容されたためである。しかし、カンクン合意と違う点は、ラチェット・アップ・メカニズムとも呼ばれる後退を禁止し前進を促す原則を付けた点である。パリ協定(3条)には、NDCについて、すべての加盟国は「時間と共に前進(progression over time)」させると規定されている。これは、フランスが主導した地球環境憲章交渉の中で「後退禁止原則」に相当する。しかし、「後退してはならない」は、「前進しなければならない」とは異なり、現状維持も含まれる。パリ協定4条では「できるだけ高い野心」を持って「5年ごとにNDCsを通報すること」に拘束力をかけることで、法的拘束力のない長期目標を実現しようとしており、このメカニズムもアクセラレータ(A5)となりうる。

(2) アウトカムとインパクト

①緩和策

　しかし、各国が提出したNDCsを総合したインパクトを見ると、自発的行動が十分に機能しているとは言えない。パリ協定の採択に先立って各国が提出した約束草案(INDC)ついての統合報告書(UNFCCC 2015)によれば、INDCsを実施したとしても世界の年間総排出量の推定値は、2025年および2030年までに最低コスト2℃シナリオには収まらなかった。国連環境計画(UNEP 2015)によると、2100年の気温上昇は約3℃になってしまう。2016年のINDC更新版では2.7℃程度の上昇の予測もあったが、5年後にレビューしたNDC統合報告書2021年版でも、まだなお2.7℃の予測値だった。いろいろなシナリオが存在するので一概には言えないが、楽観シナリオでは1.8℃まで改善するのではないかとも予測されていた(CAT 2021)。

　NDCs統合報告書2022年版では2.5℃にやや改善傾向が見られた。0.2℃の差ではあるが、何が機能したのか。考えられるアクセラレータ候補の1つは、前述した後退禁止原則である。環境インパクトは小さいものの、象徴的な事

例として 2019 年のオランダ最高裁による気候訴訟判決がある。気候変動に
よる被害を人権侵害と認定したオランダ最高裁は、ヨーロッパ人権条約の
法的拘束力のある人権保護義務を根拠にオランダ政府が 2011 年に 1990 年比
30％削減から EU 全体目標の 20％削減に緩めた CO_2 削減目標を 2020 年迄に
25％への引き上げを命じる判決を下した (Supreme Court of the Netherlands 2019)。
さらに 2021 年にハーグ地方裁はオランダ民法の不法行為責任を根拠として、
ロイヤルダッチシェル社に 45％排出削減を命じた。これらは後退禁止原則
自体を論拠とした判決ではないが、政府や企業の自発的削減目標設定に後退
禁止の義務を実質的に認めたものとなった。その後、オランダを含む EU の
NDC は 2020 年に更新されて 2030 年までに 55％削減目標を提示した。オラ
ンダ VNR (2022, 10) によれば、連立政権の政策としては 60％削減する努力に
合意したことを報告している。このような気候訴訟の背景には、ヨーロッパ
人権条約だけでな、2021 年に国連人権理事会は、安全でクリーンで健康的
で持続可能な環境への権利の決議を採択し、気候を含む環境への権利が人権
の 1 つと認められた規範拡大がある。また、民法の善管注意義務は広く認知
されているため、2000 年代後半以降に米欧諸国で急増している気候訴訟は、
今後の国内法整備次第で世界各地で増加し、自発的行動における後退禁止を
促すだろう。

　もう 1 つの考えられるアクセラレータ候補は、グラスゴー会議で大枠合
意されたパリ協定 6 条問題である。パリ協定 6 条では、NDCs を一層野心的
なものにするため「任意の協力 (voluntary cooperation)」(1 項) を取りうるとされ
た。この用語は 6 条全体を指すもので、民間主体によるものと政府主体によ
る協力双方が含まれる。政府主体が行うものは「協力的アプローチ (cooperative
approach)」と呼ばれ、排出削減のアウトカムを国際移転しうる。日本政府は
2 国間クレジットなどにこれを該当させようとしている。多国間で国際移転
しうる国連の枠組みとして「メカニズム」(4 項) もある。国連のメカニズムに
は、例えば、京都議定書時代のクリーン開発メカニズムの後継がある。さらに、
削減アウトカムの国際移転がない国際協力枠組みとなる「非市場アプローチ」
も組み込まれた。市場アプローチに懐疑的な諸国の規範を組み込んだことで

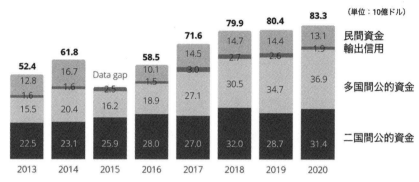

図11-5　先進国からの途上国への気候資金の拠出・動員の動向 (2013-2020年)

(出典) OECD 2022

合意が成立したが、NDCs を提出した国々の間では、協力的アプローチやメカニズムへの関心の方が非市場アプローチよりも多い。

②気候資金

　SDGs にも示された、途上国における緩和行動と透明性確保のため 2022 年度までに先進諸国から官民共同で 2020 年までに毎年 1 千億ドルの資金動員する約束は、実現せずに 2025 年までと延長された (**図11-5**)。インパクト重視の視点からは、官民共同の自発的行動に積極的な意味合いが込められたが、民間資金の呼び込みは、政府の第一義的な責任を放棄しかねないとの批判も根強い。約束額拠の趨勢を見ると、2023 年頃には約束額の達成も見込まれるが、途上国グループは先進諸国の自発的行動としての資金拠出に懐疑的になっている。気候変動の被害と損失の交渉でも、新規で追加的な資金枠組みに向けた合意が目指された。

4. 結論

(1) 自発的行動は重要か

　自発的行動には重要な課題である。気候変動交渉に見られたように、自発

的行動ではなく拘束力のある目標達成を目指した場合は、交渉は妥結しな
かったと考えられる。もともと地球サミットで気候変動枠組条約と生物多様
性条約が採択された際に、森林条約の成立も期待されていたが、森林条約は
成立せずに森林原則声明となった。そこで森林認証や水産物認証などの非政
府主体の自発的行動を促す民間の認証制度が普及するに伴って他の環境分野
においても自発的行動がさらに注目されてきた経緯がある。

　それが実際の行動変容アウトカムに結び付いているかは、国によっても、
時間によっても、イシューによっても違う。自発的行動が意味ある行動変容
を伴うのは、おそらく利益、権力、規範の順に良い結合した場合である。気
候変動による被害が深刻化して、政府や企業を相手取る訴訟も増えているこ
とは、気候政治が停滞する中で、司法権力によるアクセラレータである。一
方、再生可能エネルギーの拡大は、マーケットによる利益がアクセラレータ
である。

　しかし、そうした自発的行動による行動変容は、まだ効果的な長期的イン
パクトを地球環境保全に与えていない。それは、法的拘束力のある行動も同
様である。アウトプットとしての自発的行動の顕在化と意味あるインパクト
を与えていないことの乖離は「誓約のパラドックス」と呼ばれる矛盾である。
その原因は、持続的なアクセラレータの欠如であると言わざるを得ない。目
標設定自体がアクセラレータとなる場合と、ならない場合とがある。

(2) 何をすべきか

　環境分野だけではなく、他の分野においても、自発的行動がうまく働く
条件 (時間や空間やイシューなど) は何か。時間軸において、私たちが望む未
来の位置は、現在の位置に時間と速度を乗じたものである。バックキャス
ティングにおけるアクセラレータは、未来の速度と現在の速度の差異を
除したものである。つまり、望むべき未来に向かう現在の速度が遅い場
合、将来の速度を上げるためには、より機敏な変化が必要となる。これ
は入手可能な過去に作り出されたものを探すというよりも、アジャイル
な対応で構築してゆく作業であろう。小さな単位であっても俊敏に実装

し、更新を繰り返すことで長期的インパクトに繋げることが重要である。

　地域によって加速度に差異が見られるようであれば、国レベルではなく地域レベルでの代替性や補完性を積極的に評価すべきである。同じ国であっても自治体やコミュニティの良好事例の変化への適応を見極めることが重要である。現場では、多様な制約要因が働き、そのまま他国の良好事例をそのまま導入することはできないかもしれない。アメリカのアクセラレータは、中国のアクセラレータとは異なるかもしれない。しかし、明らかにサステナビリティ変革が生じている地域のアクセラレータを特定し、援用の可能性を探ることは重要であろう。

　また、イシューによって変革の加速度に変化が生じているのであれば、異なる環境問題において、あるいは環境問題以外の問題においてアクセラレータを探し出して統合することが重要である。変革的な科学技術が生み出されても、非線形的な変革を継続してゆくのは、人間社会なのである。

注

１　実現困難な課題について目標年を設定して取り組むことで、最大の努力や技術が動員されて目標を実現する思考。挑戦を積極的に受け入れ、先延ばしすることを拒否して克服する意思を表明した J.F. ケネディ大統領のアポロ計画についての演説（1961 年連邦議会、1962 年ライス大学）に由来する。

参考文献

蟹江憲史 2020『SDGs（持続可能な開発目標）』中央公論新社

清水奈名子 2011『冷戦後の国連安全保障体制と文民の保護―多主体間主義による規範秩序の模索』日本経済評論社

舛方周一郎 2021「地球環境政治におけるラテンアメリカの役割」畑恵子編『ラテンアメリカ 地球規模課題の実践』新評論 pp. 60-78

南博・稲葉雅紀 2020『SDGs―危機の時代の羅針盤』岩波書店

Barkdull, J. & Harris, P.G. 2022. "Theories of environmental foreign policy: power, interests, and ideas," in Harris, P. G. ed., *Environmental Change and Foreign Policy: Theory and Practice*, pp. 19-40. New York: Routledge.

Caballero Gómez, P. 2016. "A Short History of the SDGs" informal paper.

Climate Action Tracker (CAT). 2021. CAT Warming Projections.

Finnemore, M. & Sikkink, K. 1998. "International Norm Dynamics and Political Change." *International Organization* 52:4, 887-917.

Kamau, M., Chasek, Pamela., & O'Connor David. 2018. *Transforming Multiple Diplomacy: The Inside Story of the Sustainable Development Goals.* New York: Routledge.

Kingdom of the Netherlands. 2022. Voluntary National Review on Sustainable Development Goals. Ministry of Foreign Affairs of the Netherlands.

OECD-DAC. 1996. *Shaping the 21st Century: The Contribution of Development Co-operation.* Paris: OECD.

OECD. 2022. Aggregated trends of climate finance provided and mobilized by developed countries in 2013-2020.

Rockström, J. & Klum, M. 2015. *Big World, Small Planet: S Abundance within Planetary Boundary.* New Haven: Yale University Press.

Sachs, J. et al. 2022. *Sustainable Development Report 2022.* Cambridge: Cambridge University Press.

Scully, J. 2014. Moonshot! New York: RosettaBooks.

Sprintz, D. and Vaahtoranta, T. 1994. "The interest-based explanation of international environmental policy." *International Organization* 48 (1) : 77-105.

Supreme Court of the Netherlands. 2019. ECLI:NL:HR;2019:2007.

UN Department of Economic and Social Affairs. 2022. 2022 Voluntary National Reviews Synthesis Report.

UNEP. 2015. The Emissions Gap Report 2015.

UNFCCC. 2015. Synthesis report on the aggregate effect of the intended nationally determined contributions. FCCC/CP/2015/7.

UN Secretariat. 2022. Voluntary National Reviews: Synthesis of Main Messages Secretariat Background Note.

UN Stats Division. 2022. Sustainable Development Goals Progress Chart 2022.

Young, O. 2011. "Effectiveness of International Environmental Regime." PNAS.

平和とガバナンス

12 章

平和とガバナンスにおける国際機構の役割の再検討

望月康恵

　持続可能な開発目標（SDGs）の目標 16「平和とガバナンス」は、「持続可能な開発のための平和で包摂的な社会を促進し、すべての人々に司法へのアクセスを提供し、あらゆるレベルにおいて効果的で説明責任のある包摂的な制度を構築する」ことを目指す。2015 年に採択された 2030 アジェンダは、「平和なくして持続可能な開発はあり得ず、持続可能な開発なくして平和もあり得ない」と平和と持続可能な開発の相互の関係性を確認する（A/RES/70/1 21 October 2015, 2）。持続可能な開発の実現と平和（な状況・状態）の実現は表裏一体といえる。

　平和とガバナンスの実現に向けた目標 16 は、国際的な基準に基づいて人権を保護し促進し、違法な行為を阻止し予防し、健全な統治機構と人々が参加する意思決定の在り方を発展させていくこと、いわば法に基づいた国家制度の（再）構築について言及している。

　持続可能な開発は、環境保護、経済開発、社会開発の 3 要素から構成される経済社会問題と位置づけられる。国際連合（国連）においても経済社会理事会が中心的に扱い、国際の平和に主要な責任を持つ安全保障理事会（安保理）において直接に扱われるものではないとも考えられる。実際に、2030 アジェンダは安保理に言及していない。

　とはいえ、SDGs の実現に向けては、あらゆる主体による取組みが求められる。平和とガバナンスの実現に関しては、特に安保理と国際刑事裁判所（ICC）に着目することが重要である。安保理は国際の平和と安全に主要な責任を担い、また平和活動を通じて、地域における平和の定着を目指している。

この目標 16 の策定においては、国家間の交渉が最後まで難航したが、紛争から脱却した東ティモールがこの目標を推進した (Kamou、Chasek and O'Conner 2018, 202-203)。同国は、安保理による平和活動の展開を通じて民主的な統治制度が導入された経験がある。

　目標 16 は、また、司法へのアクセスの提供について記す。ICC は、重大犯罪が世界の平和、安全と福祉を脅かすことを認識し、「国際社会全体の関心事である最も重大な犯罪が処罰されずに済まされてはならないこと」、「そのような犯罪に対する効果的な訴追が国内的な措置をとり、及び国際協力を強化することによって確保されなければならないことを確認」する (ICC 規程前文)。重大犯罪の追及が平和に資するという理解が共有されている。

　本章では、「平和とガバナンス」の達成における国際機構の役割を検討し、国際機構が SDGs のアクセラレータとなりえるのかについて、安保理と ICC による取組みを中心に検討する。

　国家の在り方が、その構成員である人民により民主的に決定され機能するのであれば、国際機構が措置を講じる必要はないだろう。ただし、平和とガバナンスの実現においては、国際的な法規範に根差した国家体制の構築が必要であるという共通理解がある。SDGs の 1 つとしての平和とガバナンスの内容とその実現に向けた国際機構の取組みを検討することは、サステナビリティ変革への加速の意義を探る機会となる。

1. SDGs と国際法

(1) 目標としての SDGs

　持続可能な開発は広範な概念であり、その性質や内容について学問上、多くの議論がある (西海 2016, 141-168, Vinuales 2021, 285-301)。この概念を基礎とする SDGs は、既存の法的枠組みを前提としてその内容を具体化し実効的にするために、さまざまな主体により実施される活動プログラムやそのための政策方針を列挙する (浅田 2022, 48)。SDGs は目標としての到達点を示しているが、そこに至る方法や手段については詳細に定められてはおらず、各主体の

自発的な取組みに任される。

　2030 アジェンダが指摘するように、SDGs は「遠大かつ人間中心な一連の普遍的かつ変革的な目標とターゲット」、「歴史的な決定」であり（パラグラフ 2）、目標とターゲットにおいて、最高に野心的かつ変革的なビジョンを設定する（パラグラフ 7）。SDGs は 2030 アジェンダの一部を構成することから、ソフトローとして説明されるが、個別の目標は、既存の条約や宣言に支えられている。例えば 2030 アジェンダの「10. 主要原則」において、このアジェンダが国連憲章の目的と原則、国際人権諸条約など既存の条約を基礎とし、国連総会の決議も参照することが確認される。「18. 総論」では、2030 アジェンダが、国際法の下の国家の権利義務に合致した方法で実施されることが強調される。さらに「19. 人権」においては、SDGs の実現に向けて国際法に基づく人権の保護と促進が強調される。17 の目標に人権が含まれていないことについて、開発の課題としては不完全であると指摘されるが（Browne 2017, 93）、2030 アジェンダに人権が言及されており、SDGs の背景としての人権規範が確認される。2030 アジェンダはまた、脆弱な人々に対する特別なニーズの必要性や、開発途上国の発展を阻害する措置を慎むこと、国際法に合致しない一方的な経済措置の禁止を定める。このように SDGs が国際法の諸原則に支えられていることが、2030 アジェンダから確認される。

(2) 平和とガバナンスに関する国際法諸原則

　SDGs が国際法に基礎づけられるとして、目標 16 は、どのような国際法原則に基づくのだろうか。2030 アジェンダ「35. 平和と安全」からは次の点が確認される。

　第 1 に、持続可能な開発と、平和と安全の相互作用である。平和で安全な状態は持続可能な開発の前提と位置づけられる。持続可能な開発は平和かつ安全な状態が存在するからこそ実現される。同時に、持続可能な開発がなければ、平和と安全は危機にさらされる。平和と安全に向けて持続可能な開発が必要とされる。この両者の相互の関係性から、持続可能な開発の実現は、平和かつ安全な状況や社会の実現とさえ捉えられる。

　第2に、2030アジェンダは、平和で公正、包摂的な社会の構築の必要性を確認する。そのような社会は、①司法への人々の平等なアクセスを提供し、②人権の尊重と、すべてのレベルでの効果的な法の支配とグッド・ガバナンス、透明で効果的かつ責任のある制度に基づいている。民意が反映された政府の下、法に基づいたガバナンスが行われる社会の構築が求められている。

(3) 目標16を支える国際法規範

　国際法がSDGsの根拠であり指針であることは個別の目標とターゲットからも確認される。目標16のターゲットは、次の国際法諸原則に基礎を置く（**表12-1**）。

表12-1　目標16とターゲットを支える国際法諸原則

	関連する国際法、諸原則
目標16. 持続可能な開発のための平和で包摂的な社会を促進し、すべての人々に司法へのアクセスを提供し、あらゆるレベルにおいて効果的で説明責任のある包摂的な制度を構築する	
16.1 あらゆる場所において、すべての形態の暴力及び暴力に関連する死亡率を大幅に減少させる。	女性に対する暴力撤廃に関する国連宣言（1993年） 2019年の暴力及びハラスメント条約（ILO第190号条約） 女性に対する暴力およびドメスティック・バイオレンス撲滅条約（イスタンブール条約）
16.2 子どもに対する虐待、搾取、取引及びあらゆる形態の暴力及び拷問を撲滅する。	世界人権宣言（第5条） 子どもの権利条約（第34、36条） 子どもの売買等に関する子どもの権利条約選択議定書 拷問及び他の残虐な、非人道的な又は品位を傷つける取扱い又は刑罰に関する条約（拷問禁止条約）
16.3 国家及び国際的なレベルでの法の支配を促進し、すべての人々に司法への平等なアクセスを提供する。	国際刑事裁判所規程 世界人権宣言（第8条、第10条） 市民的及び政治的権利に関する国際規約（自由権規約、第14条）

16.4 2030 年までに、違法な資金及び武器の取引を大幅に減少させ、奪われた財産の回復及び返還を強化し、あらゆる形態の組織犯罪を根絶する。	武器貿易条約 国際的な組織犯罪の防止に関する国際連合条約（国際組織犯罪防止条約）
16.5 あらゆる形態の汚職や贈賄を大幅に減少させる。	腐敗の防止に関する国際連合条約（国連腐敗防止条約）
16.7 あらゆるレベルにおいて、対応的、包摂的、参加型及び代表的な意思決定を確保する。	世界人権宣言（第 21 条） 社会権規約、自由権規約（第 1 条） ウィーン人権宣言（第 8 条） 行動計画（C 協力、発展、人権の強化）
16.9 2030 年までに、すべての人々に出生登録を含む法的な身分証明を提供する。	自由権規約（第 24 条） 子どもの権利条約（第 7 条）
16.10 国内法規及び国際協定に従い、情報への公共アクセスを確保し、基本的自由を保障する。	自由権規約（第 5 条）
16.a 特に開発途上国において、暴力の防止とテロリズム・犯罪の撲滅に関するあらゆるレベルでの能力構築のため、国際協力などを通じて関連国家機関を強化する。	テロ防止関連諸条約
16.b 持続可能な開発のための非差別的な法規及び政策を推進し、実施する。	発展の権利宣言（第 10 条）

（出典）著者作成

　表のとおり、平和とガバナンスにおけるターゲットは既存の国際法に基づく。したがって、国際法に定められた義務を国家が履行していくこと、また国際機構による支援により、SDGs の実現が図られる。

2. 平和とガバナンスの実現に向けての国際機構の役割

　国際機構は、国家が交渉を行う場であり、また国家による行動をモニターする機関でもある。平和とガバナンスは、国家の制度の設立や改革と関連する内容を有しているが、国家が意思や能力に欠ける場合には、国際機構が当該国家の平和とガバナンスを支援する。以下、安保理と ICC による取組みを検討する。

(1) 安保理

①平和と持続可能な開発の関係性

　SDGs の達成には、経済成長、社会的包摂、環境保護の 3 要素の調和が不可欠である。この中に安全(保障)は含まれていない。ただし、持続可能な開発が、倫理的な概念として、すべての人が等しく人間としての自己実現の可能性を確保されるべきという人間観、世界観に立脚しており、あらゆる人々に対して開発と良い統治の必要性を強調していると指摘され(西海 2016, 143)、安全は 3 要素の前提と位置づけられるだろう。また 2030 アジェンダが、普遍的な平和の強化を追求するものであるとすれば、平和および安全の問題はSDGs の中核をなす。

　国際の平和と安全の維持に主要な責任を担う安保理において、平和と持続可能な開発の概念上の結びつきが確認される。2030 アジェンダについて政府間交渉が開始された 2015 年 1 月に、安保理では「国際の平和と安全の維持のための包摂的開発」に関する閣僚級会合が開催された。この会合において、事務総長は持続可能な開発アジェンダが開発、平和と安全、そして人権の相互依存を強化する重要な機会であることを指摘した(S/PV.7361, 16 January 2015, 3)。会合後の議長声明においては、安全と開発が密接に結びつき相互に強化され、持続可能な平和を達成する鍵であること、国家当局のオーナーシップ、すべての利害関係者の包摂による平和の持続と持続可能な開発の達成、平和維持活動の計画と実施の初期段階から平和構築活動を考慮し開始する重要性が確認された(S/PRST/2015/3, 19 January 2015)。このように安保理は、安全と開発の相互依存を確認し、持続可能な開発の促進を通じて紛争の根本原因に対処することを宣言する。その一方で、2030 アジェンダを安保理において議論することに懸念を示す理事国もある。ロシアは、2030 アジェンダ、特に目標 16 を安保理で議論することは、総会と経済社会理事会の憲章上の特権を著しく損なうものであり、安保理でのイニシアチブを支持できないとの立場を表明した(Security Council Report, November 2015)。ただし、国連の主要機関の活動がその権限に基づいて行われていることの判断は各機関が行うことについては、実行を通じて確立され、国際司法裁判所の判例においても確認さ

れている (International Court of Justice, 1962, 162-163, 168)。安保理が 2030 アジェンダや SDGs に関して議論することは、安保理の機能や権限の観点からは妨げられないだろう。

②平和活動──ガバナンスの強化とその含意

SDGs の実現に向けて、国家の制度の確立が求められる。冷戦下で、国連憲章第 7 章に基づく強制措置を取ることができない中で、代替策として始まった平和 (維持) 活動は、当初は、国家間で締結された停戦協定の履行を監視するなど平和の維持を主たる目的とし、当事者間による紛争の解決を支援した。今日の平和活動のあるものは、内戦下で「安定化」のため、また「多次元・多面的」に展開される。この多機能型 (複合型) の平和活動は、政治プロセスの促進、文民の保護、元戦闘員の武装解除・動員解除・社会復帰の支援、選挙実施の支援、人権の保護と促進、法の支配の回復の支援など、国のガバナンス機能を強化する支援策を講じる。

例えば、コンゴ民主共和国 (DRC) には、1999 年に国連コンゴ民主共和国ミッション (MONUC) が派遣され、停戦や兵力引き離しの監視を行った。後に MONUC に代わり国連コンゴ民主共和国安定化ミッション (MONUSCO) が 2010 年より展開された。この多機能型の平和活動は、市民の保護を優先的な任務とし、犯罪行為者を裁く取組みを支援した (S/RES/1925, 28 May, 2010, para.12 (d))。MONUSCO の職務権限は後に拡大され、武装勢力を制圧する介入旅団 (FIB) が設立されたが (山下 2015, 1-30)、これに伴い MONUSCO の軍事部門の任務に、戦争犯罪や人道に対する罪の犯罪行為者の逮捕など政府への司法活動支援が含まれた (S/RES/2098, 28 March 2013, para.12 (d))。

マリにおいては、国内の政治プロセスの支援とアフリカ主導のマリ国際支援ミッション (AFISMA) 設立のために、2012 年に国連マリ事務所 (UNOM) が展開し (S/RES/2085, 20 December 2012)、両者を統合し発展させた国連マリ多面的統合安定化ミッション (MINUSMA) が設立された。この活動の任務は、人口集中地区の安定化、国全体での国家機関の再確立支援、憲法秩序と民主的統治、国民統合の完全な回復に向けた工程表の実施支援、市民の保護などで

あった。MINUSMA は、国内および国際の司法に対する支援を職務権限とした。すなわちマリ暫定当局が 2012 年 1 月以降の事態を ICC に付託したことを考慮し、その責任を損なうことなく戦争犯罪および人道に対する罪の責任者を裁く当局の取組みを、実行可能かつ適切な範囲で支援することであった（S/RES/2100, 25 April, 2013, para.16）。

　多機能型の平和活動は、国際的な環境の変容によって生み出されてきた。この活動には、効果的な平和構築プログラムの包括的実施に必要な資金も技術的なノウハウも備わっていないが、安保理は、当初、例外的な状況において、法と司法の改革の推進や法整備支援、人権の保護促進、国家権力の回復と拡大の支援など、国家の立法・行政機能を一時的に担う権限を与えてきた。多機能型の平和活動は、長期的な制度と能力構築に従事するように設計されておらず能力も備えていないにもかかわらず、実際にはそのような取組みを行わざるを得ない状況も見られた（United Nations 2008, 22-27）。

(2) 国際刑事裁判所 (ICC)

　ICC は、自らの機能と活動が、SDGs16 の平和とガバナンスに資することを明示する。「ICC は、司法へのアクセスを促進し、アカウンタビリティを求め、犯罪の抑止を支援することにより、より平和で公正な世界を促進するために活動する。正義への旅路は、癒しと和解への旅路であり、それは永続的な平和への道を開く」（ICC Supporting SDG16）。重大犯罪行為者を訴追し処罰する ICC の機能自身が目標 16 に資すること、また正義の追求は平和の前提であるという理解が見られる。

　ICC が果たしてまたどの程度、目標 16 の達成に貢献する行動を取ってきたのかについて定量評価は難しいが、ICC が言及した、司法へのアクセス促進、アカウンタビリティの追及、犯罪抑止支援について、実践上の取組みを確認することができる。

①司法へのアクセス

　ICC は、重大犯罪が世界の平和、安全および福祉を脅かすことを認識し、

国際社会全体の関心事である最も重大な犯罪を行った者が処罰を免れることを終わらせ、犯罪防止に貢献することを決意して設立された。実際にこれまでに訴追された者には、国家元首や指導的な地位にいた者も含まれる。

　ICCにおいては、犯罪行為の被害者も司法にアクセスできる。ICCは、被害者と証人の保護および公判手続への参加に関して、安全、心身の健康、尊厳とプライバシーを保護するために適切な措置をとる(ICC規程68条)。さらに裁判所は、賠償の原則を確立し、損害等について決定を行う(75条)。裁判所は有罪確定者に対して賠償命令を発し、あるいは信託基金を通じて被害者への賠償支払いを命じる。賠償の様式として、共同体への支援や個人の金銭賠償が含まれる(望月2022, 173-206)。こうして、ICCの公判手続に被害者がアクセスできることや被害者に対する賠償の制度を通じて、ICCは重大犯罪により被害を受けた個人に加えて集団や共同体に対して措置を講じる。

②アカウンタビリティの追及

　1990年代以降、国際社会において、さまざまな刑事裁判所が設立されてきた。十分な政治的意思と資源があれば、国際法違反に対して原則に基づいたアカウンタビリティを達成できるという国際的なコンセンサスが生まれつつあることの証左として指摘される(Cassese 2018, 433)。

　本来であれば、犯罪行為に対するアカウンタビリティの追及は、各国において行われることが望ましい。そこで国際的な裁判所は国内の司法制度と補完してきた。ICCにおいて重大犯罪が訴追される一方、国際社会の支援の下、国内に司法機関が設立される。中央アフリカ共和国(CAR)に2015年に設立された特別刑事裁判所(SCC)がその一例である。

　SCCは、2003年1月1日以降にCARで行われた、国内刑法と国際法で定義された重大な人権侵害と国際人道法違反について捜査と訴追を行う。ICCと並行して国内で裁判を実施することにより、SCCは重大犯罪の責任を追及される者の範囲を拡大し、犯罪被害者の裁判への共感を高める機会を提供する。さらにSCCが重大犯罪に判決を下すことによって、国内のオーナーシップと能力を強化できる(Human Rights Watch 2022)。

③犯罪抑止支援

　裁判手続と犯罪抑止効果の因果関係については必ずしも立証されないが、公正な裁判の実施は、法と司法制度に対する信頼を高め、長期的には犯罪抑止の効果を持つと考えられる。その一方、紛争が継続している間に行われるICCでの訴追と処罰について、紛争に影響を及ぼすことが問題とされる。

　これは、伝統的に平和と正義の関係性という文脈において捉えられてきた。一方では、紛争中に行われる正義の追求は、紛争の抑止効果を持つと説明される。実際に2023年3月に、ICCは、ロシアのプーチン大統領に対して逮捕状を発行したことを明らかにし、逮捕状発行の周知が、更なる犯罪行為の防止につながることに鑑みて逮捕状について公表したことを述べた（ICC 2023）。一方、紛争中の刑事手続は、紛争当事者に対して、責任追及を逃れるために紛争を継続させるインセンティブを与え、かえって紛争が長期化することも懸念される。プーチンの逮捕状発行後も、ロシアによる攻撃は継続し、これはプーチンが自らの政治的な地位を維持しようとする姿勢とさえ見なされる。

④平和活動による司法制度支援

　平和活動における主要な任務の1つは市民の保護である。市民の保護は、受け入れ国の主な責任を損なわずに、平和活動が必要なあらゆる手段を用いて、市民に対する暴力の脅威を防止し、抑止または対応するための、統合され調整された活動である。市民の保護活動は、3つの段階に区分される。第1段階は対話と関与を通じての保護、第2段階は身体的保護の提供、第3段階は保護環境の設立である。これら3段階に、階層性や順番はないが（United Nations 2019, para.40）、第3段階においては、重大犯罪に対する刑事責任の追及、捜査と被害者への補償とリハビリテーションに関するプログラムを含む、法執行と司法強化が行われる（United Nations 2019, para.76）。

　平和活動における刑事司法機関への支援には、国内の法整備支援、犯罪行為者の逮捕、訴追、処罰など刑事手続の実施支援、刑事司法制度に係る専門

家の能力構築が含まれる。

DRC に展開した MONUC（1999-2010 年）の職務権限は、人道法違反の犯罪行為者の訴追に関する取組みの支援と国内の司法制度の構築支援であった（S/RES/1856, 22 December 2008, paras.4,22）。DRC は 2004 年 4 月に ICC に事態を付託しており、同年 10 月に安保理は MONUC に対して、政府を支援する権限を与えた（S/RES/1565, 1 October 2004）。すなわち、MONUC に対して、特に女性や子どもおよび社会的弱者に配慮して人権の促進と保護を支援し、不処罰をなくすために人権侵害を調査し、国連の機関と緊密に協力しながら人権および国際人道法の重大な違反に責任を負う者が裁かれることを確保するための努力に引き続き協力すること（para.5 (g)）を定めた。また、政府を含むすべての当事者に対して、違反に責任を負う者を訴追し、人権と国際人道法の尊重を確保するために、市民の安全と福祉を保証する必要な措置をとることを求めた（para.19）。

MONUC に代わる MONUSCO の展開は、国家機関や制度の強化支援を重点化するものであった。安保理は、政府が戦争犯罪と人道に対する罪の責任者を積極的に追及することおよび ICC との協力の重要性を強調し、MONUSCO に対して政府への支援を求めた（S/RES/1991, 28 June 2011, para.19）。2020 年には、MONUSCO に対して、政府と協力し、国連諸機関や MONUSCO の内部部門を活用して、集団殺害等の責任者を捜査し起訴するために DRC の司法制度を強化・支援する権限が付与された（S/RES/2556, 18 December 2020, para.29 (i) (f)）。

CAR に対しても、平和活動を通じて法整備支援、刑事手続の実施支援、能力構築支援がなされてきた。1998 年の MINURCA の設立以降、国内の法整備支援、刑事手続支援、能力構築の職務が拡大された。政府と反乱軍との内戦が継続する中で、2000 年には国連平和構築支援事務所（BONUCA）が平和と和解の統合を目的として MINURCA に代わり展開した。2010 年 1 月に、国連中央アフリカ統合平和構築事務所（BINUCA）が BONUCA を引き継ぎ、平和と国民和解、法の支配の促進のために民主主義制度を強化することを目指した。

　暴力の拡大を受け、安保理は 2013 年に BINUCA の職務権限を拡大し、人権の促進と保護の一環として、司法制度と国内人権機関の能力強化、国民和解の努力への支援を行った (S/RES/2121, 19 October 2013, para.10 (d))。翌年に設立された国連中央アフリカ多面的統合安定化ミッション（MINUSCA）は国内と国際の司法と法の支配への支援を職務権限とし、その内容は、戦争犯罪などの責任者の逮捕と訴追について当局への支援と協力、国内司法制度と国内人権機関の能力構築支援、刑事司法制度強化としての警察、司法機関への支援であった (S/RES/2149, 10 April 2014, para. 21 (i))。加えて MINUSCA は、重大な人権侵害と国際人道法の違反の加害者を逮捕し、CAR 当局に引き渡すことで、個人の訴追と処罰を支援し、SCC と協力することが定められた。さらに国内の司法制度の強化の重要性が確認され、NINUSCA から SCC に対して技術支援と能力構築が提供された (S/RES/2605, 12 November 2021)。

　なお国連と ICC は了解覚書(MOU)を締結し、平和活動による ICC の捜査への具体的な協力を定める。例えば DRC においては、MONUC による ICC への協力として、検察官の要請に基づき MONUC 軍の展開地域において検察の捜査を支援する目的で、軍による支援の提供(第 9 条)、MONUC が所有する文書や情報へのアクセス(第 10 条)、ICC の要請に基づく逮捕、ICC から出頭を求められている者の身柄の確保、ICC が求める施設の捜索および物品の押収について、政府からの要請を検討することである(第 16 条)。ICC による捜査や犯罪行為者の逮捕などへの MONUC の支援は、DRC 政府に対する支援であり制度の構築支援である。また国連が収集した情報が ICC の訴追に用いられた (Movosselloff 2019, 18)。

　上記の考察から、次の点が指摘される。まず平和活動は、市民の保護を通して、当該地域の平和とガバナンスを支援してきた。平和活動による刑事司法機関の支援は、法整備、犯罪行為者の逮捕、訴追、処罰という刑事手続と、刑事司法制度に係る専門家の能力構築の支援を含む。さらに、平和活動は ICC の捜査に技術的かつ実質的な支援を行ってきた。技術的な支援として、ICC の現地捜査での安全の確保や輸送の提供が、また実質的な支援として、当該国における能力構築や、受け入れ国の要請に基づく逮捕の執行があ

る (Venigandla 2021, 7)。平和活動を通じての ICC と政府に対する支援は、重大な人権侵害の行為者の訴追を含む、包括的な法制度の構築支援といえる。

3. 平和とガバナンスの達成のアクセラレータとしての国際機構

SDGs16 の平和とガバナンスは、上述の通り、国内の制度の構築支援を通じて、SDGs が実現される社会を目指すものであり、そのような国家制度の構築も SDGs の実現に貢献する。

その一方で、SDGs に内在する特徴にも留意すべきであろう。平和とガバナンスは、国家の統治制度や能力を評価の対象とする。つまり国家の政策や制度について、外部から公的に評価されることを SDGs は前提とする。その際に問題となり得るのが、平和とガバナンスを支援する国際機構の取組みが状況に影響を及ぼすこと、また SDGs のアクセラレータとしての国際機構における意思決定過程と機能上の課題である。

(1) 目標 16 により目指される「国家」制度の構築

平和とガバナンスの目標「持続可能な開発のために平和で創設的な社会を促進し、すべての人に司法へのアクセスを提供し、あらゆるレベルで、効果的で説明責任のある包摂的な制度を構築する」は、現在の国際社会にとって望ましい国家の在り方を表しているといえる。

国連による平和活動は、国家のガバナンスに変化をもたらす可能性を持つ。紛争当事者間による紛争の終結と和平合意、人民により選出された代表による政府の設立、憲法の制定、法の支配に基づく統治機構の設立は、現地の人々によって民主的に行われることを前提とする。

平和活動が国家に対する支援であることにより、当該国家の政府の意向に沿うものとなる。そのことは、平和活動が、特定の政治勢力を支える取組みを担うことにもなりかねない。

例えば DRC に展開した MONUSCO は、国家制度の強化を目的としていたが、DRC 全領域において権力を掌握していない「政府」にとって、平和活動

の展開は、自らの勢力を拡大する手段となるだろう。内戦下における平和活動による「政府」への支援は、国家制度の構築に資する一方、特定の勢力による権力掌握に加担する取組みになり得る。さらに平和活動が「安定化」に関与することは、平和活動が国家当局の制度の(再)構築に関与することを意味するが、その際に現地での紛争状況が十分に考慮されないことの問題が指摘される (Novosseloff 2019, 85-86)。

(2) SDGsの実現と国際機構に内在する問題点

　平和とガバナンスに関する評価とは、特定の国家の統治の制度や機能に対する評価となる。それでは、国家のガバナンスに関与しまた支援する国際機構そのもののガバナンスに問題はないのだろうか。

　安保理では、5常任理事国が意思決定に特権的な地位を有する。法的拘束力のある決定を行う安保理の構成や機能について、アカウンタビリティを問う正式な手続きは用意されていない。これまでも安保理での意思決定が、常任理事国による恣意的な決定により国連の目的と合致せずに行われてきたことについて、批判されてきた。例えば安保理は、リビアに関しては市民の保護を目的として強制措置を決定し、これにより政権転換が促された。その一方で、シリア政府による市民への人権侵害行為に対しては非難され行為の停止が政府に求められ、安保理として措置を検討する意向が表明されたものの、中国とロシアによる反対の結果、強制措置は決定されなかった (S/2011/621, 4 October 2011)。

　ウクライナに対するロシアの侵略行為においても、ロシアの拒否権行使により安保理では決議が採択されず、そのために平和のための結集決議に基づいて、総会緊急特別会合が開催された。会合では、ウクライナに対する侵略(A/RES/ES-11/1, 2 March 2022)、ウクライナに対する侵略の人道上の影響 (A/RES-11/2, 28 March 2022)、人権理事会におけるロシアの権利停止 (A/RES/ES-11/3, 8 April 2022)、ウクライナの領土保全 (A/RES/ES-11/4, 13 October 2022)、ウクライナに対する侵略への救済と賠償の促進 (A/RES/ES-11/6, 14 November 2022) など一連の決議が採択された。安保理の常任理事国による拒否権の行使は、安保

理とその構成国が、公正かつ持続的な社会へのアクセラレータとして役割を
担っているのか疑問を呈している。

(3) 国際機構の改革に関する議論

①国際の平和と安全の維持への主要な責任

　平和とガバナンスの実現を支援する国際機構が、はたして効果的かつ責任
のある包摂的な制度となっているのかという問いは、組織の改革の議論を促
している。ロシアによるウクライナ侵略に対してロシアの拒否権行使により
決定を行えないことが安保理改革の議論を再燃させた。

　安保理改革の主な論点は、構成すなわち理事国数の拡大と、意思決定の在
り方すなわち拒否権に区別されるが、今回は後者が主に議論されている。拒
否権については、常任理事国による自発的な使用の制限から憲章改正まで、
さまざまに論じられる。例えば、常任理事国が重大犯罪に係る事項について
拒否権の行使を控えることや、拒否権を行使した場合には理由を説明する提
案がなされてきた（A/66/L.42/Rev.2, Annex, 15 May 2012）。

　この提案のうち、拒否権行使の説明に関しては、2022年に総会で決議が
採択され、これにより、総会の議長が、常任理事国による拒否権行使の10
日以内に、総会の会合を招集し、拒否権が行使された事態に関する討議を
行うことを決定する（A/RES/76/262, 28 April 2022）。この手続きは、安保理に対
する強制ではなく、また常任理事国による拒否権の行使を制約するものでは
ないが、総会において拒否権行使に関する説明がなされるプロセスが確立し
たことは意義があるだろう。決議案を提案したリヒテンシュタインが指摘し
た通り、拒否権の行使には、国連の目的および原則のために働く責任が伴い
（A/76/PV.69, 26 April,2022,3）、そのことが総会で確認されたといえる。

　ロシアによるウクライナ侵略後の安保理での審議では、安保理の意思決定
手続において、関係国が決議案の採択に参加しないことの可能性も言及され
た。ロシア侵略に関する最初の決議案採択の審議において、ノルウェー代表
はロシアの拒否権行使に対して遺憾の意を表明し、侵略行為の予防と阻止は、
安保理の直接の責任であること、侵略者により行使される拒否権は、安保理

の目的を損なうと発言した。さらに、憲章の精神において紛争の当事者として、ロシアは決議案への投票を控えるべきであると発言した (S/PV.8979, 25 February 2022, 7-8)。これは、国連憲章第 27 条 3 項の但し書きに関する言及である (吉川 2022)。「第 6 章及び第 52 条 3 に基く決定については、紛争当事国は、投票を棄権しなければならない」。同条項に従えば、紛争当事国であるロシアは投票を棄権しなければならない。この但し書きは、憲章第 6 章の紛争の平和的解決および第 52 条 3 項の地域的取極に限定されている (Wessendorf 2012, 1992)。したがって、ロシアによる侵略に関して、憲章第 7 章ではなく第 6 章の下での決議の採択に理事国が賛同できる状況であったのか、ということが問われる。ロシアの軍事行動について明白な侵略行為であることを多くの理事国が確認しており、憲章第 7 章下での決議採択が求められたことは想像に難くない。また、安保理での会合において、この但し書きに基づいて、常任理事国に対して投票の棄権を促すことは、困難であったように思われる。ただしこれを契機として、27 条 3 項の但し書きを含む、安保理における意思決定の在り方を再考することは、安保理のガバナンスの向上という観点からは意義がある。

②重大犯罪への対応

　ウクライナへのロシアの侵略直後から、犯罪行為の訴追と処罰に向けた措置と、侵略行為の訴追と処罰に関する議論が行われている。ICC は、これまで例を見ないほど迅速な対応をとってきた。2 月 24 日のロシアによる軍事作戦の開始宣言の翌日、ICC 検察官は、ウクライナと周辺の情勢に関心を持ち注視している旨の声明を出し (Statement 25 February 2022)、28 日にはウクライナの事態について捜査の開始を表明した (Statement 28 February 2022)。3 月 2 日に捜査が開始され、検察官はウクライナと周辺諸国を訪問し、4 月にはリトアニア、ポーランド、ウクライナの検事総長と協定を結び、ウクライナにおける戦争犯罪や人道に対する罪を調査する合同捜査チームを設立し協力体制を構築した (Statement 25 April 2022)。上述の通り、2023 年 3 月 17 日にプーチンの逮捕状の発行が公表された。

　ウクライナでの ICC の捜査においては、戦争犯罪、人道に対する罪については対象となるものの、侵略犯罪に関してはウクライナとロシア両国ともにローマ規程の締約国ではないことから、ICC は管轄権を有しない。これに対して、侵略犯罪を訴追する特別裁判所の設立が提案された（Statement）。その一方で、特別裁判所の設立の提案については懸念も示される（Dannenbaum 2022）。主な論点としては、侵略犯罪行為の範囲の問題、複数の裁判所による管轄権競合の可能性、裁判所の設置機関と所在地、国家免除の課題（侵略行為は公的免除が適用される犯罪か）、また政策的な議論としての資源の問題、さらには選択性（なぜウクライナについてのみ侵略犯罪を訴追する特別裁判所を設立するのか）などがある。また、特別裁判所を設立するよりも、むしろ既存の国内裁判所における訴追と処罰がより現実的であるという主張もある（Heller 2022）。

　侵略行為を含む重大な国際法上の犯罪を訴追し処罰する必要性が論じられ、また ICC をはじめとする裁判所において捜査が行われていることは、国際社会として不処罰を阻止し、正義の追求を通じて平和を実現しようとする取組みとして評価できるであろう。その一方で、ウクライナに対しても正義の追求が公平に実施されるのか、またそれが平和に資するのかが問われる。ロシアによる犯罪行為について訴追の対象となりながらウクライナの犯罪行為については見過ごされることになれば、そのような正義の追求は、混乱をもたらす。第 2 次世界大戦後のニュルンベルクや東京裁判のように「勝者」（今回の場合には強者）による処罰と見なされる可能性がある。また犯罪行為者の訴追と処罰においては、法の適正手続に基づいて、あらゆる者に対して国際法原則が等しく適用されることが求められ、そのプロセスには時間と資源と要する。この正義の追求に国際社会が関与をさらに深める用意があるのか改めて問われている。

おわりにかえて

　SDGs における平和とガバナンスは、人権規範に根差した制度が構築され

る、効果的かつアカウンタビリティのある包摂的な制度をめざしている。平和とガバナンスはあるべき国家（政府）の在り方を提示しており、その実現に向けての国際機構による支援について本章で検討した。多機能型の平和活動は、刑事司法分野における技術支援や能力構築を通じて、国家の制度構築を支援してきた。ICC は重大犯罪の訴追と処罰を通じて平和に資する状況を作り出そうとする。

　SDGs は国際法により支えられており、国際的な規範に基づく行動が、SDGs の実現にも資すると考えられている。そうであれば、SDGs の達成をアクセラレートするために、まずは既存の法に基づいた取組みが重要である。また平和とガバナンスという国家の制度の構築を支援する国際機構の機能や役割についても再考が求められていることが分析を通して示された。さらにウクライナへのロシアの侵略により、安保理や ICC の機能と、国際機構を支える国際法について課題が示された。

　平和とガバナンスは、SDGs の要である。国家の在り方が問われるこの目標の実現に向けての国際機構の関与は、SDGs の達成のみならず、国際社会の将来にも影響を及ぼしている。

参考文献

浅田正彦編 2022『国際法［第 5 版］』東信堂

西海真樹 2016『現代国際法論集　開発・文化・人権』中央大学出版部

望月康恵 2022「国際刑事裁判所（ICC）における被害者救済の取組み―平和構築機能としての意義と課題」片柳真理、坂本一也、清水奈名子、望月康恵『平和構築と個人の権利―救済の国際法試論』広島大学出版会 173-206.

山下光 2015「MONUSCO 介入旅団と現代の平和維持活動」『防衛研究所紀要』18（1）1-30.

吉川元国連大使「準常任理事国創設へ国連憲章改正を」『日本経済新聞電子版』2022 年 4 月 19 日.

Browne, S. 2017. *Sustainable Development Goals and UN Goal Setting*, New York: Routledge.

Dannenbaum, T. "Mechanisms for Criminal Prosecution of Russia's Aggression Against Ukraine", Just Security, March 10, 2022. https://www.justsecurity.org/80626/mechanisms-for-criminal-prosecution-of-russias-aggression-against-ukraine/　2023 年 3 月 30 日最終アクセス

Heller, K.J. "Creating a Special Tribunal for Aggression Against Ukraine Is a Bad Idea" Opinio Juris, 7 March 2022.　http://opiniojuris.org/2022/03/07/creating-a-special-tribunal-for-aggression-against-ukraine-is-a-bad-idea/　2023 年 3 月 30 日最終アクセス

Human Rights Watch, 2022. "Central African Republic: First Trial at the Special Criminal Court: Questions and Answers"　https://www.hrw.org/news/2022/04/12/central-african-republic-first-trial-special-criminal-court#whatisthe　2023 年 3 月 30 日最終アクセス

International Court of Justice, 1962. "Certain Expenses of the United Nations" Advisory Opinions of 20 July 1962.

International Criminal Court, Supporting SDG16. https://www.icc-cpi.int/get-involved/sdg16　2023 年 3 月 30 日最終アクセス

International Criminal Court, 2022. "Statement of ICC Prosecutor, Karim A.A. Khan QC, on the Situation in Ukraine: "I have been closely following recent developments in and around Ukraine with increasing concern."" 25 February 2022.　https://www.icc-cpi.int/news/statement-icc-prosecutor-karim-aa-khan-qc-situation-ukraine-i-have-been-closely-following　2023 年 3 月 30 日最終アクセス

International Criminal Court, 2022. "Statement of ICC Prosecutor, Karim A.A. Khan QC, on the Situation in Ukraine: "I have decided to proceed with opening an investigation."" 28 February 2022.　https://www.icc-cpi.int/news/statement-icc-prosecutor-karim-aa-khan-qc-situation-ukraine-i-have-decided-proceed-opening　2023 年 3 月 30 日最終アクセス

International Criminal Court, 2022. "Statement by ICC Prosecutor, Karim A.A. Khan QC: Office of the Prosecutor joins national authorities in Joint Investigation Team on international crimes committed in Ukraine" 25 April 2022.　https://www.icc-cpi.int/news/statement-icc-prosecutor-karim-aa-khan-qc-office-prosecutor-joins-national-authorities-joint　2023 年 3 月 30 日最終アクセス

International Criminal Court, 2023. "Statement by Prosecutor Karim A. A. Khan KC on the issuance of arrest warrants against President Vladimir Putin and Ms Maria Lvova-Belova, 17 March 2023. https://www.icc-cpi.int/news/statement-prosecutor-karim-khan-kc-issuance-arrest-warrants-against-president-vladimir-putin　2023 年 3 月 30 日最終アクセス

Kamou, M. Chasek P. and O'Connor D. 2018. *Transforming Multilateral Diplomacy: The Inside Story of the Sustainable Development Goals.* Routledge.

Meron, T. 2018. "Editorial Comment: Closing the Accountability Gap: Concrete Steps Toward Ending Impunity for Atrocity Crimes," *American Journal of International Law* 112 (3) : 433-451.

Novosseloff, A. et al., 2019. Assessing the Effectiveness of the UN Missions in the DRC (MONUC-MONUSCO)" Report 3/2019, Norwegian Institute of International Affairs.

Rajamani L. ed., Peel J. ed., *The Oxford Handbook of International Environmental Law, (Second*

Edition), Oxford University Press: Oxford.

Security Council Report, November 2015 Monthly Forecast, https://www.securitycouncilreport. org/monthly-forecast/2015-11/conflict_prevention_1.php　2023 年 3 月 30 日最終アクセス

Venigandla,S.A. 2021. "Protection, Justice, and Accountability: Cooperation between the International Criminal Court and UN Peacekeeping Operations", *Issue Brief,* International Peace Institute.

Wassendorf, N. "Chapter VIII Regional Arrangements" Simma, B. Khan, D-E, Nolte G. Paulus A, (eds.) 2012.*The Charter of the United Nations,* Oxford University Press: Oxford.

United Nations, 2008. *United Nations Peacekeeping Operations: Principles and Guidelines.*

United Nations Department of Peace Operations, 2019. "Policy: The Protection of Civilians in United Nations Peacekeeping".

"Statement: Calling for the Creation of a Special Tribunal for the Punishment of the Crime of Aggression Against Ukraine"　https://gordonandsarahbrown.com/wp-content/ uploads/2022/03/Combined-Statement-and-Declaration.pdf　2023 年 3 月 30 日最終アクセス

13 章

デジタル変革
——デジタル権威主義と人間中心のデジタル開発の狭間

ヴィルヘルム・フォッセ

　1990 年代および 2000 年代初期において、情報通信技術(ICT) の利用の増大は、主に肯定的なものとして受け止められていた。グローバルな通信と情報へのアクセスが拡大し、多くの新しいビジネスに対し機会が提供され、そして生活全般がより便利になったからである。このデジタル変革が産業経済において成長し始めると、ソーシャルメディアや手頃な携帯電話などが、ほぼ全世界的な ICT の利用に導いた。しかし、本章では、これには少なくとも両面があることを指摘する。インターネットの起源と影響について概観し、その否定的な帰結としての 2 つの具体的な側面、すなわち監視資本主義とデジタル権威主義を考察する。また、より良い方法でインターネットを規制し、管理する提言を示す。

　インターネットは、既に数十年にわたって存在し、もはや新しいものではなくなっているが、その肯定的側面と否定的側面とをどのようにバランスを取るかについては、各国においてさまざまな提案がある。これらのうちの 2 つの概念として、持続可能な連結性(sustainable connectivity) と人間中心のデジタル開発がある。これは必ずしもよく知られていないので、精緻化して検討してその含意と課題を探りたい。最後に、インターネット利用における現在の位置と将来目指すべき方向、そして国際関係におけるその役割についての課題を提起する。

1.　インターネット独自の文化

　歴史的経緯としてインターネットは 1990 年代に、一般の人々によるアクセスが普及し始めた。私が初めてインターネットを使ったのは 1993 年で、ほぼ 30 年前である。当時のインターネットは現在とは随分と異なり、電子メールが重要な主役であった。ハイパーテキスト、すなわちリンクを有するウェブサイトは、まだ初期の段階にあった。インターネットの多くは、記憶にある世代には懐かしいブレティンボードと呼ばれる電子掲示板 (BBS) で構成されていた。

　当時のインターネットは主にテキストベースであり、初期のユーザは技術に関心のある人々であり、非常に特定の課題を議論していた。こうした課題の多くは、技術そのものと関連していなければならなかった。インターネットをどう改良するかなど、インターネットについて語るためにインターネットが使われていたのである。その基本的理念は、異なるサーバや BBS を接続することであった。それらはしばしば個人によって自宅で運営されており、今日私たちが知っているようなインターネットではなかった。グローバルでも全くなかった。それは、例えば三鷹 BBS のような、文字通りローカルなものだった。

　しかし、1990 年代を通して徐々に、特に 1990 年代半ば以降に、ウェブサイトとの接続が多くなっていった。こうした電子掲示板は、インターネットの部分ではなく、それぞれ別のネットだった。この点はここで特記しておきたい。なぜなら、当時は 1 つの夢、理想があった。その理想とは、インターネットあるいはサイバースペースと呼ばれたものは、日常生活からはかけ離れたものだったことである。まだ政府による規制対象にはなっていなかった。それは、オープンシステムの 1 つの集合体だった。そして一般市民は好きなことを何でも議論することができた。徐々にユーザ数は増大したが、1990 年代の中心的な展望と現実は、インターネットが「リベラルな世界秩序」と呼ばれるものを実体化することだった。そこには、ある意味、アメリカ開拓時代の西部地方のように、制約も管理もほとんどなかったのである。グーグル

もなく、フェイスブックもツイッターも、そうしたものは一切なかった。それは完全に非中心的に組織化されていた。それはリベラルの夢であり、政府から独立した考え方であった。NTT との契約を要求されるような電話通信やファックスとは全く違ったものだった。それがインターネット本来の考え方だった。今日のインターネットのあり方に不服を持っている人々の多くは、決してインターネットの廃止を望んでいるわけではなく、現在のインターネットのあり方を変えたいと願っている。その意味で、1990 年代にはこの夢があった。本来のインターネットは開放的で、政府や巨大企業から独立しているものだったのである。

　1990 年代末の Web 2.0 テクノロジーの出現は、ユーザがインターネットあるいはウエブと相互作用を行う方法において重要な画期となった。Web 1.0 では、ウェブサイトを所有する少数の個人あるいは組織が製造したコンテンツを受動的に消費することが特徴だった。しかし、Web 2.0 はこれとは異なり、ユーザに技術的な専門性やサービスをホストすることを求めることなく、ユーザがコンテンツを容易に創造し、共有することを可能にした。コンテンツの創造と配信の民主化は、一方通行のメディアから、ユーザ間でコミュニケーションやコラボレーションあるいは表現などのさまざまな形態で関与できる参加型プラットホームへと変革させるものであった。過去 20 年において、Friendster やその後のフェイスブックのようなソーシャルメディア・プラットホームは、こうした技術を底上げし、インターネットの社会的な力学を変更した。新たに何百万人、何十億人ものユーザを引きつけて、彼らの日常生活の不可欠な一部となるようにした Web 2.0 アプリの最も重要な事例となった。

　2000 年代には、インターネットとその関連ウェブサイトおよびサービスの膨大な成長が見られた。これにより、検索エンジンがオンライン上で不可欠なツールとなった。当初、ヤフーのようないくつかの検索エンジンは、ウェブページの関連性や内容に基づいて分類しランク付けするために編集者としての人間に依存していた。しかしながら、この手動的方法は、ウェブページ数が指数関数的に増大したため、すぐに非現実的かつ非効率的になった。そ

の結果、検索エンジンは、キーワードやリンクおよび人気度のようなさまざまな基準に基づいて、自動的に索引化してランク付けるアルゴリズムによる方法へと移行した。

　アルゴリズム検索エンジンの中で、グーグルは最も成功した存在として出現した。グーグルはインターネット検索市場において支配的な地位を獲得し、今日なおその地位を維持している。アースウェブによる2023年報告(Earthweb 2023)によれば、グーグルは、世界全体のインターネット検索で90%以上の市場シェアを有し、それにグーグルの親会社でもあるアルファベット(Alphabet)社が所有するユーチューブが続いている。インターネット検索におけるアルファベット社のほぼ完全なる独占は、情報の多様性、プライバシー、競争そしてアカウンタビリティに関していくつもの問題を生んでいる。これは、先行企業による商業的インターネットの始まりであり、そして大企業や政府によるインターネット管理も始まった。

　2010年代末頃には、抗議活動家たちが利用するインターネットの潜在的可能性をますます各国政府が認識するようになった。サイバースペースの利点を活用した抗議活動が可能になったのである。2009年から2013年にかけてのチュニジア、エジプト、ユーロマイダン、そしてウクライナにおける抗議活動は、インターネット上のソーシャルメディアとその他のチャンネルを使うことによって組織化された。チュニジア革命は、しばしばツイッター革命と呼ばれている。

　2010年から2020年の10年間では、少数の情報企業による寡占、すなわち検索ではグーグル、ソーシャルメディアではフェイスブックやツイッターがさらに支配を拡大した。ソーシャルメディアは、インターネット・ユーザ数の増加によって、より支配的な手段になった。インターネットの初期には、こうした情報企業は不可欠ではなく、ユーザたちは、さまざまなコンテンツを自由にインターネットに投稿していた。しかし、2010年代初頭から、かつて自由だったオープンなインターネットを企業とそのアルゴリズムが引き継ぎ、ユーザが閲覧し、共有するものを管理するようになった。

　同じ用語を検索しても、ユーザによってその検索結果は異なる。中でも

IPアドレス、国、検索履歴に依存しており、ユーザは他のユーザとは全く異なる検索結果を提供される。それは完全に違っているものではないものの、かなり違っている。なぜなら、グーグルやフェイスブックのアルゴリズムは、特定のユーザが過去に閲覧した情報をもとにそのユーザが購入すると思われるアイテムを予測するからである。ほとんどの人々はこのことにまったく気づいていない。

　同時に、ある国の政府は、彼らの権威を減少させるインターネットやサイバースペースの危険性を認識している。権威主義体制や欧米諸国の開放的な政府でも、マスメディアが提供するものに対しては何らかの管理をしてきた。日本のように自由でオープンなメディア状況を持つ国々でさえも、メディア企業が従わなければならな規則や規制がある。彼らが見せられない、そして人々が決して見ることのないコンテンツがあるのである。もちろん権威主義体制においてこうした規制はより一層抑圧的である。中国、ロシア、他の権威主義的諸国は、彼らの体制にとってインターネットがいかに重要で、いかに危険かを認識している。

　今日いくつかの国々では、インターネットを閉鎖しようとしている。例えば、イランでは、現在すべてのインターネットが閉鎖されている。というのも、人々が互いに通信し合い、そして自国で何が起きているかを海外の世界が知ることを恐れているからである。国内全土のインターネットを閉鎖するのは極端な例ではある。しかし、ほとんどの権威主義諸国では、インターネットの国内利用に対して厳しい規制や監視をいまだに強要している。同時に、他の多くの政府も人々の監視のためにインターネットを活用している。2018年から2019年にかけてのエドワード・スノーデン（Edward Snowden）による暴露以来、中国や北朝鮮ばかりでなく、アメリカ政府や国家安全保障局（NSA）が、市民や同盟国や外国政府や組織に対してオンラインツールとプラットホームを利用して、膨大な監視を行っていたことを私たちは知ることになった。このことは、サイバースペースにおけるプライバシー、安全保障そして民主主義に関して深刻な懸念を引き起こした。

2. デジタル化第一波の開発課題

前述した問題は今日私たちが直面している課題であるが、20 年前には、他の開発課題が広く認識されていた。社会開発や経済開発に積極的な国際連合や他の国際機関にとっては、より貧しい国の人々がインターネットにアクセスできないことが課題だと認識していた。実際に多くの開発途上国では先進国と同等のアクセスができておらず、一般的な情報へのアクセスも制限されていたり、最小限に抑えられていた。インターネット利用を通じて日本や欧米諸国が繁栄する一方で、後発開発途上国は大きく遅れを取っていた。これがいわゆるデジタル格差(デジタル・ディバイド)問題が広まったのである。

国連持続可能な開発目標(SDGs)は、9 番目の目標(産業、イノベーションおよびインフラ構築)を含んでいる。目標 9 は 3 つのサブ目標に分けられており、SDG 9c は、「2020 年までに後発開発途上国における情報と通信技術へのアクセスの大幅な向上と、誰もがインターネットにアクセスできるよう努力すること」を要請している (United Nations 2015)。インターネットへのアクセスを有することは、いかなる開発にとっても基本的な側面であり、基礎要件であることが、2015 年時点ですでに明らかにされている。食糧や住居など日常生活で必要なものは当然重要なのだが、インターネットへのアクセスも、想像できるいかなる開発にとって基礎要件である。過去 20 年から 30 年間に、西側諸国では、インターネット利用者数は、ほぼ 100％に達している。誰もがインターネットにアクセスできるのだ。

中近東およびラテンアメリカにおけるインターネット・アクセスも明らかに増加している。しかし、サブサハラ・アフリカのいくつかの国々では、未だに遅れを取っている。2022 年のサブサハラ・アフリカでは、わずか 30％の人々だけがインターネットにアクセスできる。南アジアでも状況は似たようなものである。2000 年以来、世界のほとんどにおいて、インターネット・アクセスには顕著な増大が見られたが、ブロードバンド契約している人々の割合は、必ずしもそうではない。さくさくと使えるインターネットでないと本来のインターネットではない。ある人々は遅いインターネットを利用し、

ある人々は高速インターネットを利用している。中核的な進展は、グローバル・ノース（北半球）の先進諸国であり続けているので、インターネットのスピードと同様に高速インターネットを増加させなければならない（International Telecommunication Union 2021）。

　携帯電話と携帯インターネットは、ほとんどの開発途上国、ラテンアメリカからアフリカそして南アジアの多くで、当たり前になってきている。こうした地域では、携帯電話の普及率はほとんど 100％に近い。多くの市民がスマートフォンを 2 台かそれ以上持っている。スマートフォン契約は、もはやグローバルな問題ではないが、中央アフリカ地域を中心とする少数の国々ではなお課題である（International Telecommunication Union 2021; Calderado 2020）。

　一方、開発途上国のサーバのセキュリティは、先進工業諸国とは同じではない。インターネットやサーバのセキュリティは、技術的知識と結びついている。インターネットにアクセスできている限り、ほとんどの人々にとっては懸念ではないかもしれないが、抗議活動家や反対運動をする人々にとっては懸念の 1 つである。政府が自分について知っていること、あるいは知る可能性があることを懸念する人々にとっては、通信のプライバシーを保持したい動機があるため、サーバのセキュリティは絶対的に必要である。この分野においては、日本や欧米諸国にとって、途上国においてそうした面でのインターネット改善を支援しうる余地がある。

3.　デジタル化の良い面、悪い面、そして醜い面

　情報源に対するほぼ普遍的なアクセスは、多くの人々にとって情報過多を招いている。そのこと自体はデジタル開発政策にとって真の問題ではない。中核的な問題は、ユーザがどこから情報を得るかである。問題は、1 つの事実やニュースを探すとき、ほとんどの人々がインターネットの検索エンジンに向かうことだ。その際、彼らの質問に答える情報を提供するほぼ 90％がグーグルである。人々はその情報が正しく、バイアスがかかっておらず、最善かつ最も適切な情報であると想定している。しかしながら、必ずしもそう

いう場合ばかりではない。検索結果はアルゴリズムによって決定されている
ので、それが反映する 1 つの要因は、他のユーザがクリックし、グーグル検
索で見つけ出したもの、例えば、キーワードや PageRank[1] に紐づけられるバッ
クリンクなどに基づいた検索結果のランク付けである。まさに、ユーザが探
していた問題への回答あるいは関係すると判断された検索結果がしばしば提
供されている一方で、ほとんどのユーザが有用と見るものを反映している事
実をもって、それが主流の考え方を反映している「安全な」結果であるわけ
ではない。

　インターネット検索エンジンが、過去 10 年以上、いまだに多くのユーザ
によって使われている一方、情報を見つけ、共有するもう 1 つの方法である
ソーシャルメディアが、より重要になってきている。こうしたソーシャルメ
ディアのサイトは、具体的な情報や、いくつかの事例ではある方向に導かれ
た情報、つまり政府が管理する配信チャンネルへと発展していった。

　問題は、それらが、一定の意見に同意する人々の対話だけに関与すること
によって多くのユーザたちを極端な急進化に導く反響室（エコーチャンバー）
現象に発展したことである。これが、米国における事例であることは疑いな
い。しかし、他の多くの国々でも観察される。同時に、それは政府による監
視の問題でもある。インターネットが誰にとってもただ乗り（フリーライド）
で、アメリカ開拓時代の西部地域のようだった頃、つまり政府とは独立して、
多くの人々によって非中心的に管理されていた頃は、政府がそれを管理する
ことが困難だった。しかし、現在では、ユーザたちがフェイスブック、ツイッ
ター、グーグルなどから提供される一定の情報へアクセスすることは、人々
が気づかないうちに、それは政府や企業にとっても非常に価値ある情報とな
る。

　ソーシャルメディアの問題では、フェイスブックが第一の問題である。な
ぜなら、フェイスブックは、インドで 330 万人ユーザ、米国で 180 万人、イ
ンドネシアで 130 万人、ブラジルで 116 万人、次いでメキシコ、フィリピン、
ベトナム、タイ、エジプトなどで大規模な市場シェアを有しているからであ
る（Statistica 2022; We are social 2022）。これらの国々は、フェイスブックにとって

最大市場となった。多くの開発途上国においては、フェイスブックこそがインターネットなのである。人々は、物事について調べ、情報を配信し、共有し、そしてオープンなインターネットを通じてではなく、フェイスブック上で議論し、情報を交換している。これが問題なのである。なぜなら、フェイスブックを通して共有されたメッセージと故意の偽情報が、しばしば残虐性と人権侵害を引き起こす起源になっているからである。例えば、最近ではミャンマーにおけるロヒンギャ難民をめぐる事例がある。いわゆるフェイスブック・ペーパーズと呼ばれる出版物が、これをさらに明らかにしている (Jacobs, Sandberg, and Spierings 2020; LaFrance 2021)。

　フェイスブックに関わるもう1つの問題は、現在ではメタと名前が変わっているが、このメタ社が支配的な企業であることである。フェイスブックだけでなく、メタ社が所有するメッセージとファイル共有会社、すなわち、メッセージサービスを提供しているワッツアップ (WhatsApp)、そして主要な写真共有のプラットホームであるインスタグラム (Instagram) が含まれる。1つの巨大コングロマリットが、多様なソーシャルメディアとメッセージサービスを所有していることが、既に問題である。しかも、こうした企業を管理し、そして保護政策をとることは、深刻なガバナンスの課題となってくる。こうしたプラットホームの集中を一層悪化させているのは、多くの国々の特に成人において、ソーシャルメディアが主要な情報源となっていることである。彼らは、新聞も雑誌も読まず、もはやテレビで主流のニュース番組も見ようとしない。統計によれば、こうした事態は、ケニア (76%)、マレーシア (73%)、フィリピン (72%) で顕著であり、それに続きブルガリア、ギリシャ、チリ、アルゼンチン、南アフリカでは60パーセント以上がこうした状態なっている (Statistica 2022；We are social 2022)。これは、グローバルサウスの開発途上国だけでなく、民主主義が脆弱になっている多くの国々における問題である。

　日本や欧米におけるデジタル変革の傾向を見ると、たいていの場合、肯定的な発展と見なされている。というのも、それがより多くのアクセスと選択肢を与えているからである。ほとんどのインターネット・ユーザは、提供さ

れる情報はバイアスがかかっていないと信じ、検索したい情報を正確に提供
してくれると思っている。インターネットができた当初は、そうした誤解が
あまりにも多かった。当初は、少数の企業が特別な目的でインターネットを
設定していなかった。上述したように、それはユーザが組織した、非中心的
でオープンなスペースだった。1990 年代初頭においては、ユーザがインター
ネットを何に使うかは誰も知らなかった。しかし、今日、企業や政府がユー
ザや市民に対する監視を許す逆行する発展が見られるのである。それが監視
の問題である。

　少数の強大なプラットホームによる支配のもう 1 つの副作用は、誤報、故
意の偽情報、そして政治的分断である。こうした状況は、まだしばらく続く
だろう。さらに、この問題はサイバースペースやインターネットだけの問題
でもない。より広い破壊的なテクノロジーについての問題である。人工知能
(AI) やボット (bots)[2] の増大する影響について考慮しなければならない。そ
こでは、もはや私たち人間は他の人間と交信しているかも疑わしくなりうる。
オンラインで見つける、あるいはオンラインに関わるコンテンツは、ますま
す「偽造された」ものであり、フェイクであり、そして人間あるいは機械によっ
て操作されたものである可能性がある。こうしたことは、普通の消費者が扱
うのは困難なものである。何が本当かという問題は、ますます重要になって
いる。

　さらに、ここで問題とすべきことは、今日、日本や欧米諸国で知られてい
るインターネットは、欧米の発明であるということである。元々は米軍と米
国政府のための Darpa Nety として開発された。初期のユーザの大半は、ヨー
ロッパ、北米、日本、オーストラリア、そして基本的に少数の民主主義国
においてであった。インターネットの開発のほとんどが起きた場所でもあ
る。過去 5 年あるいは 10 年の間に、これが大きく変わってきた。インター
ネットのユーザ人口は、徐々に移動しており、インド・太平洋に移ってい
る。2023 年では、インターネットユーザの主要人口は、もはや欧米ではなく、
インド・太平洋にある。さまざまな影響をもたらす地政学的な移行が起こっ
ているのである。

4. デジタル権威主義の危険性

　デジタル化が、民主主義体制において民主主義の価値を弱め、政府を権威主義的方向に向かわせる危険があるかについて議論する際には、サイバーセキュリティと情報セキュリティという2つの概念を区別することが重要である。サイバーセキュリティを考える際には、その中核となるのはITシステムと銀行や企業等のデータの保護である。「欧米」がここで発展させた中心概念は、プライバシーというキーワードで表すことができる。プライバシーが決定的に重要となるのは、人々が個人情報を管理する立場にいることの重要性を認識し始めた時だった。何をどれだけ共有し、何をプライバシーとしておきたいと望むなら、政府や企業ではなく個々人が決定権を持つべきである。このことは、プライバシー権について政府をどう規制するかという課題である。

　基本的に2つの立場がある。1つは、従来の電気通信事業や鉄道事業のように政府がインターネットを管理するべきと考える。結果的に民営化されたが、もともとこれらの事業は国営だった。これは、権威主義的な政府がインターネット事業を管理・運営するアプローチである。もう1つは、民主的な政治体制では、多様な利害関係者（マルチステークホルダー）アプローチが考えられている。政府だけではなく、インターネットインフラやデータセンターを保有する多くの企業、非政府組織（NGO）など、複数の関係者が協力して取り組むことが望ましいとされる。

　第2は、情報セキュリティ概念である。これは「共有財を誰が管理するのか」という問題である。自由民主主義国では、ユーザはおおむね全てを共有するがことができる。一定の制限はあるものの、インターネットは比較的開放的である。しかし、自由の少ない国々では必ずしもそれが当てはまらない。そこでは情報セキュリティは、インターネット主権と見なされ、政府がインターネットを管理すべきであることを意味する。Freedom House（2021; 2020）による「ネットについての自由（Freedom On The Net）」に関する調査によれば、今日、自由のない国でインターネット・ユーザは約39％であり、部分的に自

由な国のユーザは 28％、日本のような自由な国のユーザはわずか 21％である。大半のユーザは、自由の無い国あるいは部分的に自由な国に住んでいるのである。

　もう 1 つの問題は、こうした国々の企業や政府が、インターネットから発信され共有される情報を管理する必要があると認識したことである。上述したように、それはサイバースペースにおける自由と開放性という 1990 年代初期の本来の考え方からは大きくかけ離れている。多くの国々では、国内のインターネットを管理するためにあらゆる種類のツールを利用している。これにはソーシャル・メディア・コミュニケーションや、政治的、社会的、宗教的なコンテンツをブロックしたり、制限するようなものから、インターネット・サービス・プロバイダや ICT 企業に対して、政府がブロガーを逮捕あるいは身体的に拘束する厳しい法律や規制まで存在する（Freedom House 2021）。中国、ロシア、イラクなどでは、政府が恐怖心を煽るためにさまざまな手法を駆使していることがわかる。

　自由民主主義国では、市民はインターネットの接続費用を支払うことが期待されている。なぜなら、インターネットアクセスは民間企業によって提供されており、政府からではないからである。通常、大きな制限なしにインターネット全体にアクセスできることを人々は期待している。国内法は概ねサイバースペース上にも適用され、例えば、ユーザが殺害予告や違法文書などを投稿すれば、法的措置がとられる。これは司法システムであって、政府機関によるものではない。政府情報等の配信やサービス提供とは別に、政府が直接サイバースペースを管理し、操作しているわけではない。しかし、権威主義的な国々ではそうではない。そのような政府は、ユーザの考え方に影響を与えるために、例えば、ボットや政府寄りのコメンテータをソーシャル・メディア・サイトに積極的に関与させるなど広範な手段を使っている。

　デジタル権威主義は、インターネット・アクセスを管理するにとどまらず、広範な監視を含んでいる。ユーザには分からない形での大規模なインターネット監視が、反政府活動指導者や社会運動家たちの考えや行動や計画を発見するために効果的な方法であるため、逮捕する前に取り締まることが

できるのである。インターネット活動の監視は、彼ら自身の情報だけでなく、反政府的な動向全般や抗議活動の構成やその将来計画さえ政府に提供しうる。さらにセキュリティカメラに顔認証技術が実装されることによって公共の場で何が発生しているのかについて、はるかに強力な管理を政府にもたらしている。顔認証技術は、中国で広く使われているが、英国のような多くの西側諸国でも交通事情や駐車管理などの目的のために広がっている（Dragu and Lupu 2021; Barma, Durbin, and Kendall-Taylor 2020; Polyakova and Meserole 2019）。

　権威主義体制におけるデジタル化は、ジオロケーション追跡による位置情報検出ももたらしている。それは人々が携帯電話を持っているために、特に容易になっている。市民がどこにいるかを正確に知るだけでなく、彼らが誰と会い、何を投稿しているのかさえも知ることができる。また、権威主義的な政府は、それを他の国々に対するサイバー攻撃やサイバー諜報活動のために使っている。サイバー技術を相当に拡大利用して、検閲を行い、言論の自由を抑え、外国メディアへのアクセスを制限している。

　残念ながら、これは権主義体制に限るものではない。米国企業のメタ社が所有するフェイスブックのようなソーシャルメディア企業は、米国に基盤を置くサーバ上でユーザに関する多くのデータを収集しており、裁判所決定や米 PRISM のような大量監視プログラムを通じて、アメリカ政府によるアクセスを許している。ヨーロッパ諸国はの多くはこうした米国政府の活動に対して疑念を抱くようになり、EU 一般データ保護規則（GDPR）のようなプライバシー法制を開始し、ヨーロッパ内での IT インフラ整備に取り組んでヨーロッパ市民のデータがヨーロッパに基盤を置くサーバ企業において保持されなければならないようにした。中国や他の国々も同様の取り組みを開始している。こうした開発におけるキーワードは、サイバー主権である。

　故意の偽情報は、権威主義諸国がインターネットを完全に閉鎖することに躊躇いがある場合に用いるもう 1 つの手段である。誤報あるいは半分真実の悪質な情報を広げることは、政府や政府機関への信頼性を弱める。故意の偽情報キャンペーンは、国内向けに限らず、外国の民主主義政府に対する信用を低下させる目的でも用いられている。2020 年米大統領選挙後に行われた政

治家による「投票を盗むな」キャンペーンは、米国、南アフリカ、東南アジア、そしていくつかのヨーロッパ諸国でも起こった。こうしたキャンペーンは、インターネットと IT を広く使うことによって構造的に強化されたのである。

　中国やロシアのような国々は、インターネット・ガバナンスを制限することを強く望んでいる。彼らは、自由民主主義国では通例となっている開放的なマルチステークホルダー・アプローチを嫌っている。この政策は「インターネット主権」と呼ばれるが、政府によるサイバースペースの完全掌握という意味での主権である。これは、インターネット初期の展望とは全く相反するものである。1990 年にはファクス機器が冷戦の終結を加速したと言われている。単純な技術を使って情報を経済的に素早く交換し、反対派イベントを組織化することができる。1980 年代には、単純なファクス機器を政府は取り締まっていなかった。インターネットも同様に、世界各地で反対運動が開花した。この経験から、権威主義政府は、反体制派によるデジタル化の危険性を認識し、できる限りそれらを制限し管理しようとしている。インターネットは、管理が一層困難なグローバルネットワークである。良い意味でも悪い意味でも、権威主義であれ自由民主主義であれ、インターネットを自国化し、自国の人々のデータを国内のサーバに保存するサービス提供をインターネット企業に奨励あるいは強制する取り組みを増大させている。

　データのローカル化と政府規制強化の効果は、インターネットの分裂化を招いている。Kieron O'Hara と Wendy Hall (2018) は、4 つのインターネットに分裂することを予測した。今私たちは、グローバルなインターネットの終わりに立っているのかもしれない。ある情報は開放的で外から入手可能だが、他の情報はそうでないという国内インターネットへと徐々に分裂していくだろう。既に中国ではそれが起きている。その 1 つは、中国に関する多くの情報は、外から入手できなくなっている。中国の人々は、情報を入手できないだけでなく、国外からの情報を入手することが難しいのである。それはまた、中国国内での出来事の情報入手も複雑にしている。なぜなら、政府がそのように意図して管理しているからである。つまり、これは国内外の両方向に作用する。同志国の体制によって影響されるのである。

4つのインターネットとは次のようになるだろう。第1は、シリコンバレーの元々のアイデアに従った開放的なインターネット、すなわち非中心的で開放的で中立的なインターネットである。Amazonのような巨大企業だろうが中小企業だろうが、誰に対しても同じ一定の速度であるべきという、ネット中立性の考え方である。第2は、ワシントンDCモデルと言われるもので、市場ソリューションと私有財産を好む商業的なインターネットである。これは庭に壁を作ることを許し、FAANGS[3]とも呼ばれる巨大企業にアプリケーション・ストアや巨大検索など一定の寡占を許す考え方である。同時に、彼らの顧客とユーザのビッグ・データへの排他的なアクセスは、競争者が新規参入をほぼ不可能にする。第3は、北京モデルであり、基本的に父権的なモデルである。これは、政府が完全管理するモデルであり、ビジネス、効率性、社会の近代化のための機会も含む考え方である。このモデルでは、デジタル化は、特定の社会的価値や社会的安定、すなわち「政府が知っていることが最善である」というトップダウン・アプローチを染み込ませるために使われる。そして、第4は、ブリュッセル（欧州）モデルである。これはプライバシーやデータ保護を含む「人権」に基づいている。それは倫理の重要性に焦点を当てるだけでなく、規則に基づいた経済的競争にも焦点を当てている（O'Hara and Hall 2018）。

政府と企業による双方の監視ともに、健全なデータ・プライバシー・システムを必要としている。データのプライバシーを懸念している人々がいる。アマゾンで買い物をする場合、顧客はアマゾンがどんな情報を持っているのか、あるいは例えばフェイスブックが顧客について集めた情報を持っているかを尋ねる権利を保持する必要がある。ヨーロッパ市民はこの権利を持っている。あなたがアマゾンに行って、彼らが彼らの顧客について知っている全てを与えるように要求することができる。知る権利は、デジタル時代における中核的な「人権」の1つである。ユーザが最初にサービスを契約する際、彼らは大抵15ページにわたる約款を読まなければならない。ほとんどの人はそれを無視して「同意する」をクリックする。これはいかに企業が透明性を遠回しにするかの1つの方法である。ヨーロッパの人々が要求することは、

読みやすく、容易に理解できるガイドラインである。

　Shoshana Zuboff（2019）は、影響力のある著書『監視資本主義の時代』で、監視資本主義とそのリスクや危険性の概念を作り出した。彼女は、「人間の未来」のために、自分たちの利益のためだけに排他的にインターネットを利用する巨大インターネット企業から権力を市民と消費者に取り返すべきであると主張している。インターネット上で行うことの全ては企業を通して行われている。そして、大規模な監視会社が存在し、そのデータの一部は、また政府の調査および諜報によっても使用されている。一例がイスラエルのNSOグループである。それはユーザの同意なしに、iPhoneを解錠するために開発された技術を用いる監視企業である。こうした企業の問題は、プライベート・データを自分たちの利益のためだけに使うことである。こうした技術やデータを他の民間企業あるいは第3の政府（多くの場合、権威主義体制の指導者たち）に売ることもしている。

　権威主義体制は、従来から社会に特別なイデオロギーを教え込むために学校教育、テレビ、ラジオ、公的イベントなどを使うことを必要としていた。この効果が現れるのには、大抵の場合、何年間かあるいは何十年もかかる一方、アルゴリズムははるかに効果的である。というのも、それらは、受け手が影響を受けていると気付かない方法によって、彼らの考え方、意見そして態度に影響を与えることができるからである。市場経済では、広告がずっとそうした役割をしてきた。しかし、消費者が具体的な1つの商品を買うために影響を受ける広告の場合、消費者はコマーシャルかニュースかの区別は大抵できていた。ソーシャルメディアは、この区別を曖昧にし、多くのユーザが虚構と事実とを明確に区別する能力、故意の偽情報と事実とを区別する能力を深刻に減少させているのである。2022年後半における一例は、ツイッターがCOVID-19に関する誤報の禁止を取りやめたことである。もしツイッターのような私企業が、誤報あるいは故意の偽情報について深刻な努力をせず、規制しないならば、主要なマスメディアは視聴者を失い、社会の結束はさらに弱まり、もっと深刻な分断に導くであろう。

　権威主義体制が国内での採用を許可した技術に対して何らかの規制をする

一方で、サムスンやアップルのような西側企業はこうした国々でも人気がある。さらに、販売許可しない代わりに、権威主義体制の国々では実施されていない一定の特徴を要求することで、スマートフォンの使われ方を取り締まる効果的な方法を見出している。2022 年末では、中国では厳しいコロナ規制への抗議デモが国内各地で発生したが、最終的にこうした規制のほとんどを成功裏に終了させた。中国政府は、フィルターをかけることができるオープンなウェブサイトやソーシャルメディアを通して情報共有する代わりに、市民らは iPhone の AirDrop 機能を用いて匿名で情報共有していたことに気付いた。アップルは、iOS の更新において、中国政府からの圧力に対応して、メッセージを受け取る時間を 10 分間に制限した。自社の市場アクセスを守るために、アップルのようなプライバシーのチャンピオンであるコミュニケーション企業さえも、権威主義的な政府を助けることがよくある。他の西側企業、例えば、スイスやイスラエルの NSO グループも、民主主義的な政府であれ権威主義的な政府であれ、携帯電話や他の IT 機器からプライベート情報を盗み見るためスパイソフトウェア PEGASUS を使うことを支援している（Smeets 2022; European Parliamentary Research Service 2022）。

5.　提案：人間中心のデジタル開発

　インターネット初期の楽観的な展望とグローバル規模でインターネットが利用され、デジタル化の肯定的な展開があった後、過去数十年間には監視資本主義やデジタル権威主義をめぐる懸念が生じた。より良い今後の可能性について展望したい。上述したヨーロッパ・モデルは、2 つの理由によって過去数年間に発展してきた。1 つの理由は、ヨーロッパ諸国や EU 自体が巨大プラットフォームの根拠地となっていないことである。米国に本拠地を置く Apple、Microsoft、Amazon、Facebook、Alphabet、Netflix、PayPal、Salesforce などは米国に本拠地を置く。アジア太平洋地域を本拠地とするプラットフォームには、Tencent、Alibaba、Samsung、Bytedance、PingAn、AntFinancial などがある（Dekker and Okano-Heijmans 2000）。これらのプラットフォームは、ヨー

ロッパ地域でも運営されているが、第 2 の理由として、ヨーロッパでは伝統的に政府が大企業に対する監視や市民のプライバシー保護に力を入れてきた。

　デジタル化に対するヨーロッパの人間中心のアプローチは、中国の国家安全保障を最優先するアプローチや米国の企業利益を優先し、少数のビッグテック企業が支配するワシントン・アプローチにも代替するものとして発展してきた。それは、データと人工知能に対する規制など、開放性、包摂性、透明性、デジタル倫理の強化を促進するヨーロッパの「第 3 の道」とされている。例えば、それは次世代インターネット・イニシアティブ（NGI）のように、社会の利益のために研究、政策、社会をつなげる活気ある開放的なインターネット活動の促進に貢献する。EU は、インド・太平洋地域の同志国である韓国、日本、シンガポールと連携することで、このアプローチの影響力を拡大したいと望んでいる（Okano-Heijmans and Vosse 2021）。

　重要な 1 つ成功例が、EU 一般データ保護規則（GDPR）の導入である。これは、ヨーロッパ市民のデータがどのように使われるかについて市民に拡大的な権利を与え、民間企業や政府が集めたヨーロッパ市民のデータについての利用を制限するものである。GDPR は、ヨーロッパにおけるいかなるサーバーにも EU 内でも外でも適用されることから、この規則をグローバルに採用することを企業に強制し、EU 以外のユーザに対するサービスも適用される。これにはより経費がかかることを意味するため、GDPR はデータ保護とプライバシー保護のための準グローバル基準となっている。それは、市民に関するデータがどのように使われ、共用され、あるいはその削除を望むかどうかなど、大きな管理権をユーザ個人に与えている。ここで中核となっているのは、データ・プライバシーと市民についてのデータの市民自身の管理権である。これには企業や政府が所有しているデータも含まれる。ヨーロッパの GDPR は、これらの点に関して、ますますグローバルな基準となりつつある。そして EU は、インド・太平洋地域諸国においても、これをさらに促進したいと考えている。

　こうした厳格なデータ規制の拡大と消費者の権力を取り戻すにあたって、日本は EU の中心的パートナーである。「信頼に基づくデータの自由なフロー

（data free flow with trust（DFFT））」という日本の概念は、デジタル化や新興技術と人間中心の未来社会の促進を通して、包摂的で、持続可能で、安全で、信頼されるイノベーティブな社会を達成する活動を目的としている。日本とEU は、例えば中国の一帯一路イニシアティブや米国のビジネス中心の世界を連結させるアプローチなどに反対して、持続可能な連結性の概念をさらに広めるためにこうした展望を組み合わせている。2019 年、EU と日本は「欧州連合と日本の持続可能な連結性と質の高いインフラに関するパートナーシップ（Government of Japan and European Commission 2019）」に合意した。このパートナーシップはデジタルな連結性以上のものをカバーしており、その目的は、開放性、透明性、包摂性、これらに関与する者にとって公平な場を提供することである。これには投資家とビジネスとの連結性も含んでいる。そして、規則に基づく体制は「勝者まる取り」のビジネス・アプローチとは対照的な体制である。デジタル連結性は、「デジタルインフラを通して包摂的で持続的な開発を推進する」ものとして見られている。

　それは、開発途上国における規制の枠組みを通してのみ達成できる。そこでは、途上国の具体的ニーズを反映する必要がある。過去 3 年の間に日本とEU はさらに DFFT の概念を練り上げ、促進し、運用するために協働してきた。互いの規制枠組みを尊重しながら、データセキュリティとプライバシーに関する信頼を促進することが含まれている（Okano-Heijmans and Vosse 2021; Dekker and Okano-Heijmans 2022; European Council 2022）。

　グローバルなレベルでは、国連が同様のデジタル化の代替的な展望を強化している。インターネット・ガバナンスに関する多くのガイドラインが開発されている。国連政府専門家グループ（United Nations Group of Governmental Experts（UNGGE））と、2019 年以来、国連オープンエンド作業部会（Open-ended Working Group（OEWG））がさまざまな国際問題を協議するためにマルチステークホルダー・アプローチを用いてきている。日本とヨーロッパは、インターネット・ガバナンスにおいてもマルチステークホルダー・アプローチを望んだ。しかし、2015 年の国連専門家グループでの行き詰まり以来、グローバルなレベルでのインターネット・ガバナンスは日本や EU にとってより困

難に直面している。それは、ロシア、中国、インドなどが OEWG でより政府寄りの立場をとったからである。EU と日本は、こうしたグローバルなガバナンス機構において戦略を調整するためのサイバーセキュリティに関する対話などのフォーラムを活用している。民主主義と反権威主義的な価値を守るためのこのアプローチの成功は、インド・太平洋地域における多くの国々に、このアプローチが彼らの利益になることを確信させることにかかっている。EU と日本のインド・太平洋地域に対する政策的取り組みは、既に始まっているが、これらの価値観をさらに強調し、推進することが必要である。両者は、インド・太平洋における平和と安定は、政治的、社会的に幅広い分野の国内および国外から (非国家) アクターたちを含む必要性、オープンで透明性のあるインターネット・ガバナンスに深く関与する必要がある (Kurowska 2019; United Nations General Assembly 2021)。

　こうしたビジョンの規則や規制、継続的な取り組みは、開発途上国あるいはサイバー的に未熟な国々においては困難であることが多い。ここがサイバー能力の構築を持ち込むところである。こうした国々の多くは、IT ネットワークを守るためのデジタル能力のある人材を増やすために支援を必要としている。同時に、サイバー犯罪や政府サービスに対する攻撃、あるいは改善をより効果的に処理する法律や規制の実施に支援を必要としている。今日インターネットユーザの大半は開発途上国に存在する。安全で持続可能なインフラの建設とそれに対する支援、そしてより安全なアクセスを獲得させること、市民のデータと市民の IT インフラを守ることが、日本や EU のような国々にとって利益にかなうのである。なぜなら、攻撃者は最も脆弱な繋がりを攻撃するのが常であるからである (Kumar 2021; Collett 2021)。

　デジタル化が人々の生活を支配したり、選択や決定や自由を制限する世界を望まない限り、そしてプライバシーとデジタル自治といったことを人権として、人間を中心としたデジタル化世界を望む限り、政府、ビジネス、非国家主体はパートナーを組む必要がある。サイバースペースやデジタル技術は、経済成長を促進し、オンラインコミュニケーション、オンライン学習、意見やアイデアのグローバルな交信を容易にすることから、インターネットや他

の新しい技術をるデジタル化は、まだ予想できない方法で、数十億人の人々
の生活に影響を与えるだろう。この技術を少数の企業や政府が支配する悲惨
な事態を防ぐために、持続的で人間的なデジタルのためのパートナーシップ
が極めて重要となるだろう。

注

1　PageRank（ページランク）とは、Google が採用しているアルゴリズムの 1 つで、
　リンクをもとに各ページの重要度を評価する指標。

2　インターネットにおけるボットとは、ロボットから派生した用語で、コン
　ピュータを外部から遠隔操作するウイルスのこと。

3　Facebook（現在の Meta 社）、Amazon、Apple、Netflix、Google（現在の Alphabet 社）
　の 5 大 IT 企業の通称。

参考文献

Barma, Naazneen, Brent Durbin, and Andrea Kendall-Taylor. 2020. "Digital Authoritarianism: Finding Our Way Out of the Darkness." *War on the Rocks*.

Calderado, Andrea. 2020. "Overcoming Fragmentation in Cyber Diplomacy: The Promise of Cyber Capacity Building." Text. *ISPI*. https://www.ispionline.it.

Collett, Robert. 2021. "Understanding Cybersecurity Capacity Building and Its Relationship to Norms and Confidence Building Measures." *Journal of Cyber Policy* 6（3）: 298–317. https://doi.org/10.1080/23738871.2021.1948582.

Dekker, Brigitte, and Maaike Okano-Heijmans. 2020. "Europe's Digital Decade? Navigating the Global Battle for Digital Supremacy." The Hague: Clingendael: Netherlands Institute of International Relations.

———. 2022. "Projecting Digital Power Internationally: Europe's Digital China Challenge." In *China's Digital Power: Assessing the Implications for the EU*, edited by Tim Rühlig. Berlin: The Digital Power China research（DPC）Consortium.

Dragu, Tiberiu, and Yonatan Lupu. 2021. "Digital Authoritarianism and the Future of Human Rights." *International Organization* 75（4）: 991–1017. https://doi.org/10.1017/S0020818320000624.

Earthweb. 2023. "Search Engines Market Share."

European Council. 2022. "Joint Statement EU-Japan Summit 2022." Tokyo.

European Parliamentary Research Service. 2022. "Pegasus and Surveillance Spyware." Brussels: Policy Department for Citizens' Rights and Constitutional Affairs.

Freedom House. 2020. "Nations in Transition: Dropping the Democratic Facade." Washington.

———. 2021. "Freedom on the Net 2021: The Global Drive to Control Big Tech." Washington D.C.

G20. 2019. "G20 Osaka Leaders' Declaration." Osaka: G20.

Government of Japan, and European Commission. 2019. "The Partnership on Sustainable Connectivity and Quality Infrastructure Between Japan and the European Union."

International Telecommunication Union (ITU). 2021. *Measuring Digital Development: Facts and Figures 2021*. Geneva.

Jacobs, Kristof, Linn Sandberg, and Niels Spierings. 2020. "Twitter and Facebook: Populists' Double-Barreled Gun?" *New Media & Society* 22 (4): 611–33. https://doi. org/10.1177/1461444819893991.

Kumar, Sheetal. 2021. "The Missing Piece in Human-Centric Approaches to Cybernorms Implementation: The Role of Civil Society." *Journal of Cyber Policy* 6 (3): 375–93. https:// doi.org/10.1080/23738871.2021.1909090.

Kurowska, Xymena. 2019. "The Politics of Cyber Norms: Beyond Norm Construction Towards Strategic Narrative Contestation." Brussels: EU Cyber Direct.

LaFrance, Adrienne. 2021. "The Facebook Papers: 'History Will Not Judge Us Kindly'." *The Atlantic*, October.

O'Hara, Kieron, and Wendy Hall. 2018. "Four Internets: The Geopolitics of Digital Governance." 206. Waterloo, ON, Canada: Centre for International Governance Innovation.

Okano-Heijmans, Maaike, and Wilhelm Vosse. 2021. "Promoting Open and Inclusive Connectivity: The Case for Digital Development Cooperation." *Research in Globalization*, August, 100061. https://doi.org/10.1016/j.resglo.2021.100061.

Polyakova, Alina, and Chris Meserole. 2019. "Exporting Digital Authoritarianism: The Russian and Chinese Models." Policy Brief. Brookings Institution.

Smeets, Max. 2022. "Intentional Interstate Capability Transfers." In *No Shortcuts*, First, 113–30. Oxford University Press. https://doi.org/10.1093/oso/9780197661628.003.0008.

United Nations, Department of Economic and Social Affairs. 2015. "Goal 9: Build Resilient Infrastructure, Promote Inclusive and Sustainable Industrialization and Foster Innovation." https://sdgs.un.org/goals/goal9.

United Nations General Assembly. 2021. "Final Substantive Report: Open-ended Working Group on Developments in the Field of Information and Telecommunications in the Context of International Security." A /AC.290/2021/CRP.2. New York: United Nations.

We are social. 2022. "Digital 2022." London.

Zuboff, Shoshana. 2019. *The Age of Surveillance Capitalism: The Fight for a Human Future at the New Frontier of Power*. 1st ed. Profile Books.

14 章

「女性・平和・安全保障」アジェンダは
軍事組織を変革するか

高松香奈

1. WPS アジェンダと SDGs

　「女性・平和・安全保障」アジェンダ（WPS アジェンダ）は、2000 年に採択された国連安保理決議 1325（UNSCR 1325）と、それをフォローする複数の決議で構成され、安全保障分野のジェンダー主流化を目指している。安全保障の領域は、極めて男性中心性を持って形成されてきた。UNSCR 1325 はこのようにジェンダー化された安全保障の議論や実践の場からの脱却を実現するのが当初のねらいであり、男性優位の権力構造や軍事力などのパワーを中心に構成される考え方や行動の問い直しを求めた。

　2015 年には持続可能な開発目標（SDGs）が採択された。SDGs は、目標 5 でジェンダー平等を掲げるが、これは同時に他の目標の達成を促進するための目標横断的な役割も担っている。そして、目標 16 では、平和と正義のための制度構築が目指され、平和の実現のための取り組みが求められている。SDGs は安全保障のジェンダー主流化を目指す WPS アジェンダを強化・促進し、同時に WPS アジェンダは SDGs を加速させる役割を担っているはずである。WPS アジェンダがジェンダー平等に貢献するという条件が付けばである。

　WPS アジェンダの主軸である UNSCR 1325（UN Document S/RES/1325, 31 October 2000）は、1) 紛争が女性に与える影響の認識と被害者の保護、2) 紛争の予防や平和の実現に向けた女性の参加、という 2 つの取り組みの柱をもつ。そして、女性の参加については、平和維持活動（PKO）に代表されるような平

和支援活動への参加の促進という議論がより活発に見られるようになる。平和支援活動への女性兵士の参加や、軍事組織のジェンダー主流化を促す政策も設定されるようになった。

　このような動きに対し、ジェンダー主流化や平和支援活動という名目で、軍事組織への女性の参加を促すことに傾注しているという批判が出されるようになる。WPS アジェンダは本来目指していた安全保障の問い直しや軍事化への対抗ではなく「女性にとって戦争を安全なものにする」ものではないかという疑問が投げかけられた (Shepherd 2016, 332-333)。

　本章は、WPS アジェンダに応答するために行われる軍事組織への女性の参加が、軍事組織の変革につながる可能性はあるのかを探究することが目的である。変革とは、ジェンダー平等へ貢献する組織となるのか、そしてジェンダー平等を体現する組織となるのかを意味している。そのために、女性の軍事組織への参加がどのように捉えられてきたのか、軍事組織の変化に対してはどのような議論がこれまで見られてきたのか、女性の軍事参加がもたらす効果とは何か、そして女性の軍事参加への障壁は何かという点を考察していく。

2. 軍事組織への女性の参加と組織の変革へのアプローチ

　女性の軍事組織への参加をどう受け止めるのか。そこに統一された見解はない。これまで無数の異なる立場が示されてきた。本節では、これまでの議論を整理、類型化するのではなく、女性の軍事組織への参加と変革に関わるいくつかの論点を抽出するのが目的である。そのため、これまで行われてきたフェミニストの議論の類型化とは異なる仕分けとなっている。

(1) 積極的な参加とジェンダー平等

　女性の軍事組織への参加を強く求める議論は、男性と同等の権利の主張として行われてきた経緯がある (Kennedy-Pipe 2017, 24-25)。女性が男性と同じ機会を受ける市民としての権利に、女性の軍事組織への参加を認識し、国防へ

の参加に男性と同等の権利と義務を主張するのである。これはジェンダー平
等のためであり、女性の参加が増えれば軍事組織にも変革が生まれると考え
る立場と説明される（Duncanson & Woodward 2016, 4-5）。

　ある職域で女性の参入が制限されている場合に、それをジェンダー不平等と
感じ、状況を精査する必要性を感じることは多いであろう。また、軍事組織
への参加を考えるとき、従軍の権利や義務だけではなく、従軍することによっ
て得られる社会経済的な利益への平等なアクセスも無視することはできない。
例えば、退役軍人に用意される就学支援などがそれにあたる。また、市民と
してのより間接的な社会経済的利益も想定される。米国において、国民は退
役軍人に対し、リーダーとしての資質や模範的な市民像を抱き高く評価すると
いう（Best, Hunter & Thomas 2021, 22-23）。これらのイメージの付与は、1つの利益
として捉えられる。以前は、政治的な代表を目指す場合に、従軍経験がポジティ
ブな効果をもたらすと考えられており、退役軍人の享受する利益の1つとなっ
ていた。ただ、議会に占める退役軍人の数は減少傾向にあり、現在は以前ほ
ど政治的代表を務めるための利益にはならないようである。だが、この事例
が示すように、退役軍人への高い評価が存在する場合に、軍事組織への参加
によって得られる利益は幅広く存在すると想定される。これらへの同等なア
クセスも平等な権利の享受という点では無視することは出来ない。

　ただ、問題は女性が軍事組織に参加することが、ジェンダー平等につなが
るのかという点である。多くの先行研究が指摘するように、これは単なる
「同化」であり、ジェンダー平等や組織の変革をもたらすとは考えられないし、
さまざまな軍事組織がそれを示してきた（Duncanson & Woodward 2016, 6）という
見解が支配的である。

　また、前述の退役軍人に対する人々の印象は、実は退役軍人のジェンダー
によって異なるのである。女性が紛争地での任務に参加しているのにも関
わらず、退役後に男性と同等に評価されない問題が指摘されており、軍事
組織において女性は依然として存在感を欠いていることが指摘されている
（Best, Hunter & Thomas 2021, 22）。軍事組織での女性の存在感が増すことによっ
て、この評価に変化が見られるのかは現段階では定かではない。ただ、社会

の女性兵士に対する考え方に、ジェンダー規範が作用していると考えられるため、軍事組織への女性兵士の積極的な参加が、単純に市民としての女性の地位を向上させることにつながる訳ではないようである。

(2) 軍事化への加担

　軍事組織や軍事化を平和を阻害するものとして認識している場合に、そのような軍事組織に女性を参加させることは、安全保障の捉え直しや、平和の実現にはつながらないという立場がある。この立場は、反軍事的な立場であり、ジェンダー排他的に成り立つ軍事組織でジェンダー平等は実現せず、女性の参加が増えても軍事組織の構造は変わらないと考える立場である。また、これらの立場は軍事化に注意を払う議論であり（Wibben 2011, 113）、軍事化や戦争がジェンダー差別的な性質を持つことを問題視する（Cockburn 2007, 446）。よって、軍事化に加担するようなあらゆる例（女性の軍事組織への参加など）には批判的である（Wibben 2018, 44）。

　軍事組織の暴力性や「軍事的価値」への称賛を疑問視することは、平和運動の中でも主張されてきた。平和運動ではフェミニストが重要な役割を果たしてきたという歴史的背景もある。「軍事的価値」への称賛を疑問視するというのは、軍事化に加担するような行動を問い直すということである。退役軍人や国軍を称賛する（させる）ような祝日を設定している国は多いが、これに対して抵抗を示す運動などがその一例である。このような運動は、国によっては長い歴史を持ち、そして例年見られる動きでもある。また、軍事化のプロセスにおいては、対 GDP 比の高い割合を軍事支出に費やすような政府の対応が見られる。これらは、家父長的イデオロギーや権威の強化を伴うため、女性にケア役割を負担させることを前提に、教育や医療などの社会的投資を犠牲にすることが多い（Cockburn 2013, 436-438）。

　また、近年は軍事化とジェンダー不平等との関連について実証研究でも明らかにされるようになってきた。例えば、軍事化とジェンダーの不平等を指標とした研究では、比較的規模の大きい国において軍事化がジェンダー不平等と有意に相関し、また議会における女性代表の割合が高いほど軍事費が少

ないことが指摘されている (Elveren & Moghadam 2022, 11-12)。これは家父長的な政治・社会構造が武力紛争を好み、家父長的な政治・社会構造を好まない場合には、紛争解決として代替的な手段を選好すると理解することができるであろう。

　反軍事の立場は、非暴力性と女性を結びつける本質的な議論という指摘があるが (Duncanson & Woodward 2016, 6)、それは女性が平和運動と深く関わってきたことによると考える。確かに、時代を遡ると、平和と女性を結びつける傾向は見られたが、特に 2000 年以降の議論を見ると、ミリタリー・マスキュリニティの有害さと、それが拡散される軍事化への問題提起として捉えることができる。

(3) 新しい役割と構造を変革させるための参加

　ジェンダー主流化とは、ジェンダー平等を目指すためのプロセスであり、政府や組織の政策にジェンダーの視点を取り入れることである。WPS アジェンダは、加盟国や国連が行う平和支援活動において、体系的にジェンダー視点を取り入れることを求めている。このジェンダー主流化目標への応答として、女性軍人の増員や平和支援活動におけるジェンダー専門家の配置などが行われた。ここで議論が平和支援活動にシフトしているように感じるかもしれないが、活動のマンデートにおける軍人の役割は拡大している。また、平和支援活動は各国の軍事組織からの兵力提供によって成り立っているので、ジェンダー主流化とは、兵力の提供を行う各国の軍事組織のジェンダー主流化を含むものである。

　しかし、このようなジェンダー主流化は既存の軍事組織に女性を追加するものであり、軍事組織のあり方を根本的に見直すことではいという懸念が示されるなど (Willett 2010, 143)、WPS アジェンダの実践は多くの批判にさらされることになる。軍事組織がジェンダー主流化される、変革される可能性については、懐疑的意見が根強い。一方で、変革の可能性を否定するほどの根拠は乏しいという見方もある (Duncanson & Woodward 2016, 10-11)。果たして軍事組織は変革できる組織なのだろうか。

3. 軍事組織は「変われない」組織か

(1) SSR が求めた改革

　前節の議論を考察すると、軍事組織は「変われない存在」と認識されている印象が強い。しかし、軍事組織の改革はさまざまな意図で試みられてきた。

　治安部門改革（SSR）は、治安部門の法の支配、文民統制、透明性などを高め、関連機関（軍事組織、警察、司法制度など）が人権を尊重し、人々のニーズに対応する能力を高めることを目的としている（Bastick, Megan and Tobie Whitman. 2013, 5-6）。コミュニティレベルにおいて、治安部門と認識される組織が、住民にとっては安全上の脅威として認識されているという指摘はこれまでも行われてきた（Salahub & Nerland 2010, 267）。そのため治安部門が人々に貢献する組織になることが求められたのである。

　SSR というアジェンダは、1990年代後半に開発援助政策や、安全保障政策の領域で打ち出されてきた。冷戦構造の終焉と国際政治の変化によって、安全保障戦略に変更が見られた時期であり、かつ1980年代の援助の反省からドナー国は、被援助国の政治的安定性や法の支配、汚職の抑制など、ガバナンスの強化に着目するようになった時期でもあった。また1990年代に入り、紛争の様相が変化したということも無視できないであろう。地域的な紛争が増え、一般人の死傷が増加した。市民の保護など、人々のニーズに応答できる治安部門の創設が強く求められた時期でもある。であるからこそ、1990年代は PKO の任務の拡大などが見られた。また、1980年代や1990年代の武力紛争下での SGBV の問題が国際会議等でも可視化され、問題への対応が強く求められた時期でもあった。そのため、2000年に入ると、平和支援活動の変革がより一層強く求められるようになる。WPS アジェンダと同時期に、これらの改革が求められていたということである。

　ドナー国の集まりである OECD-DAC は、2007年に Handbook on Security System Reform を発表し、それを補足するように2年後に "Integrating Gender Awareness and Equality" を出している。ハンドブックが出された当時、既に

UNSCR 1325 が採択されているにも関わらず、ハンドブックが著しくジェンダー視点を欠いていたことに疑問が示されているように (Salahub & Nerland 2010, 263)、安全保障に関わる治安部門はジェンダー化された領域である。だが徐々に、WPS アジェンダと一貫性を保つように、ジェンダー平等なくして良好な治安部門ガバナンス (SSG) は実現できないと、治安部門におけるジェンダー主流化は不可欠であるという考え方が共有されるようになった（DCAF　2015, 2）。

　SSR のジェンダー主流化の実践としては、多様なニーズを把握するためのジェンダー分析や、女性の参加を促進することがあげられている。女性が治安部門に参加することは、治安を効果的に提供するためにも重要と指摘されている (DCAF 2015, 8)。

(2) コスモポリタン・ミリタリー

　また、冷戦構造の終焉は、安全保障概念を再考する機会でもあった。従来、安全保障というと国家安全保障を意味することが多かったが、個々人に焦点を当てた人間の安全保障の概念の導入などが見られるようになった。人間の安全保障は、「保護する責任」の議論に代表されるように、遠く離れた場所の人道危機を回避するための武力介入など、安全保障概念の変化 (拡大) をもたらし、軍事組織に新しい役割を付与した (Kvarving & Grimes 2016, 12-14)。このような自国の領土防衛の目的だけではなく、国境を越えて「他者」を守る目的が付与された軍事組織は、コスモポリタン・ミリタリーと称される (Gilmore 2015)。コスモポリタン・ミリタリーが従来の軍事組織と大きく異なる点としては、単に紛争や暴力を終結させるだけではなく、コスモポリタン的価値観を体現する役割を担っているという点である (Elliott and Cheeseman 2004, 38)。平和支援活動のジェンダー主流化もコスモポリタン・ミリタリーが体現すべき価値観である。

　だが、この議論では懸念される部分がある。それは、コスモポリタン的価値の実践において、「ジェンダー」が利用されることがあるという事実である。例えば、人権が侵害されている女性たちを「守る」ために、国境を超えた武

力行使の実施が正当化されたことがある。このような例は、リベラルな干渉主義に「取り込まれた」(Gilmore 2015, 73) という指摘のように、コスモポリタン・ミリタリーも、そしてジェンダー主流化も悪用された事例である。

　しかし、依然として、コスモポリタン・ミリタリーが、国家のためのあり方を超えて、コスモポリタン的価値観を実践できるのか疑問が残る。これについて、コスモポリタン・ミリタリーが、基本的には国家中心のままであるという指摘がある (Gilmore 2015, 7)。スウェーデンや中規模の平和維持部隊の事例からは、コスモポリタン・ミリタリーのような行動様式への変化が見られたが、それは、伝統的な軍事組織の持つ国益主義、戦闘、および男性性への価値づけの中で起こることが指摘されている (Kronsell 2012, 89)。これらの結論から、軍事組織の変化は容易ではないこと、そして人道的な行動を体現している場合でも、ジェンダー主流化や軍事組織に深く刻まれた男性性の解体は容易ではないということがうかがえる。さらに、コスモポリタン・ミリタリーは、つぎに述べるような、構造的な分断も示している。

　2022 年 12 月 31 日の段階で展開中の平和支援活動について、軍事要員ではバングラデシュ、ネパール、インド、ルワンダ、パキスタンが多数を占めている[1]。一方、資金の提供については供与の大きい国は、米国 (27.89%)、中国 (15.21%)、日本 (8.56%)、ドイツ (6.09%)、英国 (5.79%) となっている (2020-2021)[2]。安全保障理事会の常任理事国の中で資金提供と兵力提供を積極的に行っている国としての中国 (派兵規模は第 8 位) があるが、平和支援活動は総じて兵力供給国と拠出国という役割構造によって成立しているのである。

　この議論は国連の活動だけに着目しており、他の枠組みについては議論に含まれていない。そして、資金の拠出も重要な貢献であるので、限定的な見解にはなるが、「北」の多くは、遠く離れた場所の治安を守るための兵力供給にはかなり消極的であることは確かである。しかも、このような状況は常態化している。

　2000 年に「国連平和活動検討パネル報告（ブラヒミ報告）」(UN Document A/55/305–S/2000/809, 21 August 2000) が示された。この報告が作成された目的は、より一層の平和支援活動の充実のためであるが、その際に政治・脱植民

地化特別委員会（第4委員会）が、意見交換を行った（UN Document GA/SPD/199 8 November 2000）。その中では、兵力提供国への払い戻しの遅れや「北」の国連平和維持活動への不参加、そして兵力提供国の意見の扱いに関して懸念が示された。例えば、エジプト代表は、兵力提供国がマンデートの改定等に関与できるよう求めた。またマレーシア代表は、平和維持要員の75%以上が「南」出身であり、その多くがリスクの高いミッション地域で任務に就いている点を指摘した。特にアフリカでは、「北」の部隊の不在が顕著であり、コミットメントに疑問を示した。ザンビア代表は、欧米諸国が国益のない地域で軍隊を危険にさらす用意がないと言及した。一方で、フランス代表は、EU諸国が国連平和支援予算の約40%を拠出していることに触れ、活動のための資金調達が基本的に重要であることを強調している。2015年に出された「平和活動に関するハイレベル独立パネル（HIPPO）」報告書（UN Document A/70/95–S/2015/446 17 June 2015）は、職務権限の作成等について、派兵国が理事会や事務局と十分に協議できていない問題を指摘しており（報告書30）、兵力提供のバランスだけではなく、兵力提供国が意思決定に関与できない構造の課題が解決されていないことがわかる。

(3) 小括

　本節で考察を試みたのは、安全保障概念の変化、国際関係の変容、治安部門改革へのニーズ、平和支援活動のニーズが相互に関連し、新しい役割を担うための軍事組織が模索されてきた。しかし、コスモポリタン・ミリタリーという軍事組織の新しい側面が付与されるも、国家中心主義からの脱却も、男性性からの脱却も容易ではなく、かつ南北間の分断を深めている現状がうかがえた。一方で、ここで十分に分析されていないのは、兵力を提供している国々についてである。兵力提供国のモチベーションについては明らかではないが、派兵することで得られる経済的利益が大きいという主張はこれまでも見られてきた。しかし、平和支援活動から利益を得るための可能性は、実際には兵力提供国にとっても非常に限定的であり、積極的な派兵をしている国の多くは利益を得ていないという指摘がある（Coleman & Nyblade 2018, 736-

738)。兵力提供には、展開地との近接性など、さまざまな理由がはたらいていると考えるが、少なくとも金銭的なモチベーションだけでは成り立たないことが推察される。兵力提供国の軍事組織に対し、コスモポリタン・ミリタリーという役割はどの様な変化を与えるのか。また、平和支援活動への女性の参加は派兵する軍事組織にどの様な影響を与えるのだろうか。

4. 軍事組織への女性の参加は何をもたらすか

(1) 女性の参加は何をもたらすか

　一般的な労働の場において、ジェンダー主流化のポジティブな効果は、企業イメージの改善だけではなく、利益率の向上などの商活動へもたらすベネフィットも示されてきた。しかし、軍事組織に対しては、内在する軍事的価値や軍事化への抵抗から、女性が参加することによって軍事組織が得る利益や組織としての変革を考えることは避けられてきた傾向にある。

　近年、平和支援活動に参加する女性の数は増加傾向にある。平和支援活動に参加する女性兵士の数について、UN Peacekeeping のデータを確認すると、一般的に「制服要員」と呼ばれる女性要員が、5,765 名で男性を含めた制服要員全体の7.8%に該当する[3]。1993 年は約1%であったので、これは大きな変化である。ただ、文民要因に占める女性の割合は29.9%となっている。制服要員の女性は依然として少数派であり、また制服要員のデータには、軍人の他、警察官等も含まれるため、本章が着目する軍事組織からの派遣は極めて限定的といえる。

　そのため、国連安保理決議 2242 (2015) は、2020 年までに制服要員の女性数を倍増することを試みた (UN Document S/RES/2242 13 October 2015)。さらに、UN Uniformed Gender Parity Strategy (2018) は、2028 年までにターゲットを定め、女性の制服要員を増加させることを試みている。そもそもなぜ、これほどまでに制服要員の女性隊員を必要とするのだろうか。

　さまざまな見解が示されるが、女性が武装解除、動員解除、および再統合プログラムに参加すると、より多くの武器を確保する能力が強化されるなど

の恩恵を受けるという指摘もある（Dharmapuri 2011, 65-66）。紛争に関わるゲリラ兵の性質上、正確なデータの把握は難しいが、女性ゲリラ戦闘員は増加していると把握される中で、文化的な背景も手伝って、男性隊員だけでは、武装解除や動員解除が十分に行われないためである。このように、現場から、女性兵士の必要性を示す意見は多い。例えば、平和支援活動への女性の関与は、女性のリーダーシップの例を受入国に提供することや派兵される集団の透明性を高めること（不正行為の抑止につながること）の指摘がある（Bertolazzi 2010, 18-21）。また、受入国において、紛争後の政治プロセスへの女性参加の促進・奨励につながるという言及もある（Bridges and Horsfall 2009, 122）。南スーダンに派遣されているバングラデシュ軍の女性隊員が、仕事と家庭生活との調整、女性の従軍に関する社会的反対など、入隊当初の苦労とやりがいを共有する機会を受入国で持ち、現地の女性たちが治安部門への女性の参加を考えるきっかけにつながったという報道もある（Nemaya 2020）。また、フィールドミッションで指導的立場にある女性は、ミッション内でも受入国に対しても、女性のロールモデルであり、特に上級職で女性が可視化されている場合に、受入国では女性が政治的、経済的、さらには軍事的役割に参加する事例が見られるという（Conway & Shoemaker 2008, 10）。他にも多くの研究があるが、平和支援活動への女性参加がより効果的な活動につながるという点についてまとめると、効果的な保護の提供、性犯罪等の加害者になる可能性の低さ、効果的な捜索の可能性、受入国の女性グループとの良好な関係の構築、受入国のロールモデルの確立などに集約される（Jennings 2011, 3-4）。しかし、これらの見解に対し、女性兵士の増加が性的虐待や搾取の撲滅に役立つという主張は根拠に乏しく、男性兵士の行動に対する女性兵士の責任を求めるもので、見当違いであるという指摘もある（Valenius 2007, 519）。

　ただ以上から、平和支援活動への女性の参加は、受入国の女性のエンパワーメントにつながっている可能性があるといえるのではないだろうか。しかし、女性の参加にはさまざまな障壁も指摘されている。

(2) 何が参加の障壁か

南スーダンにおけるバングラデシュ隊員の事例からは、女性兵士になることが容易ではなく、また女性兵士が家族や社会の持つジェンダー規範と対峙しながら、そしてそれを解消しながら、任務についているということが示されている (Nemaya 2020)。軍事要員が依然として少ない理由の 1 つとして、女性兵士を取り巻く環境が指摘されており、兵力提供国が人員の募集を含む制度上の変更をすることが求められている (Bertolazzi 2010, 18-21)。

また、兵力提供国の政府にとっては、紛争地域に人材を派遣することは、国内世論も含めて政治的なリスクにつながりやすいため、慎重にならざるを得ない。さらに、女性の場合、この傾向がさらに強くなる可能性があり、リスクを恐れて女性を PKO に派遣することには消極的となるという指摘がある（Karim & Beardsley 2013, 469)。

より効果的な活動を目指す上では、女性隊員の配置の仕方にも配慮が必要であるという意見が示されている。既述のように、女性の兵士は、ジェンダーに基づく暴力の被害者の効果的な保護やホストコミュニティの女性のロールモデル確立などにつながると言われている。しかし、派遣に関する意思決定は兵力提供国に依存し、女性はリスクが最も少ない地域に派遣され、性暴力やジェンダー不平等が大きな問題となるような、最も必要とされる場所に派遣されない傾向があることも指摘されている (Karim & Beardsley 2013, 483-485).

カナダ国際関係省は、エルシー・イニシアティブを 2017 年に発表している (Global Affairs Canada 2018)。これは、カナダ政府の実施するフェミニスト外交政策の一部であり、平和支援活動への女性制服要員の参加を促すための政策である。その一環として、カナダ軍の女性の制服要員が国連平和支援活動に有意義に参加することへの障壁を特定する目的で調査が実施された[4]。その中で、明らかになった課題としては、配属の機会に関する情報や状況を改善すること、平和維持活動のための住居や情報、保健インフラなどの環境整備をすること、女性が組織のメンバーと感じられるように包摂を行なっていくこと、家族役割による制約を理解し問題に対応することなどが言及されている。 もともとカナダ政府は軍事組織における女性の登用に積極的な国で

あったといえる。世界に先駆けて、1989 年には潜水艦部隊を除く全ての職種で女性に対する制限なくし、また 2001 年には、潜水艦部隊の制限も撤廃している。形式的には包摂を意識的に進めてきた国である。しかし、女性隊員が軍事組織の一員という意識を持つことが難しい状況が課題として指摘されたのである。

(3) 軍事組織に女性は望む形で参加できるのか

　女性隊員が軍事組織の一員という意識を持つことが難しい状況があることを、改めて知らされる出来事があった。米国では、2013 年に国防長官が、女性の戦闘部隊への参加を制限する規制を取り消し、2015 年には女性の戦闘任務への参加が全面的に解禁された。2013 年の国防長官の政策変更の発表以来、さまざまな意見が出されてきた。それは女性の身体的な特徴によるケガなどの懸念や、部隊の団結 (cohesion) に関するものであった。

　2013 年の政策変更は、特殊作戦部隊 (SOF) に関わるもので、SOF の兵士に対する聞き取り調査が行われた。その結果、調査参加者の 85％が女性を自分の専門分野に入れることに反対し、71％が自分の部隊に女性を入れることに反対しており、かなり強い抵抗があったことが示されている (Szayna et al. 2016, 90)。女性の参加を歓迎しない理由としては、女性が SOF の基準に合致しないと考えること、パフォーマンス基準が下げられる可能性への懸念、そして高いレベルの団結とユニットへの信頼が損なわれるという考えによる (Szayna et al. 2016, 92)。この懸念として示された部隊の団結に関する点は、これまでの軍事組織への女性の参加を制限する根強い言説となってきた。このような言説に対し、部隊の団結は主に性別ではなく能力に依存するため、性別にとらわれない選抜プロセスと、女性兵士がパフォーマンスに基づいて正当に評価されるような職業倫理を確立することが重要であり、根拠のない不当な批判は明らかに差別的であると指摘されている (King 2013, 9)。しかし同時に、軍事組織が専門性を活かす場であったとしても、パフォーマンスではなく、「女性でないこと」で団結力を高めていたとも考えられる。軍事組織への女性の参加による組織の変化は容易ではなく、組織の一員としての意識

を醸成することも困難であろう。少なくとも大きな起爆剤がない限り、非常に難しいということがわかる。

おわりに

　本章では、WPS アジェンダに応答するために行われる軍事組織への女性の参加が、ジェンダー平等へ貢献する組織につながるのか、そしてジェンダー平等を体現する組織となるのかを考察した。そのために、女性の軍事組織への参加がどのように捉えられてきたのか、軍事組織の変化に対してはどのような議論がこれまで見られてきたのか、女性の軍事参加がもたらす効果とは何か、そして女性の軍事参加への障壁は何かという点を考察した。

　軍事組織はこれまで、安全保障概念の変化や国際関係の変容、治安部門改革へのニーズ、平和支援活動へのニーズ、そして WPS アジェンダなどに影響され、さまざまな変革を求められてきた組織であった。WPS アジェンダは、ジェンダー視点からの安全保障の問い直しや、軍事化への批判にはつながらず、平和支援活動という名目で女性の軍事組織への参加が試みられている現状に強い不快感が示されていた。そのため、軍事組織が変化しない組織として認識される傾向もあった。WPS アジェンダを意識しつつも、主に「北」の国々は、派兵には消極的で、結果として国連の PKO は派兵側と資金提供側という分断された構造が常態化した。しかし、軍事組織が変化しないと断言する事も難しい。主に「南」が担ってきた平和支援活動は、女性の参加を増やし、そして受入国のジェンダー平等に貢献している女性隊員の姿も見られている。また、現地のニーズに対応するために女性の参加は必要と言える。このような経験の蓄積は、ジェンダー平等を体現する組織への変革可能性を持っているのではないか。しかし 1 つ言えることは、現状の軍事組織に女性が参加することは、極めて困難を伴うということである。その構造的な困難を乗り越えるのは、少なくとも女性だけに与えられた課題ではないはずだ。

注

1　United Nations Peacekeeping website https://peacekeeping.un.org/en/troop-and-po-lice-contributors

2　United Nations Peacekeeping website https://peacekeeping.un.org/en/how-we-are-fund-ed

3　データは "Women in peacekeeping: A key to peace"（Infographic, 2022）を参照した。https://peacekeeping.un.org/sites/default/files/wipk_infographic_2022.

4　調査結果はカナダ政府のウェブサイトで 2022 年に公開されている。https://epe.lac-bac.gc.ca/100/200/301/pwgsc-tpsgc/por-ef/national_defence/2022/042-20-e/in-dex-eng.html　2023 年 3 月 10 日最終アクセス日

参考文献

Bastick, M. and Whitman, T. 2013. *A Women's Guide to Security Sector Reform*. Washington, D.C.: The Institute for Inclusive Security and DCAF.

Bertolazzi, F. 2010. *Women with a blue helmet: The integration of women and gender issues in UN peacekeeping missions*. UN-INSTRAW Working Paper Series. Santa Domingo: INSTRAW.

Best, R. H., Hunter, K., and Thomas, K. H. 2021. "Fighting for a Seat at the Table: Women's Military Service and Political Representation." *Journal of Veterans Studies* 7 (2) 19–33.

Bridges, D. and Horsfall, D. 2009. "Increasing operational effectiveness in UN peacekeeping: Toward a gender balanced force." *Armed Forces & Society* 36 (1) : 120–130.

Cockburn, C. 2013. "War and security, women and gender: an overview of the issues." *Gender and Development* 21 (3) 433–452.

Cockburn, C. 2007. *From where we stand: war, women's activism and feminist analysis*. London: Zed.

Coleman, K. P., and Nyblade, B. 2018. "Peacekeeping for profit? The scope and limits of 'mercenary' UN peacekeeping." *Journal of Peace Research* 55 (6) 726–741.

Conaway, C. P.& Shoemaker, J. 2008. "Women in United Nations Peace Operations: Increasing the Leadership Opportunities." *Women in International Security* June 2008.

DCAF. 2015. "Gender Equality and Security Sector Reform", SSR Backgrounder Series. https://www.dcaf.ch/sites/default/files/publications/documents/DCAF_BG_5_Gender%20Equality%20and%20SSR.pdf 2023 年 3 月 10 日最終アクセス

Dharmapuri, S. 2011. "Just add Women and Stir." Parameters 41 no.1 (Spring 1011) : 56-70.

Duncanson, C., & Woodward, R. 2016. "Regendering the military: Theorizing women's military participation." *Security Dialogue* 47 (1) 3–21.

Elliott, L. and Cheeseman, G. 2002. "Cosmopolitan Theory, Militaries and the Deployment of Force". IR Working Paper 2002/8, Canberra: Department of International Relations, Research School of Pacific and Asian Affairs, The Australian National University.

Elveren, A.Y.,& Moghadam, V.M. 2019. "Militarization and Gender Inequality: Exploring the Impact." Working Paper No.1307, Economic Research Forum. https://erf.org.eg/app/uploads/2019/06/1307.pdf 2023 年 3 月 10 日最終アクセス

Gilmore, J. 2015 *The cosmopolitan military: armed forces and human security in the 21st century*. Houndmills, Basingstoke: Palgrave Macmillan. 252pp.

Global Affairs Canada.2018. The Elsie Initiative on Women in Peace Operations, Government of Canada. https://www.canada.ca/en/global-affairs/news/2018/03/the-elsie-initiative-on-women-in-peace-operations.html. 2023 年 3 月 10 日最終アクセス

Jennings, K.M.（2011）"Women's participation in UN peacekeeping operations: agents of change or stranded symbols?," NOREF Report, Oslo: NOREF.

Karim, S. and & Beardsley, K. 2013. "Female Peacekeepers and Gender Balancing: Token Gestures or Informed Policymaking?." *International Interactions* 39:4 461-488.

Kennedy-Pipe, C. 2017. "Liberal Feminists, Militaries and War." In: Woodward, R., Duncanson, C.（eds）T*he Palgrave International Handbook of Gender and the Military*. Palgrave Macmillan, London. 23-37.

King, A. 2013. "Women in Combat." The RUSI Journal 158:1 4-11.

Kronsell, A. 2012. Gender, Sex, and the Postnational Defense: Militarism and Peacekeeping, Oxford Studies in Gender and International Relations（online edn, Oxford Academic, 24 May 2012）, https://doi.org/10.1093/acprof:oso/9780199846061.001.0001 2023 年 3 月 10 日最終アクセス

Kvarving, L.P. and Grimes, R. 2016. "Why and how gender is vital to military operations" in PfPC SSRWG and EDWG, *Handbook on Teaching Gender in the Military*. Geneva: DCAF and PfPC.

Nemaya, A. 2020." Female Bangladesh Peacekkeepers inspire the Women of WAu to join Security Forces"（5 Feb 2020）https://unmiss.unmissions.org/female-bangladeshi-peacekeepers-inspire-women-wau-join-security-forces 2023 年 3 月 10 日最終アクセス

Salahub, J.E. and K. Nerland, 2010, "Just Add Gender? Challenges to Meaningful Integration of Gender in SSR Policy and Practice." In: M. Sedra（ed.）. *The Future of Security Sector Reform*. Waterloo:CIGI 261–78.

Shepherd, L. J. 2016. "Making war safe for women? National Action Plans and the militarisation of the Women, Peace and Security agenda." *International Political Science Review* 37（3）324–335.

Szayna, T.S., Larson,E.V., O'Mahony,A., Robson,S., Schaefer, A.G., Matthews, M., Polich, J.M., Ayer,L., Eaton, D., Marcellino, W., Kraus,L., Posard, N.M., Syme, J., Winkelman, Z., Wright,C., Cotugno, M.Z., Welser W. IV. 2016. *Considerations for Integrating Women into Closed Occupations in U.S. Special Operations Forces*. Santa Monica, CA: RAND Corporation.

Valenius., J.2007. "A few kind women: Gender essentialism and Nordic peacekeeping operations." International Peacekeeping 14 (4) 510–523.

Wibben, A. T. (2011) *Feminist Security Studies: A Narrative Approach.* London: Routledge.

Wibben, A. T. (2018) . "Why we need to study (US) militarism: A critical feminist lens." *Security Dialogue* 49 (1–2) 136–148.

Willett, S. 2010. "Introduction: Security Council Resolution 1325: Assessing the Impact on Women, Peace and Security." *International Peacekeeping* 17:2 142-158.

索　引

278

執筆者一覧（50音順）

勝間靖（かつま・やすし）

早稲田大学大学院アジア太平洋研究科教授。ウィスコンシン大学マディソン校農学・生命科学カレッジ開発プログラム博士課程修了、Ph.D.（開発学）。近著に「国際関係における『健康』の規範と目標をめぐるグローバルヘルス外交」（『国際政治』211号 2023）など。

コーベリエル，トーマス（Tomas Kåberger）

自然エネルギー財団理事長、チャルマース工科大学教授、スウェーデン元エネルギー庁長官。チャルマース工科大学大学院博士課程修了、Ph.D.（物理資源論）。近著に *Report of the Swedish Climate Policy Council 2019*（Swedish Climate Policy Council 2019）などがある。

潮崎真惟子（しおざき・まいこ）

特定非営利活動法人フェアトレード・ラベル・ジャパン事務局長。デロイト トーマツ コンサルティングを経てオウルズコンサルティンググループにてマネジャーを務める。一橋大学大学院経済学研究科修士課程修了、修士（地域開発）。主な執筆に『すべての企業人のためのビジネスと人権入門』（日経BP社 2020, 共著）、『児童労働白書 2020』」（2020）などがある。

下川雅嗣（しもかわ・まさつぐ）

上智大学総合グローバル学部教授、グローバル・コンサーン研究所長。横浜国立大学大学院国際開発研究科博士課程修了、博士（学術）。主著に『貧困・開発・紛争：グローバル／ローカルの相互作用』（上智大学出版 2008, 共編著）などがある。

高松香奈（たかまつ・かな）

国際基督教大学教養学部上級准教授、国際教育交流主任。東京大学大学院新領域創成科学研究科博士後期課程修了、博士（国際協力学）。主著に『政府開発援助政策と人間の安全保障』（日本評論社 2011）などがある。

チャセク，パメラ（Pamela Chasek）

マンハッタン大学教養学部教授、政治学デパートメント長、*Earth Negotiations Bulletin* 共同創設者、エグゼクティブ・エディター。ジョンズホプキンス大学ポール・H・ニッツェ高等国際関係大学院博士課程修了、Ph.D.（国際関係学）。近著に *Global Environmental Politics*（Routledge 2021）などがある。

引間雅史（ひきま・まさふみ）

上智大学特任教授、学校法人上智学院経営企画担当理事。上智大学外国語学部卒業。主な論文に「上智大学の資産運用：PRI・ESG投資に基づく新たな資産運用ガバナンス」（『大学マネジメント』15(1) 2019）、「日本の大学法人における資産運用の実態と課題」（『証券アナリストジャーナル』49(12) 2011）などがある。

フォッセ，ヴィルヘルム M. (Wilhelm M. Vosse)
　国際基督教大学教養学部教授、政治学・国際関係学デパートメント長。ハノーヴァー大学大学院政治経済学研究科博士課程修了、D.Phil.(政治学)。主著に *Japan's New Security Partnerships* (Manchester University Press 2020) などがある。

丸山英樹 (まるやま・ひでき)
　上智大学総合グローバル学部教授。広島大学大学院国際協力研究科博士前期課程修了、博士(教育学)。近著に『共生への学びを拓く―SDGs とグローバルな学び』(エイデル研究所 2022) などがある。

毛利勝彦 (もうり・かつひこ)
　国際基督教大学教養学部教授、社会科学研究所長。カールトン大学大学院政治学研究科博士課程修了、Ph.D.(政治学)。主著に『環境と開発のためのグローバル秩序』(東信堂 2008, 編著) などがある。

望月康恵 (もちづき・やすえ)
　関西学院大学法学部教授。国際基督教大学大学院行政学研究科博士課程修了、博士(学術)。近著に『新国際人権法入門―SDGs 時代における展開』(法律文化社 2021, 共著) などがある。

モンゴメリ，ヘザー A. (Heather A. Montgomery)
　国際基督教大学教養学部教授。ミシガン大学大学院経済学研究科博士課程修了、Ph.D.(経済学)。近著に "Japanese Banks International Activities," in C. D'Avino and M. Shabani Eds., *International Banking in Global Perspective* (Routledge 2023) などがある。

山口富子 (やまぐち・とみこ)
　国際基督教大学教養学部教授、教養学部副部長。ミシガン州立大学大学院社会科学研究科博士課程修了、Ph.D.(社会学)。近著に『予測がつくる社会「科学の言葉」の使われ方』(東京大学出版会 2019) などがある。

吉川まみ (よしかわ・まみ)
　上智大学基盤教育センター教授、キリスト教人間学領域長。上智大学大学院地球環境学研究科博士後期課程修了、博士(環境学)。近著に『ライフスタイルの転換に向けて、ともなる歩みを―「回勅ラウダート・シ」と環境保護―』(女子パウロ会 2023) などがある。

和田喜彦 (わだ・よしひこ)
　同志社大学経済学部教授、特定非営利活動法人エコロジカル・フットプリント・ジャパン (EFJ) 会長。ブリティッシュ・コロンビア大学大学院コミュニティー地域計画学研究科博士課程修了、Ph.D.(環境資源計画学)。近著に『良心から科学を考える―パンデミック時代への視座』(岩波書店 2021, 共著) などがある。

編者

国際基督教大学社会科学研究所

本研究所の主な目的は、社会科学の学際的な研究交流と情報交換のための国際ネットワークに貢献することと、公開講演会や共同研究等を通じて地域社会とのパートナーシップ形成を促進することです。

上智大学グローバル・コンサーン研究所

グローバル化する社会で生じる貧困や暴力に関わる諸問題についての調査研究、講演会等を通じて学生や社会の意識化を図るとともに、世界の人々の尊厳と連帯の実現、またそれを脅かすさまざまな問題をグローバルな視点から研究することを目的としています。

サステナビリティ変革への加速

2023年9月20日　　初　版第1刷発行　　　　　　　　　　〔検印省略〕
定価はカバーに表示してあります。

国際基督教大学社会科学研究所・
編者ⓒ 上智大学グローバル・コンサーン研究所／発行者 下田勝司　　印刷・製本／中央精版印刷

東京都文京区向丘 1-20-6　　郵便振替 00110-6-37828
〒 113-0023　TEL (03) 3818-5521　FAX (03) 3818-5514
発 行 所
株式会社 東信堂
Published by TOSHINDO PUBLISHING CO., LTD.
1-20-6, Mukougaoka, Bunkyo-ku, Tokyo, 113-0023, Japan
E-mail : tk203444@fsinet.or.jp　http://www.toshindo-pub.com

ISBN978-4-7989-1862-4 C3030　ⓒ ICU SSRI, Sophia IGC

東信堂

サステナビリティ変革への加速
　国際基督教大学社会科学研究所編
　上智大学グローバル・コンサーン研究所編 …… 二七〇〇円

緊迫化する台湾海峡情勢
　—台湾の動向二〇一九〜二〇二一年　門間理良 …… 三六〇〇円

ウクライナ戦争の教訓と日本の安全保障　松村五郎著 …… 一八〇〇円

「ソ連社会主義」からロシア資本主義へ
　—ロシア社会と経済の一〇〇年　岡田　進 …… 三六〇〇円

パンデミック対応の国際比較　川上高司・石井貫太郎編著 …… 二〇〇〇円

リーダーシップの政治学　石井貫太郎 …… 一六〇〇円

2008年アメリカ大統領選挙
　—オバマの当選は何を意味するのか　吉野孝・前嶋和弘編著 …… 二〇〇〇円

オバマ政権はアメリカをどのように変えたのか
　—支持連合・政策成果・中間選挙　吉野孝・前嶋和弘編著 …… 二六〇〇円

オバマ政権と過渡期のアメリカ社会
　—選挙、政党、制度、メディア、対外援助　前嶋和弘・吉野孝編著 …… 二四〇〇円

オバマ後のアメリカ政治
　—二〇一二年大統領選挙と分断された政治の行方　前嶋和弘・吉野孝編著 …… 二五〇〇円

危機のアメリカ「選挙デモクラシー」
　—社会経済変化からトランプ現象へ　吉野孝・前嶋和弘編著 …… 二七〇〇円

ホワイトハウスの広報戦略
　—大統領のメッセージを国民に伝えるために　M・J・クマー　吉牟田　剛訳 …… 二八〇〇円

現代アメリカのガン・ポリティクス　吉牟田　剛 …… 四七〇〇円

国際共生と広義の安全保障　山本吉宣 …… 一八〇〇円

国際共生とは何か—平和で公正な社会へ　黒澤　満編 …… 二〇〇〇円

国際関係入門—共生の観点から　黒澤　満編 …… 二〇〇〇円

「帝国」の国際政治学—冷戦後の国際システムとアメリカ　黒澤　満編 …… 二〇〇〇円

現代国際協力論—学融合による社会科学の試み　鵜浦　裕 …… 二六〇〇円

グローバル化と地域金融　宮田由紀夫 …… 三二〇〇円

暴走するアメリカ大学スポーツの経済学　内田真人 …… 三二〇〇円

揺らぐ国際システムの中の日本　柳田辰雄編著 …… 二〇〇〇円

貨幣ゲームの政治経済学　柳田辰雄編著 …… 二〇〇〇円

福光　寛編著
柳田辰雄編著
柳田辰雄

※定価：表示価格（本体）＋税　〒113-0023　東京都文京区向丘1-20-6　TEL 03-3818-5521　FAX03-3818-5514
Email tk203444@fsinet.or.jp　URL:http://www.toshindo-pub.com/

東信堂

※定価:表示価格(本体)+税　　〒113-0023　東京都文京区向丘1-20-6　TEL 03-3818-5521　FAX03-3818-5514
Email tk203444@fsinet.or.jp　URL:http://www.toshindo-pub.com/

※定価：表示価格（本体）＋税 　〒113-0023　東京都文京区向丘1-20-6　TEL 03-3818-5521　FAX03-3818-5514
Email tk203444@fsinet.or.jp　URL:http://www.toshindo-pub.com/

東信堂

「持続可能性」の言説分析 ―知識社会学の視点を中心として	山田肖子編著	一八〇〇円
地域子ども学をつくる ―災害、持続可能性、北欧の視点	責任編集 天童睦子 足立智昭	一八〇〇円
応答する〈生〉のために―〈力の開発〉から〈生きる歓び〉へ	高橋勝	一八〇〇円
子どもが生きられる空間―生・経験・意味生成	高橋勝	二四〇〇円
流動する生の自己生成―教育人間学の視界	高橋勝	二四〇〇円
子ども・若者の自己形成空間―教育人間学の視線から	高橋勝編著	二七〇〇円
温暖化に挑む海洋教育―呼応的かつ活動的に	田中智志編著	三二〇〇円
人格形成概念の誕生―近代アメリカの教育概念史	田中智志	三六〇〇円
社会性概念の構築―アメリカ進歩主義教育の概念史	田中智志	三八〇〇円
教育哲学のデューイ―連環する二つの経験	田中智志編著	三五〇〇円
学びを支える活動へ―存在論の深みから	田中智志編著	二〇〇〇円
グローバルな学びへ―協同と刷新の教育	田中智志編著	二〇〇〇円
大正新教育の思想―生命の躍動	田中智志編著	四八〇〇円
大正新教育の受容史	橋本美保編著	三七〇〇円
大正新教育の実践―交響する自由へ	橋本美保編著	四二〇〇円
いま、教育と教育学を問い直す―何を展望するか	田嶋一・森田尚人・松浦良充編著	三三〇〇円
教員養成を哲学する―教育哲学に何ができるか	下司晶・古屋恵太・林泰成・山名淳編著	四二〇〇円

越境ブックレットシリーズ

⓪教育の理念を象る―教育の知識論序説	田中智志	一二〇〇円
①知識論―情報クラウド時代の"知る"という営み	山田肖子	一〇〇〇円
②女性のエンパワメントと教育の未来―知識をジェンダーで問い直す	天童睦子	一〇〇〇円
③他人事≠自分事―教育と社会の根本課題を読み解く	菊地栄治	一〇〇〇円
④食と農の知識論―種子から食卓を繋ぐ環世界をめぐって	西川芳昭	一〇〇〇円

※定価：表示価格（本体）＋税

〒113-0023　東京都文京区向丘1-20-6　TEL 03-3818-5521　FAX03-3818-5514
Email tk203444@fsinet.or.jp　URL:http://www.toshindo-pub.com/

東信堂

書名	著者・訳者	価格
責任という原理 ―科学技術文明のための倫理学の試み（新装版）	H・ヨナス 加藤尚武監訳	四八〇〇円
主観性の復権 ―心身問題から『責任という原理』へ	H・ヨナス 宇佐美・滝口訳	二〇〇〇円
ハンス・ヨナス「回想記」	H・ヨナス 盛永・木下・馬渕・山本訳	四八〇〇円
生命の神聖性説批判	H・クーゼ 飯田・小野谷・片桐・水野訳	四六〇〇円
生命科学とバイオセキュリティ ―デュアルユース・ジレンマとその対応	石川・小野谷・片桐・水野訳 河原直人編著	二四〇〇円
医学の歴史	今井道夫監訳	四六〇〇円
安楽死法：ベネルクス3国の比較と資料	石渡隆司監訳	二七〇〇円
死の質―エンド・オブ・ライフケア世界ランキング	盛永審一郎監修	二二〇〇円
バイオエシックスの展望	松坂・坂井・浦野悦宏訳	三二〇〇円
死生学入門 ―小さな死・性・ユマニチュード	丸祐一・小野谷加奈恵・飯田亘之訳	二二〇〇円
生命の問い ―生命倫理学と死生学の間で	大林雅之編著	一二〇〇円
生命の淵―バイオシックスの歴史・哲学・課題	大林雅之	二〇〇〇円
今問い直す脳死と臓器移植【第2版】	澤田愛子	二〇〇〇円
動物実験の生命倫理 ―キリスト教から見た生命と死の医療倫理	浜口吉隆	二三八一円
大上泰弘	大上泰弘	四〇〇〇円
医療・看護倫理の要点 ―個体倫理から分子倫理へ	水野俊誠	二〇〇〇円
テクノシステム時代の人間の責任と良心	H・レンク 山本・盛永訳	三五〇〇円

書名	著者・訳者	価格
（ジョルダーノ・ブルーノ著作集）より		
カンデライオ	加藤守通訳	三二〇〇円
聖灰日の晩餐	加藤守通訳	三二〇〇円
原因・原理・一者について	加藤守通訳	三二〇〇円
傲れる野獣の追放	加藤守通訳	四八〇〇円
天馬のカバラ	加藤守通訳	三二〇〇円
英雄的狂気	加藤守通訳	三六〇〇円
ロバのカバラ ―ジョルダーノ・ブルーノにおける文学と哲学	N・オルディネ 加藤守通監訳	三六〇〇円

※定価：表示価格（本体）＋税　〒113-0023　東京都文京区向丘1·20·6　TEL 03·3818·5521　FAX03·3818·5514
Email tk203444@fsinet.or.jp　URL·http://www.toshindo-pub.com/

東信堂

※定価：表示価格（本体）＋税　〒113-0023　東京都文京区向丘1-20-6　TEL 03-3818-5521　FAX03-3818-5514　Email tk203444@fsinet.or.jp　URL:http://www.toshindo-pub.com/